禍화가
복福이 될 때까지

양무리서원은 복음의 본질을 새롭게 규명함으로써
오늘을 사는 그리스도인들에게 하나님 나라의 가치관이 정립된
건전하고 참신한 믿음 생활의 원리를 제시하고 있습니다.

화가 복이 될 때까지

초판 1쇄 인쇄 · 2003년 5월 20일
초판 1쇄 발행 · 2003년 5월 30일

지은이 · 이중수
펴낸이 · 임세일
펴낸곳 · 양무리서원
출판등록 · 제2-1182호(1991년 6월 1일)
주소 · 139-201 서울시 노원구 상계1동 1054-25 풍전빌딩 B동 3층
　　　　T. 02-939-0623　E-mail. yangmoory@yahoo.co.kr
편집 · 양무리디자인 조승현　T. 02-2267-0396,5396
보급처 · 비전북　T. 031-907-3927　F. 080-403-1004

ISBN 89-85312-56-1　03230
값 10,000원

□잘못된 책은 바꾸어 드립니다.

양들의식탁 강해시리즈 1

禍화가
福복이 될 때까지

이중수 지음

양무리서원

찬송하리로다 주 이스라엘의 하나님이여 그 백성을 돌아보사 속량贖良하시며
우리를 위하여 구원의 뿔을 그 종 다윗의 집에 일으키셨으니…
이는 우리 하나님의 긍휼을 인함이라
이로써 돋는 해가 위로부터 우리에게 임하여 어두움과 죽음의 그늘에 앉은 자에게
비춰고 우리 발을 평강의 길로 인도하시리로다 하니라

서문

작년 여름 런던에서 하나님의 부르심을 기다릴 때였다. 어느 날 숙소에서 가까운 테임즈 강변을 따라 산보를 나갔다. 언제나 그렇듯이 테임즈 강변을 걷는 관광객들이 많았는데 강변 보도의 한 중간에 조각품 전시가 있어 잠시 멈추었다. 전시품 중에서 다 찌그러진 양철통과 녹슨 철사와 못 등을 모은 폐품으로 만들어진 한 조각품이 나의 시선을 끌었다.

나는 자신을 그 폐품과 같은 다 찌그러진 존재라고 생각하였다. 나 자신이 겪고 있던 인생의 상황이 그처럼 망그러지고 녹슨 폐품과 같다고 느꼈기 때문이었다. 그러나 나는 그 작품을 보면서 자신에 대해 다시 생각하게 되었다. 1편에 실린 [예수님은 폐품 수집가]라는 글은 그 때에 주님이 나에게 깨닫게 하신 내용이다. 이 단상(斷想)을 출발점으로 해서 본인은 「양문회」라는 문서 선교를 시작하였고 주님의 은혜와 사랑의 복음을 다른 사람들과 나누어야 한다는 인도를 받았다.

2001년 12월에 본 사역이 시작된 이래로 주님의 임재와 동행을 확신할 수 있는 일들이 거듭 일어났다. 그 중의 하나가 본 강해서의 출판이다. 본서에 실린 메시지들은 양문회 사역의 구심점이 되는 〔양들의 식탁〕이라는 월간 강해지에 실렸던 글들을 중심으로 엮은 것이다.

〔양들의 식탁〕은 양문회의 문서 사역에 동참하기를 원하는 자들에게 무료로 배부된다. 양문회는 하나님의 말씀을 진정으로 듣기를 원하는 독자들의 후원금과 자원 사역자들로 운영된다. 본서가 나오게 된 것은 이러한 후원의 열매이다. 하나님은 구원의 말씀을 열망하며 주님을 사모하는 자들에게 놀라운 은혜를 내리신다. 주께서 본서를 통해 그 같은 신령한 은혜를 독자들로 하여금 체험케 하셔서 우리 주 예수 그리스도를 더욱 찬양하게 되기를 기도한다.

지은이

차례

서문

1편	예수님은 폐품 수집가	로마서 8:18-25	11
2편	화(禍)가 복(福)이 될 때까지	누가복음 1장	17
3편	기다리는 사람들	누가복음 2:1-21	41
4편	제 3의 행렬	누가복음 7:1-17	59
5편	영생과 사랑의 삶	누가복음 10:25-37	75
6편	집을 나간 탕자	누가복음 15:11-24	97
7편	집에 남은 탕자	누가복음 15:25-32	137
8편	부자와 나사로	누가복음 16:19-31	163
9편	강도의 구원	누가복음 23:26-43	197
10편	제 3의 동반자	누가복음 24:13-35	221
11편	부스러기로 사는 성도	마태복음 15:21-28	235
12편	나귀의 호산나	마태복음 21:1-11	253
13편	버려진 예수	마태복음 27:46	259
14편	나를 찾으시는 하나님	요한복음 5:1-15	285
15편	천사의 얼굴을 가진 성도	사도행전 6:8-7:60	301
16편	한 영혼을 위하여	사도행전 8:26-40	315

1편

예수님은 폐품 수집가

로마서 8:18-25

"생각하건대 현재의 고난은 장차 우리에게 나타날 영광과 비교할 수 없도다 피조물이 고대하는 바는 하나님의 아들들이 나타나는 것이니… 그 바라는 것은 피조물도 썩어짐의 종 노릇 한 데서 해방되어 하나님의 자녀들의 영광의 자유에 이르는 것이니라… 그뿐 아니라 또한 우리 곧 성령의 처음 익은 열매를 받은 우리까지도 속으로 탄식하여 양자 될 것 곧 우리 몸의 속량을 기다리느니라 우리가 소망으로 구원을 얻었으매 보이는 소망이 소망이 아니니 보는 것을 누가 바라리요 만일 우리가 보지 못하는 것을 바라면 참음으로 기다릴지니라."

사람들이 멸시하고 버린 인생들을 주님은 수집하신다. 주님은 폐품 이용(recycle)의 매니저다. 주님의 손에서 재생되고 회생되지 못할 폐품 인생은 없다. 당신은 버림을 당한 적이 있는가? 배신을 당하였는가? 쓸모 없는 자로 낙인이 찍혔는가? 주님은 당신을 찾아 나선다. 날마다 주님은 폐품 수집을 위해 나가신다. 하늘 아버지가 세상의 찌꺼기들을 모으라고 아들에게 명령하셨다. 아들은 주님의 뜻을 기쁨으로 행하신다. 아무리 더럽고 무시받는 폐품이라도 주님의 손에 잡히면 몰라보게 새로워진다. 그래서 먼저 자신의 가치를 재발견한다. 자신이 하나님의 크신 사랑의 대상임을 알게 된다.

십자가는 모든 폐품 인생들을 위한 것이다. 하나님은 십자가의 사랑으로 버려진 인생들을 재창조하신다. 사람들은 날마다 쓰레기를 버린다. 버린 쓰레기를 주우면 사람들의 눈에 귀하게 보이지 않는다. 사람들은 쓰레기를 버리기는 원하지만, 버린 쓰레기를 줍기는 원치 않는다. 그러나 사람들이 버리는 인생 쓰레기들을 하나님은 줍기를 즐거워하신다. 하나님에게는 창피도 수치도 없다. 하나님은 사람들의 눈을 의식하지 않으신다. 하나님은 날마다 인생 폐품들을 수집하러 나가신다. 그것이 하나님의 일이다. 하나님이 원하시는 것은 사람들에 의해 내버려진 폐품 인생들을 새롭게 재창조하는 것이다.

"그런즉 누구든지 그리스도 안에 있으면 새로운 피조물이라 이전 것은 지나갔으니 보라 새 것이 되었도다" 고후 5:17

주님의 손에 의해 시력이 회복된 자를 유대인 지도자들은 쫓아내었다. 그러나 예수님은 그를 다시 만나 주셨다(요 9:35). 버린 인생을 주님이 찾으셨다. 사마리아 여인도 버려진 폐품 인생이었다. 그러나 주님은 그녀를 우물가에서 만나 주셨다. 지금도 주님은 여기저기 버려진 인생들을 수집하러 다니신다. 사람들이 보기 싫어하는 것, 다시 받아들이지 않는 것, 멸시와 학대를 받는 버려진 삶을 정결한 십자가의 피로써 씻어 새롭게 하시려고 그들을 만나러 다니신다.

잃어버린 한 마리의 양은 버려진 폐품 인생이다. 주님을 배반하고 통곡하던 베드로는 폐품이었다. 선교 여행에서 탈락했던 마가도 폐품이었다. 밧세바와 동침했던 다윗도 폐품이었다. 자기 아내를 누이라고 속였던 아브라함도 폐품이었다. 동생을 죽였던 가인도 폐품이었다. 뱀의 말을 들었던 하와도 폐품이었다. 하나님의 말씀을 거역했던 아담도 폐품이었다. 그렇다면 폐품이 아닌 자들이 어디 있는가?

"모든 사람이 죄를 범하였으매 하나님의 영광에 이르지 못하더니"
롬 3:23

우리들의 인격과 성품에는 죄악으로 물든 오염된 자국들이 즐비하다. 내 인생의 여러 곳에 폐품들이 쌓여 있다. 남의 눈에 보이지 않는 숨겨진 폐품들이 나를 썩히고 나를 부끄럽게 한다. 그러나 주님은 나를 찾아 나선다. 나 자신은 폐품 인생이 아니라고 부인하여도 나를 지으신 주께서 나의 폐부를 꿰뚫어보신다.

나는 얼마 전에 런던에서 존 스토트 목사님의 간증을 듣고 큰 충격을 받았다. 그는 사람들이 자기 속을 들여다본다면 자기 얼굴에 침을 뱉을 것이라고 하였다. 나는 폐품이 아니라고 생각할지 모른다. 남은 폐품일지라도 나는 그렇지 않다고 여길지 모른다. 이것이 바로 성전에서 세리를 보며 기도하던 바리새인의 고백이었다(눅 18:9-11). 남이 안다면 내 얼굴에 침을 뱉을 악한 생각이나 행위나 부패한 구석이 내게 없단 말일까? 나는 곧 폐품 인생이다. 사람들에게서 버림을 받았건 않았건 나는 하나님 앞에서 폐품 인생이라고 고백해야 한다.

　그러나 모든 폐품 인생들에게 복된 소식이 있다. 그것은 하나님이 폐품 수집가라는 사실이다. 주님은 잃어 버린 양들을 찾아 나서는 선한 목자이다. 이 목자는 모든 죄인들을 위해 십자가로 가셨다. 선한 목자는 십자가에서 찢겨진 양 손으로 찌그러지고 녹슨 인생들의 심령을 고치신다. 피 묻은 주님의 손은 치유의 손이다. 십자가에 못박혔던 주님의 손은 사랑과 능력의 손이다. 그 손은 폐품 인생들을 긍휼히 여겨서 십자가로 가셨던 사랑의 손이며, 온 우주를 창조하시고 보존하는 능력의 손이다. 주님의 깊은 사랑과 무한한 능력으로 다시 새롭게 단장될 수 없는 폐품들은 이 세상에 존재하지 않는다.

　하나님의 작품 전시실에는 어떤 품목들이 전시되어 있을까? 걸작품만 전시되어 있다. 완전한 예술품만 수집되어 있다. 바울은 우리가 하나님의 작품이라고 하였다(엡 2:10). 어느 날 새 땅과 새 하늘이 열리고 하나님의 작품들이 온 만물 앞에서 전시될 날이 올 것이다. 그때 천사들과 우리들은 놀라고 또 놀랄 것이다. 세상의 폐물들이 위대한 걸작품으로 변화된 모습을 우리 눈으로 직접 볼 것이기 때문이다. 그 걸작품 중에는 나도 끼여 있을 것이다. 그리고 그 작품의 주인은 "주 예수 그리스도"라고 적혀 있을 것이다.

　그 날 드러날 나의 영광된 모습은 죄로 물든 이 세상에서는 가려져 있다. 그러나 주 예수 그리스도의 십자가를 믿는 하나님의 자녀들은 모두 주님의 형상이 지닌 영광을 온 우주 앞에서 드러낼 것이다. 인류의 타락 이래로 상실했던 하나님의 형상의 영광이 그 때 우리들에게 온전히 회복될 것이다.

나는 지금 폐품 인생을 살런지 모른다. 그러나 믿음으로 의롭게 된 자들은 이미 영광된 그리스도의 형상으로 변화되고 있다. 하늘 조각가의 온전한 손에 의해서 날마다 새롭게 닦여지고 깎여지며 다듬어진다. 내 몸에서 온갖 찌그러진 부분들이 펴지고 있다. 남들이 미워서 내던진 부분들이 주님의 걸작품이 되는 자료가 된다. 녹슨 내 인생의 폐품들이 하늘 조각가의 자비의 눈길을 받고 있다. 나는 비록 폐품일지라도 주님은 폐품을 수집하신다.

주님이 왜 폐품을 수집하실까? 폐품이 무엇이 좋아서 찾아 다니실까?

주님의 시선은 폐품만 보시는 것이 아니다. 앞으로 전시될 완전한 걸작품의 영광을 보신다. 사람들은 나의 일그러진 부분에서 시선을 뗄 줄 모른다. 내가 나 자신을 보는 시선도 이와 같다. 그러나 주님은 나를 온 우주 앞에서 자랑할 존재로 재창조 할 수 있는 하나님 자신의 능력의 손을 보신다. 당신은 그 손을 믿는가? 그렇다면 자신의 폐품 인생을 한탄하지 말라. 자신의 흉한 모습에 절망하지 말라. 사람들의 무정한 말들에 가슴을 앓지 말라. 주님의 놀라운 자비와 능력의 손을 보라. 나를 위해 십자가에 못박힌 주님의 피 묻은 손을 보라.

주님은 나의 폐품들을 수집하신다. 주님은 버려진 나를 보고 나를 안아 올리신다. 그러나 주님의 시선은 폐품 자체에 머물지 않는다. 주님이 정말 보시는 것은 나의 부끄러운 모습이 아니고 주님의 능력의 손이며 주님의 손에서 지어질 그 날의 걸작품이다. 그렇다면 나도 주님의 시선을 따라 그 날의 나를 보아야 한다.

바울은 "우리가 지금까지 세상의 더러운 것과 만물의 찌꺼기 같이 되었도다"(고전 4:13)고 말하였다. 세상이 더러운 것이 아니고 우리가 더럽고 우리가 만물의 찌꺼기들이다. 나 자신이 더럽고 또한 세상이 나를 그렇게 취급한다. 그러나 현재의 아픔과 고난은 "장차 우리에게 나타날 영광과 비교 할 수 없다"(롬 8:18).

그렇다면 우리들의 미래는 얼마나 밝고 복된 것인가! 새 날이 밝아 온다. 폐품들을 수집하는 우리 주 예수 그리스도의 손 안에서 우리들의 영광된 새 날이 밝아 온다!

2편

화(禍)가 복(福)이 될 때까지

누가복음 1장

"유대 왕 헤롯 때에 아비야 반열에 제사장 한 사람이 있었으니 이름은 사가랴요 그의 아내는 아론의 자손이니 이름은 엘리사벳이라 이 두 사람이 하나님 앞에 의인이니 주의 모든 계명과 규례대로 흠이 없이 행하더라 엘리사벳이 잉태를 못하므로 그들에게 자식이 없고 두 사람의 나이가 많더라… 마침 사가랴가 그 반열의 차례대로 하나님 앞에서 제사장의 직무를 행할새… 천사가 그에게 이르되 사가랴여 무서워하지 말라 너의 간구함이 들린지라. 네 아내 엘리사벳이 네게 아들을 낳아 주리니 그 이름을 요한이라 하라… 아이가 자라며 심령이 강하여지며 이스라엘에게 나타나는 날까지 빈 들에 있으니라."

구원은 사람들에게서 나오는 것이 아니다. 구원은 하나님에게서 온다. 그래서 구원은 신령하며 천상적이다. 그런데 구원의 무대는 하늘이 아니고 우리들이 사는 지상이다. 구원은 이 세상에서 살고 있는 죄인들을 위한 것이기 때문이다.

한 가지 놀라운 사실이 있다. 그것은 하나님의 신령한 구원이 이 세상을 사는 죄인들을 통해서 이루어진다는 사실이다. 신령한 구원이 인간의 역사 속에 들어와서 진행되고 있다.

그런데 이러한 구원의 진행 과정에서 납득하기 어려운 인간들의 반응들이 나타난다. 그것은 곧 하나님의 구원에 대한 인간들의 불신과 불순종이며 고집과 어리석음들이다. 그럼에도 하나님의 놀라운 지혜와 능력이 인간들의 무지와 불신을 극복하고 구원의 드라마를 성공적으로 엮어 나간다.

사가랴와 엘리사벳의 이야기도 이러한 구원의 드라마가 지닌 상반된 반응에 대한 것이다. 하나님의 구원이 엮어지는 과정에서 인간들의 약점이 고스란히 노출된다. 그러나 죄인들의 불신의 반응에도 불구하고 마침내 어리석은 죄인들의 입에서 하나님에 대한 찬송이 흘러 나온다는 것이 본문의 교훈이다.

의인들의 한(恨)

사가랴라는 제사장과 엘리사벳이라는 그의 아내가 있었다. 사가랴는 아내인 엘리사벳과 함께 "하나님 앞에 의인"(눅 1:6)으로 살았다. 그들은 율법의 계명을 따라 흠 없이 사는 자들이었다. 그런데 그들에게는 한 가지 문제가 있었다. 그들에게는 자식이 없었다.

우리는 하나님을 흠 없이 순종하며 사는 의인들에게는 복이 내린다고 생각한다. 그리심 산과 에벨 산에서 외쳤던 것처럼(신 28:12-13) 순종의 삶은 축복이며 불순종의 삶은 저주라고 배우지 않았는가? 그런데 사가랴와 엘리사벳에게는 자식이 없었다. 자식이 없는 것은 결코 자랑할 일이 아니었다. 당시의 통념으로는 자식이 없는 것은 수치였다. 그래서 사가랴와 엘리사벳의 무자(無子)는 분명히 축복이 아니었다. 그러니까 의인의 삶에도 한(恨)이 있었다.

사가랴와 엘리사벳은 나이가 많았다. 자식을 낳을 수 있는 소망이 없었다. 제사장직은 세습제였다. 이제 사가랴의 제사장직은 더 이상 자기 집안의 영예가 될 수 없었다. 그러기에 사가랴는 마음에 한을 품은 자였다. 이것이 "사가랴가 그 반열의 차례대로 하나님 앞에서 제사장의 직무를 행"(1:8)했다는 말의 배면에 담긴 뉘앙스다.

누가 성전에 들어가서 분향했는가? 보통 제사장들 중의 한 사람이 아니라는 것이다. 그 날 분향을 하기 위해 성전에 들어가서 하나님 앞에 섰던 자는 '한을 품은 한 제사장' 이었다는 것이 본문의 강조점이다.

개인의 한(恨)과 민족의 한(恨)

성소에서 분향을 하던 사가랴 제자장에게 갑자기 천사가 나타났다. 천사의 메시지는 아기에 대한 것이었다.

"사가랴여 무서워하지 말라 너의 간구함이 들린지라 네 아내 엘리사벳이 네게 아들을 낳아 주리니 그 이름을 요한이라 하라" 눅 1:13

사가랴에게는 요한이 필요했다. 천사의 메시지는 사가랴의 무자(無子) 문제를 해결해 준다는 것이었다. 이것은 한 노부부의 한이 풀리는 개인적인 축복이었다. 그런데 요한이라는 이름을 가질 아기는 "엘리야의 심령과 능력으로"(1:17) 오는 자라고 하였다.

엘리야는 이스라엘의 우상 숭배를 여호와의 경배로 돌이키게 하려고 강한 믿음과 능력으로 활약했던 구약의 대선지자였다. 이스라엘에게는 엘리야가 필요했다. 하나님은 엘리야가 없는 이스라엘 민족의 한(恨)과 요한이 없는 사가랴 부부의 한(恨)을 동시에 풀어주시려고 "좋은 소식"(1:19)을 가브리엘 천사를 통해 전하셨다.

성소 밖에서 백성들이 기도하면서 기다리는 모습은(1:10) 이스라엘 공동체의 집단적인 한(恨)을 반영한다. 국가적으로 이스라엘은 로마의 압제를 받고 있었기에 민족의 해방과 자유를 갈망하였다. 이들에게는 그들의 민족적 한을 풀어줄 메시야가 필요하였다.

요한의 출생 소식은 이러한 배경에서 보아야만 깊이 이해될 수 있다. 가브리엘은 갑자기 나타났다(1:11). 그런데 가브리엘의 출현은 사가랴가 "마침"(1:8) 자신의 차례가 되어 성전 봉사를 하게 된 시점과 일치한다. 그러므로 이 사건 뒤에는 하나님의 보이지 않는 섭리와 구원의 손길이 작용하고 있었음을 알 수 있다.

사가랴는 성소에서 백성을 대표하여 중보 기도를 올리고 있었다. 공적 임무를 띄고 국가적인 차원의 중보 기도를 하면서 사가랴가 자신의 개인적인 문제를 놓고 기도하지 않았을 것은 분명하다. 그럼에도 가브리엘 천사는 사가랴에게 아들을 약속하면서 "너의 간구함이 들린지라"(1:13)고 하였다. 그 까닭은 무엇일까?

한 마디로 요한의 출생이 이스라엘 민족 전체의 한(恨)을 위해서 올렸던 기도와 직결된 사건이기 때문이었다. 요한은 자식이 없는 노부부에게 태어나는 단순한 아기가 아니었다. 요한은 메시야의 도래가 임박했음을 알리기 위해 이스라엘 백성을 준비시키는 구약의 엘리야와 같은 자였다(말 4:5-6).

> "제자들이 물어 이르되 그러면 어찌하여 서기관들이 엘리야가 먼저 와야 하리라 하나이까 예수께서 대답하여 이르시되 엘리야가 과연 먼저 와서 모든 일을 회복하리라… 엘리야가 이미 왔으되 사람들이 알지 못하고 임의로 대우하였도다… 그제서야 제자들이 예수께서 말씀하신 것이 세례 요한인 줄을 깨달으니라" 마 17:10-13

개인의 한이 다른 사람들의 한과 맞물려서 풀어질 수 있다. 한(恨) 많은 한 제사장이 올렸던 과거의 기도들을 하나님은 잊지 않으셨다. 하나님은 "마침"(1:8)이라는 섭리의 때에 사가랴 개인의 한 맺힌 기도들이 이스라엘 민족 전체의 한(恨)과 결착되게 하셨다. 그리고 이 "마침"의 시간이 사가랴 개인과 이스라엘 민족에게 측량할 수 없는 구원의 복이 내려지는 시점으로 잡으셨다.

나 자신의 개인 문제에 관한 기도라도 다른 형제들이나 교회 공동체 전체의 기도 응답과 일치될 수 있다. 그러므로 하나님의 섭리 안에서 내가 올리는 기도가 믿음의 공동체 전체에 유익이 되도록 꾸준히 간구해야 할 필요가 있다.

사가랴는 좋은 소식을 어떻게 받았는가?

천사가 나타나면 누구나 좋아할 것이다. 천사가 하는 말이라면 누구나 진지하게 들을 것이다. 더구나 가브리엘 천사가 나타난다면 누구나 만나기를 원할 것이다. 그러나 사가랴는 그렇지 않았다.

가브리엘 천사가 흉보를 전했는가? 가브리엘 천사는 자신의 메시지가 "좋은 소식"(1:9)이라고 하였다. 어떤 의미에서 '좋은 소식'일까?

첫째, 사가랴의 기도가 응답된 것이었다.

"사가랴여 무서워하지 말라 너의 간구함이 들린지라" 눅 1:13

사가랴는 아내의 불임으로 고통을 받았음이 분명하다. 그는 하나님께 기도하는 자였다. 그는 제사장이었다. 그는 자식을 갖게 해 달라고 오랫동안 하나님께 엎드려 간구했을 것이다. 그 후로 많은 세월이 지났다. 그런데 어느 날 성소에서 가브리엘이 나타나서 기도가 응답됐다고 전하였다. 이 어찌 좋은 소식이 아닌가? 가브리엘도 이 소식이 사가랴 자신은 물론 다른 많은 사람들의 기쁨이 될 것이라고 말하였다(1:14; 비교. 1:58).

둘째, 사가랴의 아들은 주 앞에 큰 자가 될 것이었다(1:15).

아기 요한은 "모태로부터 성령의 충만함"(1:15)을 받아 이스라엘 백성을 하나님께로 돌아오게 하는 엘리야의 사역을 감당할 자였다. 그는 "주를 위하여 세운 백성을 준비"(1:17)할 자였다. 그는 메시야를 세상에 소개할 자였다.

가브리엘 천사가 준 "좋은 소식"은 인류 최대의 소망인 메시야의 오심과 직결되는 것이었다. 사실상 아담과 하와가 타락한 이후에 하나님이 인류에게 준 가장 중대하고 가장 귀한 뉴스였다. 요한의 출생은 사가랴 개인 뿐만 아니라 이스라엘과 온 인류에게 복음의 본체가 되시는 메시야의 탄생이 문전에 박두했다는 의미였기 때문이다. 그런데 이상스럽게도 사가랴는 가브리엘의 "좋은 소식"을 믿지 않았다.

"사가랴가 천사에게 이르되 내가 이것을 어떻게 알리요 내가 늙고 아내도 나이가 많으니이다" 눅 1:18

사가랴는 제사장이었다. 그는 자기에게 말하는 가브리엘 천사가 누구라는 것을 잘 알았다. 그는 다니엘 선지자에게 나타나서 하나님의 놀라운 구원 계획을 알렸던 천사였다(단 9:21-27).

"곧 내가 기도할 때에 이전에 환상 중에 본 그 사람 가브리엘이 빨리 날아서 저녁 제사를 드릴 때 즈음에 내게 이르더니 내게 가르치며 내게 말하여 이르되 다니엘아 내가 이제 네게 지혜와 총명을 주려고 왔느니라 하니라" 단 9:21-22

사가랴는 가브리엘 천사가 다니엘에게 나타나서 이렇게 말한 사실을 누구보다도 잘 알고 있었을 것이다. 그럼에도 그는 이처럼 위대한 천사의 말을 듣고도 믿지 않았다. 사가랴는 또한 아브라함의 아내인 사라가 아들을 낳을 것이라는 천사의 말을 듣고 웃었다가 무슨 일이 있었는지를 기억하고 있었을 것이다(창 18:10-15). 어떤 유태인이라도 아브라함이 백 세가 되고 사라가 구십 세가 되었을 때에 하나님의 은혜와 능력으로 이삭을 낳았다는 사실을 믿었다(창 17:17; 21:4-7). 사가랴는 분명 예레미야의 기도도 알고 있었을 것이다.

"주께서는 큰 능력과 펴신 팔로 천지를 지으셨사오니 주에게는 할 수 없는 일이 없으시니이다" 렘 32:17

또한 사가랴는 하나님이 예레미야에게 주신 말씀도 잘 알고 있었을 것이다.

"나는 여호와요 모든 육체의 하나님이라 내게 할 수 없는 일이 있겠느냐" 렘 32:2

그럼에도 사가랴는 그 모든 것들을 다 잊었기라도 하듯이 가브리엘 천사의 말을 믿지 않았다. 가브리엘 천사와 사가랴 사이의 대화는 천천히 읽어도 불과 1분 30초도 안 걸린다. 그러나 실제는 그 보다 훨씬 오랜 시간이 걸렸다. 성소 밖에서 기다리던 백성이 사가랴가 성소에서 지체되고 있다는 것을 느낄 정도였기 때문이다(1:21). 가브리엘은 분명 사가랴를 설득시키기 위해서 많은 설명을 했을 것이다. 그러나 사가랴의 태도에는 아무런 변화가 없었다.

어떻게 그럴 수 있었을까? 더구나 제사장이라는 사가랴의 직분과 그와 그의 아내에 대한 훌륭한 평가에 비추어 볼 때 매우 납득하기 어렵다.

"이 두 사람이 하나님 앞에 의인이니 주의 모든 계명과 규례대로 흠이

없이 행하더라." 눅 1:6

우리들이 사가랴의 입장에 있었다면 어떻게 하였을까? 누구도 장담할 수 없다. 사가랴의 불신은 우리들의 약점을 말해 주기 때문이다. 사가랴는 도덕적으로 깨끗하게 살았다. 그는 자기 직분에 충실하였다. 그는 성전 의식을 잘 지켰고 남에게 나쁜 짓을 하지 않으면서 모범적인 이웃으로 살았다. 한 마디로 그는 경건한 사람이었다.

우리들 가운데도 사가랴처럼 신앙 생활을 잘 하는 분들이 있다. 교회 생활도 잘 하고 도덕적이며 겉으로 보면 매우 좋고 경건한 교인들이 적지 않다.

그런데 문제는 그런 식의 '의인' 이 되는 것만으로는 부족하다는 것이다. 아브라함도 처음에는 자식을 낳게 될 것이라는 하나님의 약속을 믿지 못하였다. 우리들은 평소에 '의인' 으로 살다가도 결정적인 순간에 갑자기 영적 사춘기에 들어갈 수 있는 존재들이다. 사춘기의 한 특징은 사고에 비약이 많고 다른 사람의 의견에 귀를 막으며 정서가 극단이라는 점이다. 영적 사춘기도 이와 비슷하다.

사가랴는 기도할 때에는 간절했는데 막상 기도의 응답으로 아들을 준다니까 극단적인 반응을 보였다. 당연히 감사해야 할 일인데도 그게 무슨 말씀이냐고 묵살해 버렸다. 그는 자신과 아내의 나이가 많다는 것을 가브리엘 천사에게 강조해서 말했다(1:18). 사가랴는 어쩌면 자식에 대한 기도의 응답이 너무 늦었다고 생각하고 이런 불평을 했을지 모른다.

"아이를 주실려면 일찍 주시지 이제 다 늦었는데 아이를 어떻게 낳아서 기르란 말입니까?"

사가랴는 하나님의 약속을 바라보아야 할 때에 자신을 바라보았다. 그는 어쩌면 자신이 하나님께 아들을 달라고 기도했던 일마저도 까맣게 잊고 살았을지 모른다. 그는 이제 늙었고 자신이 이번 성전 근무를 마치면 더 이상 바랄 것이 없다고 생각했을지 모른다. 성전에서 분향하는 특권은(1:9) 제사장이 평생 동안의 사역에서 한 번의 차례도 돌아오기 힘든 일이었기 때문이다.

미리 포기한 자의 귀에는 하나님의 '좋은 소식'도 '나쁜 소식'으로 들린다. 영적 사춘기에 빠진 신자의 귀에는 하나님이 천사를 보내어 기도의 응답을 알려도 별다른 감동을 받지 못한다. 오히려 유감을 표시하고 다른 사람에게 가보라는 식이다.

사가랴는 가브리엘을 설득시키려고 노력하였다. 그런데 늙으면 하나님도 어쩔 수 없으실까? 사가랴는 자신이 늙은 것에 대해서 너무도 큰 상처를 입고 살았음이 분명하다. 천사의 "좋은 소식"을 듣고도 제일 먼저 떠오른 것이 자신의 나이였다. 그는 자신의 나이를 지나치게 의식하고 살았다. 그는 나이가 많기 때문에 자신의 삶에서는 아무런 기적도 일어날 수 없다고 믿었다. 그는 하나님의 말씀을 믿어야 할 때에 자신의 나이로 인한 불가능을 믿었다.

그런데 하나님도 사가랴가 늙었다는 사실을 아셨다. 그러기에 가브리엘 천사를 보내신 것이었다. 자식을 낳는 문제에 관한 한, 사가랴와 엘리사벳은 죽은 자나 다름이 없었다. 그러나 죽은 태를 살리는 것이 하나님의 능력이지 않는가?

사라가 어떻게 이삭을 낳았는가? 하나님의 능력이 임했기 때문이었다. 한나가 어떻게 사무엘을 낳았는가? 하나님의 능력이 임했기 때문이었다. 하지만 사가랴는 끝까지 가브리엘 천사의 "좋은 소식"을 믿지 않겠다고 고집하였다. 인간이 가진 능력 중에서 불신의 능력만큼 강하고 이상한 능력이 없다. 좋은 것을 믿지 않기 때문이다. 그래도 우리는 사가랴를 혹평해서는 안 된다. 그를 어리석은 자로 보아서도 안 된다. 사가랴는 나의 영적 사춘기를 대변한다. 성경에는 하나님의 약속들로 가득 차 있다. 그런데 당신은 그런 분명한 하나님의 약속들을 과연 얼마나 믿고 있는가?

사가랴의 불신에 대한 하나님의 반응

우선 사가랴의 죄는 무엇이었는가? 사가랴의 죄는 단순히 자식을 주신다는 하나님의 말씀을 불신한 것이 아니었다. 그 일이 의미하는 것이 문제였다. 가브리엘 천사는 사가랴에게 요한이 엘리야의 사명을 띠고 온다고 일렀다. 요한은 메시야의 오심을 환영하기 위해 백성들을 준비시킬 자였다. 그러므로 요한의 잉태를 불신하는 것은 메시야의 길을 막아서는 일이었기에 사가랴는 모든 백성 앞에서 벙어리 흉내를 내어야 하는 징계를 받아 마땅하였다. 이러한 징계로 인해서 사가랴는 잃은 것이 많았다.

첫째, 구주 예수의 임박한 도래를 백성들에게 알릴 수 있는 절호의 기회를 상실하였다.

사가랴는 자신의 일생에서 다시 반복될 수 없는 성소 분향 사역을 하면서 역사적인 대(大) 계시를 받았다. 그가 만약 엘리야의 심령으로 오는 요한에 대한 뉴스를 백성에게 알리면서 메시야가 곧 오실 것이라고 했다면 얼마나 "좋은 소식"이 되었겠는가? 이스라엘이 그토록 기다리던 메시야의 임박한 도래에 대한 "굳 뉴스"는 한 사람의 어리석은 불신으로 말미암아 닫혀지고 말았다.

둘째, 사가랴는 축복권을 잃었다.
사가랴는 가브리엘의 말대로 벙어리가 되었다. 사가랴는 성소에서 나온 후에 기다리던 백성들에게 아론의 축도를 할 수 없었다(민 6:24-27). 아론의 자손으로서 제사장에게 몸에 흠이 있으면 원래 성소에서 하나님을 섬길 수 없었다. 더구나 하나님 앞에서 대언의 직임을 맡은 가브리엘 천사의 말도 믿지 않는 제사장이라면 어찌 이스라엘 백성들에게 여호와의 이름으로 복을 빌 수 있겠는가?(레 21:21-23).

셋째, 사가랴는 제사장으로서의 권위를 잃었다.
사가랴는 벙어리가 되었기에 손짓 발짓으로 겨우 성소 안에서 있었던 일들을 설명하고 서둘러 귀향했을 것이다. 사가랴는 아마 귀도 먹었던 것 같다(눅 1:62). 천사의 말을 믿지 않아서 귀먹고 벙어리가 되는 징계를 받은 제사장을 누가 존경하겠는가?
제사장으로서의 그의 권위는 추락되고 온 백성이 보는 앞에서 벙어리가 되어 성소를 떠나야 했다. 사가랴처럼 흠이 없이 주를 섬기던 경건한 제사장도 하나님이 보내신 천사의 말을 밀어내고 믿지 않을 수 있다는 사실은 정말 믿어지지 않는다.
그러나 사가랴는 외계 인간이 아니다. 그는 하나님의 성전에서 봉사하던 자였다. 우리들의 교회 안에서는 어떨까? 주일마다 교회에서 예배를 드리면서도 하나님의 말씀을 믿지 않고 밀어내는 자들이 없을까? 사가랴는 경건한 삶을 살았지만 믿음이 없었다. 기도하러 성소에 들어갔던 제사장으로서 율법의 규례에 따라 정확하게 분향을 하면서도 기도의 응답을 믿지 않았다.

　기도하는 시간이 가장 불경한 시간이 될 수 있다는 사실을 아는가? 경건한 사람이 경건한 행위를 하면서 하나님과 천사를 모욕할 수 있다는 사실을 아는가? 소원을 하면서도 성취를 원치 않는다면 얼마나 모순인가? 기도를 하면서 기도의 응답을 원치 않는다면 얼마나 어리석은 짓일까? 그러나 우리는 그런 이상한 짓을 할 수 있는 존재들이다. 사가랴는 외계 인간이 아니었다. 그는 우리들의 약점과 모순을 드러내는 하나의 본보기이다.

　우리들이 평소에 경건하고 거룩한 듯하여도 나 자신도 모르는 어리석은 짓을 행할 수 있다. 사가랴는 귀한 옷감으로 만든 아름다운 제사장의 예복을 입고 있었다. 그는 성소에 들어가서 엄숙한 자세로 여호와께 분향하였다. 이스라엘 백성들은 자기들의 기도를 대행하는 사가랴 제사장을 우러러보았을 것이다. 백성들은 사가랴를 신뢰하였다. 그는 경건하고 의로운 자였다. 제사장이라는 그의 직분만 해도 넉넉히 존경의 대상이었다.

　그러나 하나님은 사가랴의 경건의 정체를 드러내셨다. 가브리엘 천사와의 대면에서 사가랴는 가장 불경스럽고 믿음이 없는 사람으로 노출되었다. 그는 영적으로 전혀 준비된 자가 아니었다. 그는 비록 제사장복을 입고 거룩한 성소에 들어가서 여호와 하나님께 기도의 향을 피우고 있었을지라도 영적인 사람이 아니었다.

　하나님의 집에서 하나님의 말씀을 듣고 믿지 않는다면 성소에서 행하는 모든 의식과 제사가 무의미하지 않는가? 그 날 사가랴는 헛제사를 드리고 있었다. 그의 제사장 직무는 경건 훈련이 아니고 불경 훈련이었다(딤전 4:7). 가브리엘 천사는 사가랴의 불신을 온 세상이 알도록 징계하였다. 사가랴는 즉시 벙어리가 되었다.

징계는 축복을 위한 것이다

하나님이 사가랴의 입을 막으신 것은 제자장으로서의 권위가 다시 회복될 수 없는 뜻으로 보인다. 우리는 하나님의 징계를 부정적으로 보는 성향이 있다. 그러나 하나님이 사가랴를 버리신 것은 아니었다. 하나님의 징계는 긍정적인 목적을 가진 것이다. 벌 자체를 위해서 하나님은 자기 자녀들을 징계하시지 않는다.

징계는 축복을 위한 것이다. 징계를 통해서 축복의 여건이 형성되게 하는 것이 하나님의 선한 의도이다. 하나님이 자기 자녀들에게 징계를 내리시는 목적은 하나님의 축복을 받을 수 있는 곳으로 옮겨주기 위한 것이다.

사가랴는 징계를 받는 동안에 많은 것을 깨달았다. 우선 하나님이 그에게 주신 약속은 그의 불신에도 불구하고 취소되지 않았다는 사실이다. 하나님께서는 사가랴에 대해서 오래 참으시면서 초자연적인 능력을 체험하도록 자비를 베푸셨다. 하나님은 징계 중에서도 자비를 베푸신다. 엘리사벳의 배는 점차 불어났다. 죽은 몸으로 알았는데 생명이 피어나고 있었다. 사가랴는 자신이 얼마나 어리석었는지를 불어나는 아내의 배를 날마다 바라보며 깊이 느꼈을 것이다. 그는 늙은 아내의 몸에서 일어나는 놀라운 변화로 인해 날마다 회개하고 날마다 감사하며 하나님의 구원을 매일 경탄했을 것이다.

우리는 이 사실에서「복과 믿음의 관계」를 되짚어 볼 필요가 있다.

흔히들 믿음대로 된다고 말한다. 믿으면 복을 받고 안 믿으면 복을 못 받는다는 것이 하나의 복 공식이다. 그래서 믿는 자에게는 능치 못할 일이 없다고 강조한다. 이것은 하나의 영적 원리이다. 그러나 원칙과 적용 사이에는 기계적이고 공식적인 대입으로 맞출 수 없는 부분들이 있다.

사가랴의 경우가 좋은 일례이다. 사가랴가 아들을 주시겠다는 하나님의 약속을 불신했는데 어떻게 그의 아내가 요한을 수태했단 말인가? 사가랴는 엘리사벳의 수태를 믿지 않았음에도 엘리사벳의 배는 임신으로 불어났다(1:24). 하나님이 복의 원리를 어기신 것일까?

아브라함과 사라의 경우도 이와 비슷하다. 그들 역시 노년에 아들을 주시겠다는 하나님의 약속의 말씀을 믿지 못했다.

> "아브라함이 엎드리어 웃으며 심중에 이르되 백 세 된 사람이 어찌 자식을 낳을까 사라는 구십 세니 어찌 생산하리요 하고 아브라함이 이에 하나님께 고하되 이스마엘이나 하나님 앞에 살기를 원하나이다"
> 창 17:17-18

> "사라가 속으로 웃고 이르되 내가 노쇠하였고 내 주인도 늙었으니 내게 어찌 낙이 있으리요 여호와께서 아브라함에게 이르시되 사라가 왜 웃으며 이르기를 내가 늙었거늘 어떻게 아들을 낳으리요 하느냐" 창 18:12,13

아브라함도 사라도 아들을 주신다는 하나님의 말씀을 그야말로 우습게 여겼다. 그럼에도 하나님은 그들에게 아들을 주셨다(창 21:1-7). 그럼 믿으면 복을 받는다는 영적 원리를 하나님이 무시하신 듯한 이러한 실례들을 어떻게 이해하여야 할까?

우리는 먼저 하나님이 영적 원칙을 적용시키는 과정에서 우리에게 자비와 긍휼을 보이신다는 점을 알아야 한다. 사가랴의 경우에서 볼 때, 하나님은 사가랴가 벙어리로 지내는 기간에 하나님의 말씀을 믿을 수 있도록 여러 모로 도와 주신 것을 확인할 수 있다.

첫째, 엘리사벳의 불어나는 배를 통해서였다.

사가랴는 엘리사벳이 수태 후 5개월 이상이 되자(1:24) 가브리엘 천사의 "좋은 소식"을 마다했던 자신의 과오를 뉘우치기 시작했을 것이다. 혹시 2-3개월은 확실치 않았을지라도 5개월 이상 배가 불러오며 달마다 크게 달라지는 아내의 모습 앞에서 사가랴의 불신은 어느새 굳은 믿음의 확신으로 바뀌었을 것이다.

둘째, 하나님은 마리아를 사가랴의 집으로 인도하셨다(1:39,40).

엘리사벳은 마리아의 문안 소리에 "아이가 복 중에서 뛰노는" (1:41,44) 것을 경험하였다. 그녀는 또한 성령에 충만하여 마리아의 태중에 있는 아이를 축복하였다(1:42).

한편 마리아는 기쁨에 넘쳐 하나님을 찬양했다. 그리고 약 3개월 동안 사가랴 집에 머물렀다. 사가랴는 마리아의 방문을 통해 아브라함과 다윗에게 약속됐던 메시야의 언약에 대해 깊은 묵상의 시간을 가지게 되었다. 그리고 신실하신 하나님이 보이시는 '긍휼'이 어떤 것인지를 새로운 확신으로 감격해 하였다(1:50, 54, 72, 78).

사가랴는 이제 더 이상 하나님의 약속을 의심치 않았다. 그는 자신이 요한의 아버지가 될 것을 믿었다. 그래서 그는 엘리사벳이 아들을 낳자 그 이름을 가브리엘 천사가 지시한 대로 '요한'이라고 서판에 적었다(1:63).

이제 우리는 「복과 믿음의 관계」를 공식화시켜 기계적으로 대입시키거나 판단하는 일을 조심해야 한다는 것을 배웠을 것이다. 하나님은 우리들의 연약성을 십분 이해하신다. 그리고 적극적으로 우리들의 믿음을 세워 주기를 원하신다. 사가랴는 비록 제사장이었지만 그 역시 위기의 순간에 맥없이 넘어질 수 있는 인간이었다. 하나님은 사가랴를 징계하셨다. 그러나 징계가 끝이 아니었다. 하나님은 사가랴의 믿음이 회복되도록 그의 불신에도 불구하고 아들을 주셨다. 그리고 그 아들의 수태와 출생 및 마리아의 간증과 증거를 통해 늦게나마 깨닫고 하나님의 구원을 찬양할 수 있는 굳건한 믿음의 사람이 되도록 인도하셨다(1:67-79). 이것이 하나님의 놀라운 긍휼이다.

이처럼 하나님은 어떤 영적 원리를 적용하시더라도 그 과정을 통해 우리의 연약한 믿음을 세우셔서 마침내 "믿는 자에게 복이 있다"는 사실을 새롭게 확인시켜 주신다.

벙어리의 혀가 풀린 이후의 은혜

사가랴가 가브리엘 천사의 좋은 소식을 받지 않았을 때 천사는 "이 일의 되는 날까지 네가 벙어리가 되어 능히 말을 못할 것"이라고 하였다(1:20). 그렇다면 아기 요한이 태어났을 때 사가랴의 입이 열려야 하지 않겠는가? 하지만 사가랴의 혀는 그대로 굳어 있었다. 왜 그랬을까?

그 까닭은 사가랴 제사장이 벙어리가 된 원인과 관계된 것이다. 가브리엘 천사는 이렇게 말했었다.

"이는 내 말을 네가 믿지 아니함이어니와" 눅 1:20

그러니까 사가랴의 혀가 풀리는 문제는 단순히 요한이 출생됐다고 해서 해결될 일이 아니었다. 사가랴에게는 하나님의 구원의 은총과 섭리에 대한 최종적이고 확정적인 믿음의 표현이 있어야 했다. 그래서 사가랴의 혀는 아기 요한이 태어나서 일주일이 경과됐음에도 여전히 풀리지 않았던 것이다.(1:59-62). 그럼 정확하게 언제 그의 혀가 풀리고 말을 하게 됐는가?

그것은 그가 서판에다 아기의 이름을 '요한'이라고 적었을 때였다(1:63-64). 이것은 사가랴가 가브리엘 천사의 작명에 전적으로 동의했다는 뜻이다. 이제 비로소 사가랴는 가브리엘 천사가 요한의 수태와 관련해서 그에게 전해 주었던 세례 요한의 사명과(1:17) 그의 뒤를 이어서 태어나게 될 메시아에 대한 하나님의 계획들을 확실히 믿고 순순히 받아들였다.

하나님은 사가랴의 믿음과 순종의 수준을 이 지점에까지 이끌어 올리기 위해서 그의 혀를 10개월 동안 묶어 두셨다. 하나님은 사가랴의 불신 속에서도 오래 참으시면서 주권적으로 구속의 계획을 이루어 가셨고 그러한 과정에서 사가랴의 불신을 온전한 믿음의 경지로 승화시켜 주시는 크나큰 긍휼을 보이셨다.

그런데 하나님은 여기서 그치지 않으셨다. 사가랴에게는 혀가 풀린 이후에 너무도 커다란 은혜가 내렸다. 그것은 곧 사가랴의 성령 충만이었다. 그는 "성령의 충만함을 입어 예언"(1:67)하였다. 그는 하나님의 구원을 너무도 확신했기에 그리스도가 아직 태어나지도 않았는데 그분의 구원을 이미 이루어진 사실로 받아들였다(참조. 1:68, 69). 그래서 아기 예수가 아직 태중에 있음에도 하나님이 "구원의 뿔을 일으키셨다."(1:69)고 하였으며, "그 백성을 속량하셨다."

(1:68)고 말하였다.

사가랴는 적어도 10개월 동안 혀가 풀리지 않은 상태에서 하나님의 구원을 깊이 묵상하며 깨닫는 시간을 가질 수 있었다. 그 결과 그는 일생 최대의 메시지를 남기게 되었다. 세례 요한이 출생한 때에 사가랴는 성령에 충만하여 예언하였다(눅 1:67-79).

그의 메시지는 그리스도가 출생하기 불과 5개월 정도를 앞둔 메시야에 대한 마지막 예언이었다. 그는 예수님의 출생이 임박한 대 구원의 문턱에서 아브라함과 다윗에게 약속한 메시야의 구원 사역과 자신의 아들인 요한의 사역에 대한 정확한 예언을 하였다. 이 예언은 성경에 기록되었다.

사가랴의 불신의 입은 믿음과 찬송으로 바뀌었다. 그는 예루살렘 성전에서 평생 동안 행했던 제사장으로서의 공적 가르침이나 축도나 혹은 그 어떤 사역보다도 비교가 되지 않는 신령한 메시지를 유대 산중에서 전하였다. 그가 성전에서 일생 동안 제사장으로서 봉사했던 과거의 사역들은 아무도 기억하지 못한다. 그러나 하나님의 초자연적인 영적 구원의 신비를 깨닫고 그의 혀가 풀렸을 때 성령에 충만하여 외친 그의 예언과 찬송의 메시지는 성경에 길이 보존되었다.

이것은 무엇을 말하는가? 사가랴가 10개월간 입이 닫혀 있는 동안에 성령께서 그를 가르치셨다는 증거이다. 사가랴의 수치는 이제 거두어졌다. 그는 이제 진정으로 하나님이 자기와 같은 늙고 무력한 자를 통해서도 약속된 구원을 성취하신다는 사실을 깨달았다.

우리는 조금이라도 안 좋은 일을 당하면 하나님이 치셨다고 생각하는 습성이 있다. 우리에게는 어떤 이유에서인지 하나님을 무서운 재판관처럼 보거나 우리들을 항상 감시하는 분으로 간주한다. 교회에서 하나님의 거룩하심을 사랑의 문맥을 떠나서 거듭 강조하기 때문인지도 모른다. 그래서 조금만 잘못해도 거룩하신 하나님이 치신다는 위협적인 가르침이 성도들의 뇌리에 박히게 되었을 것이다.

그러나 사실상 하나님의 징계는 그리 잦은 것이 아니다. 물론 구약에서 이스라엘 백성들은 하나님의 무서운 징계를 받았다. 그렇지만 하나님이 그들을 얼마나 오랫동안 참으셨는지를 생각해 보라! 하나님은 우리들이 과거의 역사에서 교훈을 받기를 원하신다. 신약에서 징계의 사례가 과연 몇 번이나 되는가? 하나님은 고집을 부리는 그릇된 자녀들을 방관하시지 않고 필요에 따라 징계하신다. 그럴지라도 징계의 목적은 부정적이지 않다. 우리는 하나님의 징계를 하나님과 우리 사이가 부모와 자식이라는 사랑의 가족 관계에서 이해해야 한다.

사가랴의 불신은 제사장이라는 신분과 가브리엘 천사의 메시지 내용에 비추어 볼 때 매우 큰 죄였다. 그러나 그가 받은 징계는 일시적인 것이었다. "이 일의 되는 날까지"(1:20)만 계속되었다. 더구나 그 징계는 사가랴에게 하나님의 구원의 능력을 새롭게 인식시키고 그를 위대한 예언자로 만드는 데 필요한 조치였다. 하나님은 사가랴를 버리신 것이 아니고 징계라는 수단을 통해 그가 축복을 받을 수 있는 새로운 여건으로 인도하셨다.

하나님이 이 같은 은혜를 내리시는 때에는 우리들의 모든 수치와 한(恨)이 사라진다. 사가랴는 실추된 위신과 권위를 회복하였고 그 동안 자신을 눌러왔던 정신적 스트레스에서 완전히 해방되었다. 사가랴의 이름은 신약 성경에서 다시 언급되지 않는다. 그러나 그는 구속사의 가장 중요한 전환점이 되는 신약 시대의 문턱에서 세례 요한과 메시야에 대한 감동적인 찬양과 예언을 남긴 자로 기억된다.

사가랴의 하나님은 우리들의 하나님이시다. 사가랴의 하나님은 「화(禍)가 복(福)이 될 때까지」 우리들을 도우시고 섭리하신다. 우리들의 화는 축복으로 바뀔 수 있다. 우리들의 넘어짐도 회복될 수 있다. 우리들이 받는 징계는 축복의 장(場)을 마련하는 하나님의 자비로운 조치이다. 벙어리로 머물러 있는 10개월은 수치스럽고 답답할지 모른다. 그러나 달리 보면 이 기간은 하나님의 놀라운 구원과 섭리의 능력을 깨닫는 축복된 시간들이다.

하나님은 때가 되면 닫힌 우리들의 혀가 풀리게 하신다. 당신은 「화(禍)가 복(福)이 될 때까지」 역사하시는 사가랴의 하나님을 믿는가? 그런 자들에게는 비록 가브리엘 천사의 말을 불신하는 실수를 범했을지라도 넉넉히 회복될 수 있고 크나큰 영적 축복을 체험할 수 있다.

하나님의 구원의 의지는 인간의 좌절된 불신을 극복한다.

누가 하나님을 진정으로 찬양할 수 있을까?

하늘의 천사들도 하나님을 찬양한다. 아기 예수의 탄생 소식과 함께 천군 천사들이 하나님을 찬송하였고(2:13) 하늘 보좌 곁의 네 생물과 천사들도 하나님을 쉬지 않고 찬송한다(계 4:6-9; 5:11,12; 7:11,12).

그러나 하늘의 천사들에게는 구원받은 죄인들의 체험이 없다. 천사들은 죄인으로서 하나님의 긍휼하심을 입는 것이 무엇인지를 체험적으로 알지 못한다. 그러기에 하늘의 천사들은 "모세의 노래"(계 15:3)나 "어린 양의 노래"(계 15:3)를 부를 수 없다.

구속받은 성도들의 찬양에는 하늘의 천사들일지라도 체험적으로 이해할 수 없는 차원이 있다. 그래서 그들도 하나님의 놀라운 구원의 비밀을 살펴 보기를 갈망한다고 하였다(벧전 1:12). 죄 없는 천사들은 "하나님의 부리는 영으로서"(히 1:14) 구속사의 진행을 도우면서 하나님의 긍휼하심과 크신 능력을 목격하는 증인들이다. 그렇지만 그들은 그리스도의 십자가로 구원을 받아야 할 대상들이 아니다. 하나님은 천사들을 위해서 그리스도를 십자가에 못박지 않으셨다.

오직 죄인들만이 믿음으로써 십자가의 무궁한 사랑의 긍휼을 체험한다. 십자가의 용서와 부활의 능력을 몸소 체험한 자들만이 하나님을 구속주로서 찬양할 수 있다. "저주를 돌이켜 복이 되게"(느 13:2) 하시는 하나님의 구원을 체험한 자들만이 진정으로 하나님을 송축한다.

사가랴가 입이 열렸을 때 제일 먼저 한 일이 무엇이었는가? 하나님을 찬양한 것이었다. 그는 처음에는 하나님의 구원의 "좋은 소식"을 반기지 않고 불신했던 자였다. 그러나 벙어리로 머무는 동안에 이스라엘의 하나님이 조상들에게 약속하신 구원자 예수를 보내신다는 사실을 믿었다. 그리고 그 구원은 곧 죄의 용서를 받고(1:77) "종신토록 주의 앞에서 성결과 의로 두려움이 없이 섬기는"(1:75) 일임을 깨달았다.

이 구원을 일으키는 수단과 주체는 다윗의 가문에서 태어나는 "구원의 뿔"이며 천상에서 떠오르는 "돋는 해"였다(1:69, 74, 75). 이는 곧 능하신 구원자 예수님을 가리킨다. 이 예수는 "어두움과 죽음의 그늘에 앉은 자에게 비취고 우리 발을 평강의 길로 인도"(1:79)하시는 분이다.

　사가랴는 이러한 하나님의 구원을 자신의 삶 속에서 깨닫고 체험한 자였다. 누가 과연 하나님을 진정으로 찬양할 수 있는가? 당신도 사가랴처럼, 하나님의 구원을 깨닫고 그분의 긍휼하심에 따라 죄의 용서를 받은 자인가? 그렇다면 당신의 입술을 통해서도 사가랴의 찬송이 흘러나오는 축복이 임할 것이다.

3편

기다리는 사람들
누가복음 2:1-21

"그 때에 가이사 아구스도가 영을 내려 천하로 다 호적하라 하였으니… 요셉도 다윗의 집 족속이므로 갈릴리 나사렛 동네에서 유대를 향하여 베들레헴이라 하는 다윗의 동네로 그 약혼한 마리아와 함께 호적하러 올라가니 마리아가 이미 잉태하였더라 거기 있을 그 때에 해산할 날이 차서 첫아들을 낳아 강보로 싸서 구유에 뉘었으니 이는 여관에 있을 곳이 없음이러라… 오늘 다윗의 동네에 너희를 위하여 구주가 나셨으니 곧 그리스도 주시니라… 목자들은 자기들이 이르던 바와 같이 듣고 본 그 모든 것으로 인하여 하나님께 영광을 돌리고 찬송하며 돌아가니라."

하나님은 주권적으로 섭리하신다 1-7절

가이사 아구스도는 로마에서 호적 명령을 내렸다. 이것은 나사렛에 살던 요셉과 마리아에게 직접적인 영향을 주었다. 요셉은 다윗의 후손이었다. 그래서 그들은 다윗의 고향인 베들레헴으로 가서 등록을 해야 했다. 만약 이 칙령이 없었다면 베들레헴으로 갈 필요가 없었을 것이다.

그런데 신기한 사실들이 있다. 첫째는 로마 황제의 칙령으로 마리아가 베들레헴으로 간 때가 아기를 낳는 산달과 일치하였다. 둘째는 요셉과 마리아가 호적을 하러 간 곳은 예수 그리스도의 출생지로 구약에서 예언된 장소였다는 사실이다.

미가 선지자는 이스라엘의 통치자가 베들레헴에서 나타날 것이라고 예언하였다.

> "베들레헴 에브라다야 너는 유다 족속 중에 작을지라도 이스라엘을 다스릴 자가 네게서 내게로 나올 것이라 그의 근본은 상고에, 영원에 있느니라" 미 5:2

다니엘의 예언에서도 하나님의 나라가 넷째 왕국, 곧 로마 때에 세워질 것이라고 하였다(단 8장). 그러니까 미가 5:2의 성취로서 요셉과 마리아가 로마 시대에 베들레헴으로 오게 됐다는 것이다. 그리고 다니엘이 말한 넷째 왕국이 세상을 통치하는 중에 하나님이 예수 그리스도의 성육신을 통해서 그의 왕국을 세우신 것이다. 본문의 강조점은 아기 예수가 하나님의 약속의 성취로서 다윗의 가문을 타고 예언된 시기와 장소에서 태어났다는 것이다(1:27,32, 69; 2:1, 4).

가이사는 자신의 뜻에 따라 자기가 의도한 일을 행하였다. 그러나 그의 자유 의지의 행사가 공교롭게도 하나님의 구원 계획을 도와 주는 격이 되었다. 가이사는 예수 그리스도의 탄생과 무관하게 칙령을 내렸다. 그러나 그의 칙령은 보이지 않는 하나님의 주권적 영역 안에 있었다. 이런 의미에서 이방 나라의 왕인 고레스도 하나님의 "기름 부음을 받은" 자라고 하였고 또는 하나님이 세운 "목자"라고 불렀다(대하 36:22-23; 에 1:1; 사 45:1; 44:28). 따라서 가이사 아구스도가 호적 명령을 내렸던 "그 때"(1절)와 마리아가 베들레헴에 가서 해산하던 "그 때"(6절)는 세상 역사의 한 시점이지만, 하나님의 섭리의 시점에서 보면 "그 때"는 곧 '하나님의 구원의 때'였다.

하나님의 때는 우리들에게도 있다. 하나님이 우리들의 구원을 온전히 이루기 위해서 세상의 여러 상황들을 주권적으로 지배하신다. 인간의 관점에서 보면 모든 일이 사람에 의해서 일어난다. 그러나 세상 일의 시기와 여건을 섭리하는 분은 하나님이시다. 하나님은 언제 어떤 방법으로 우리들에게 임하실지 모른다. 그러므로 하나님의 주권을 믿고 주님을 신뢰하면서 때를 기다리고 그 때를 식별하기 위해 깨어 있는 자세가 필요하다.

하나님은 마리아와 요셉을 격려하셨다 16-20절

마리아는 "하나님의 아들"(1:35)을 출산하는 문제로 큰 부담을 느꼈을 것이다. 누구도 그녀에게 따뜻하고 조용한 출산 장소를 제공하지 않았다. 만삭의 몸으로 방을 구하러 다닐 때의 긴장과 초조감을 상상해 보라. 시간이 갈수록 두려워지고 방이 없다는 말을 들을 때마다 크게 실망했을 것이다.

마침내 마리아는 한 마구간을 빌려 구유에 아이를 낳아 뉘었다 2:7). 이 때 목자들이 뜻하지 않게 방문하였다. 이들은 마리아에게 천사들의 메시지를 전해 주며 하나님을 찬송하였다. 마리아는 이 때 큰 위로를 받았을 것이다(2:16-17,19-20).

그런데 목자들의 방문은 마리아만을 위한 것이 아니었다. 요셉에게도 하늘의 메시지가 필요하였다. 요셉은 정혼한 마리아가 수태를 하자 번민하다가 조용히 관계를 끊으려 했었다. 그 때 천사가 꿈에 나타나 마리아의 잉태는 성령으로 된 것이며 예언의 성취라고 알렸다 (마 1:18-20).

그 후 요셉은 사람들의 오해를 받으면서도 마리아를 데리고 예루살렘에까지 갔다. 만삭이 된 아내를 데리고 여행하는 일은 결코 쉬운 일이 아니었다. 더구나 '구원자 예수'를 잉태한 아내와 함께 사는 일은 여간 부담스런 일이 아니었을 것이다.

요셉은 너무도 엄청난 일을 당한 자였다. 생전에 듣지도 보지도 못하던 동정녀 잉태를 한 아내와 함께 구유에서 출생한 아기를 바라보아야 하는 일은 회의와 실망을 일으켰을 것이다. 요셉에게는 마리아가 낳은 아기가 과연 천사가 말했던 구원자인지를(마 1:21) 확인할 수 있는 증거가 필요하였다. 그래서 목자들의 방문과 그들이 본 천사들의 증언은 마리아에게만이 아니고 요셉에게도 커다란 격려가 되었을 것이다.

믿음은 하나님이 주시는 확인들을 통해 깊어진다. 하나님은 우리들을 구원해 나가시는 과정에서 우리에게 힘이 되도록 줄곧 역사하신다. 하나님은 마리아와 요셉에게 한 번의 계시로 끝내시지 않았다. 여러 번 하나님의 말씀과 임재의 증거를 주셨다.

이스라엘 백성들을 애굽에서 구출하실 때에 하나님은 열 가지 재앙으로 애굽을 치셨다. 그러나 출애굽 이후에 이스라엘 백성이 가나안으로 가는 과정에서 더 큰 구원의 능력과 하나님의 임재를 체험하게 하셨다. 하나님이 애굽과 바로를 치실 때에는 일정 기간에 하나님의 능력과 심판의 기적들이 일어났었다.

그러나 광야에서는 40년간 이스라엘 백성들이 하루도 걸르지 않고 하늘에서 내려오는 만나를 먹었다. 그들은 홍해 바다를 마른 땅처럼 건넜고, 마라의 쓴물이 단물이 되는 기적을 체험하였다. 바윗돌에서 생수가 흘렀고 메추라기 떼가 광야에 덮이는 기적을 보았다. 이들은 요단강을 마른 시내처럼 단번에 건넜고 철벽 같은 여리고 성의 함락을 목격하였다. 하나님은 이스라엘 백성들을 구원하실 때에 한 번의 출애굽으로 끝내시지 않았다.

하나님은 우리들을 구원하실 때에도 한 번의 출애굽으로 끝내시지 않는다. 우리들은 하나님이 매사에 기적을 보이시고 일일이 확인해 주신다고 기대해서는 안 된다. 믿음 생활은 보이지 않는 것을 신뢰하고 따르는 것이어야 하기 때문이다. 그러나 하나님은 자비하셔서 연약한 우리들을 자주 격려하신다. 우리들의 작은 믿음이 깊어지도록 각가지 방법으로 확인을 해 주시며 도와 주신다. 믿음은 이러한 하나님의 증거들을 통해서 더욱 견고해진다.

하나님은 궁핍의 마구간 속에서 우리를 구원하신다

"천사가 이르되 무서워하지 말라 보라 내가 온 백성에게 미칠 큰 기쁨의 좋은 소식을 너희에게 전하노라" 눅 2:10

마리아는 9개월 임신 중이었다. 그럼에도 마리아는 남편을 따라 베들레헴으로 가지 않을 수 없었다(2:3-5). 고생을 하고 겨우 도착한 베들레헴에는 숙소는 고사하고 아기를 위해 도와 줄 자가 아무도 없었다. 그들에게는 아기를 덮어 줄 수 있는 약간의 포대기 정도가 전부였다(2:6-7).

하나님의 메시아를 출산하는 마리아와 그를 보살피는 요셉에게 왜 이 같은 난감할 일들이 생겼을까? 우리들에게 만약 가브리엘 천사가 나타나서 어떤 좋은 소식을 전했다면 나머지 일은 아무 염려할 것이 없다고 생각할 것이다. 하나님이 다 알아서 필요를 채워 주실 것으로 당연시하지 않겠는가? 하지만 마리아에게는 메시아를 낳는데도 방 한 칸이 주어지지 않았다. 메시아를 마구간에서 낳게 된다는 것이 말이 되는가?

우리들은 하나님의 일을 너무 단선적으로 생각하는 경향이 있다. 어떤 한 가지 일이 시작되면 그 다음부터는 하나님이 알아서 척척 도우시므로 순조롭게 일이 진행될 것으로 간주한다. 그런 식이라면 마리아와 요셉은 아기 예수를 낳고 기르는 문제에 대해서 전혀 걱정할 필요가 없었을 것이다. 그리고 실제로 아이를 낳고 기르는데 아무 어려움이 없었어야 했다.

그런데 사실은 그렇지 못했다. 하나님은 어떤 일들은 우리들의 기대보다 훨씬 쉽게 해결해 주신다. 그렇지만 어떤 일은 숱한 난관을 거쳐야 한다. 그 까닭을 우리는 단순한 몇 마디로 다 설명할 수도 없고 그 모든 이유를 다 이해하지도 못한다. 한 가지 확실한 것은 "무릇 그리스도 예수 안에서 경건하게 살고자 하는 자는 박해를 받으리라"(딤후 3:12)는 것과 하나님은 우리의 고통 중에서도 작정하신 선한 계획을 이루어 나가신다는 사실이다.

모든 경건한 크리스천들에게 고난의 마구간이 있다. 나는 나의 마구간을 불평하고, 아기를 재울 방이 없어 슬퍼할지 모른다. 그런데 나의 마구간에 마음이 잡혀 있으면 어떻게 될까? "큰 기쁨의 좋은 소식"을 즐거워하지 못한다. 하나님은 우리에게 "큰 기쁨의 좋은 소식"을 주셨다. 나의 초라한 마구간을 보지 말고 그 마구간에 있는 하나님의 선물을 보아야 한다. 나의 부족한 여러 가지 결핍들을 극복할 수 있는 길은 하나님이 나의 마구간에 넣어 주신 예수 그리스도의 선물을 기억하는 것이다.

마리아와 요셉은 자신들이 처한 기막힌 마구간의 환경을 놓고 넋두리를 하지 않았다. 만약 그들에게 조금이라도 불만이 있었다면 목자들이 전해 주는 가브리엘 천사의 말이 격려가 되었을 것이다. 그것은 "큰 기쁨"의 소식이었다. 그래서 마리아는 "이 모든 말을 마음에 새기어 생각하니라"(2:19)고 하였다.

나의 마구간에 무엇이 있는지를 보아야 한다. 나의 마구간에 하나님이 무엇을 넣어 두셨는지를 알아야 한다. 나의 마구간에 하나님이 "큰 기쁨"을 담아 두셨다. 이 기쁨은 누구나 누릴 수 있는 것이다. "온 백성에게 미칠" 굿 뉴스라고 하지 않았는가!

나도 '온 백성'의 한 사람이다. 나도 이 기쁜 소식을 받지 않았는가? 그렇다면 아기 예수의 탄생 뉴스가 우리들의 귀에 들어온 것이다. 내가 주 예수를 나의 구주 하나님으로 믿었다면 주님이 내 삶에 들어오신 것이다. 이 보다 더 큰 기쁨이 있겠는가?

내가 주님과 함께 산다면 마구간이 무슨 상관인가? 당신은 자신의 마구간 때문에 괴로워할지 모른다. 나의 마구간이 멋진 주택의 안방이기를 바라는가? 나에게 보다 나은 환경이 주어지고 이것저것이 갖추어진 여건이라면 주님을 편안하게 잘 모실 수 있다고 생각할지 모른다. 아니면 내가 마리아와 요셉처럼, 예수님을 모시는 소명을 받았으니까 현재보다 훨씬 더 나은 대접을 받아야 한다고 생각할지 모른다.

그러나 하나님은 그렇게 생각지 않으신다. 하나님은 마리아와 요셉에게 베들레헴에서 아기를 낳을 수 있는 편안한 빈방을 끝내 허락하지 않으셨다. 그 일이 어려워서가 아니다. 하나님이 인색해서도 아니다. 아기 예수는 하나님의 독생자였다. 그럼에도 아기 예수는 냄새나고 더러운 마구간에서 태어나게 하셨다. 하나님의 아들이시며 세상의 구주로 오신 분이 마구간에서 태어난다는 것이 도대체 상상이라도 되는 일인가?

사람들은 자신의 마구간을 부끄러워한다. 그러나 마리아와 요셉은 그렇지 않았다. 그들은 자신들의 마구간에 세상의 구주로 오신 아기 예수가 뉘어져 있다는 사실을 알았다. 비록 사람이 거처할 곳이 못 되는 시골의 한 마구간이었을지라도 그 곳은 천사들이 아는 곳이었고 하나님의 놀라운 구원이 시작되는 장소였다.

나의 마구간도 주 예수님을 모시는 곳이 되면 궁궐보다 더 나은 곳이 된다. 내가 부끄러워하고 부족하게 생각하는 나의 모든 마구간에 아기 예수를 뉘어 보라. 예수님이 함께 계신 곳이라면 마구간의 고통은 새로운 의미로 승화될 것이다. 나의 마구간으로 예수님을 모셔들이라. 예수님은 나의 마구간을 부끄러워하시지 않는다. 나의 마구간은 예수님의 임재로 신령한 구원의 장소가 될 수 있기 때문이다.

　예수님을 마구간에서 태어나게 하시는 것이 하나님의 뜻이었다. 이 하나님의 뜻은 지금도 변하지 않았다. 예수님은 우리 죄인들의 누추한 마구간을 축복의 장소로 보신다. 우리 삶의 모든 고난과 궁핍의 마구간들이 주님의 축복으로 채워질 수 있다는 사실은 우리에게 얼마나 큰 격려가 되는가!

하나님은 낮은 자들을 택하신다

　예루살렘의 왕궁과 대제사장들의 저택에는 아기 예수의 기쁜 소식이 전해지지 않았다. 그들의 화려한 거처에는 아기 예수가 누워 있을 곳이 없었다. 아기 예수는 낮고 천한 곳에서만 태어나기 때문이다. 아기 예수는 많은 종들과 의사들이 준비된 궁정에서 태어나지 않았다.

　마리아는 온 세상이 우러러보는 미스 유니버스가 아니었다. 성화에 보면 마리아는 좋은 옷을 입고 아름답게 그려져 있다. 그러나 사실은 마리아는 아무도 알아주지 않던 시골 처녀였고 한 가난한 목수의 평범한 신부감이었다. 그래도 마리아는 하나님이 알아주셨고 천사들의 방문을 받았다.

> "하나님이 세상에서 가난한 자를 택하사 믿음에 부요하게 하시고 또 자기를 사랑하는 자들에게 약속하신 나라를 상속으로 받게 하지 아니하셨느냐" 약 2:5

세상은 마리아와 예수의 일을 알지 못하였고 인정하지도 않았다. 마구간에 낳은 아기를 누가 귀히 볼 것인가? 아기 하나 낳을 방도 구하지 못한 시골 부모들을 누가 존경할 것인가? 그러나 인류를 위한 하나님의 장대한 구원 계획은 마구간에 아기 예수를 뉘인 한 시골 부부를 통해 이루어지고 있었다.

하나님은 세상의 구주로 오신 그의 아들의 탄생 뉴스를 목자들에게 알려 주셨다. 그리고 아기 예수를 직접 가서 확인하고 문안하는 특권도 시골의 이름 없는 목자들에게 주셨다.

당시의 세상 통치자들과 왕들은 예수의 출생 소식을 몰랐다. 대제사장들도, 바리새인들도, 서기관들도, 역사가들도 몰랐다. 그러나 베들레헴의 들에서 양들을 돌보던 목자들에게 제일 먼저 구주의 탄생 소식이 알려졌다. 목자들은 하층 계급에 속하였다. 이들은 의식적으로 부정하여 바리새인들의 인정을 받지 못하였다. 하나님은 무시당하는 낮은 자들을 택하신다. 이것은 마리아의 체험이기도 하였다. 마리아는 그의 찬송에서 여러 번 이 사실을 지적하였다(눅 1:48, 51, 52, 53).

예수 그리스도의 탄생 기사에서 제일 먼저 언급된 자들은 예루살렘의 유명 인사들이 아니고 목자들이었다. 인류 최대의 뉴스가 평범하고 고달픈 삶을 사는 하층민들에게 알려졌다. 목자들은 밤에도 양떼를 지켜야 했다. 아무도 그들에게 관심이 없었다. 그러나 하나님은 그들을 지켜보고 계셨다. 목자들의 환경은 춥고 어두운 밤이었다. 야생 동물들과 양도둑이 활동하는 야밤에 목자들은 기나긴 밤을 새며 아침이 오기를 기다렸다. 그 때 갑자기 천사들이 나타나고 주의 영광이 비쳤다(9절). 그들은 홀연히 지상에서 천상의 경지로 들어가는 환상적 체험을 하였다.

그들은 어떤 강단에서도 들을 수 없는 놀라운 메시지를 들었다. 메시아가 탄생했다는 뉴스였다. 목자들은 그들 바로 곁에 서서(2:9) 천사가 알려주는 메시지를 직접 들었다. 그뿐만이 아니었다. 목자들 곁에서(2:13) 천사들이 집결하여 대찬양을 하였다. 세상의 그 어떤 찬양대와 비교할 수 있겠는가? 삽시간에 목자들이 처한 열악한 환경이 세상에서 가장 아름답고 가장 신령하며 가장 고귀한 장소로 일변하였다. 은혜라는 말이 이런 것을 두고 하는 말이다. 천민 취급을 받으면서 가난하고 힘겹게 살아가는 하층민들에게 하나님은 세상의 그 어떤 것과도 비교할 수 없는 축복과 특권을 부어 주셨다.

베들레헴의 목자들이 한 것이 무엇인가? 아무것도 없었다. 그들은 자신들의 생계를 위해 양떼를 돌보고 있었을 뿐이었다. 그들이 특별히 하나님을 위해서 헌신적인 봉사를 하거나 세상이 우러러보는 선행을 한 것도 없었다. 그들이 받은 신령한 축복은 전적으로 하나님이 거저 주시는 영광스런 특권이었다.

예수 그리스도는 우리들에게 이 같은 은혜로 오신 분이다. 우리들을 위해 모든 것을 다 주시고 우리를 구원하셨다. 그리스도는 하나님의 전적인 선물이다. 우리들이 구태여 한 일을 내세운다면 죄를 지으면서 살았다는 사실 밖에 없다. 다른 어떤 드러낼 만한 일들이 있을지라도 하나님의 구원을 받기에는 무한대로 부족한 것들이다. 우리는 언제나 복음의 뉴스를 듣고 믿음으로 주 예수 그리스도를 영접하여 구원을 받는다. 이 구원은 전적인 은혜이다.

"하나님이 세상을 이처럼 사랑하사 독생자를 주셨으니 이는 그를 믿는 자마다 멸망하지 않고 영생을 얻게 하려 하심이라" 요 3:16

구유에 담긴 귀한 선물과 소명

목자들은 그 밤에 무엇을 이야기하고 생각했을까?

그들은 자기들이 지키는 양떼를 성전에 가지고 가서 파는 일에 대해 이야기했을지 모른다. 어쩌면 희생양의 의미를 생각하며 메시아가 도래할 날을 생각해 보았을지 모른다. 혹은 예루살렘의 희미한 불빛을 바라보며 언제 날이 샐 것인지를 기다렸을지 모른다. 목자들에게 천사의 기쁜 소식이 임했을 때는 그들이 평상의 일을 하고 있을 때였다. 나날의 삶 속에서 하나님은 역사하신다. 매일의 삶 속에서 하나님은 갑자기 자신을 나타내신다.

하나님은 표적을 사용하셨다. 그런데 그 표적은 "구유에 뉘어 있는 아기"(1:12)였다. 아기는 별다른 표적이 될 수 없다. 그러나 구유에 뉘인 아기는 별다르다. 사람들은 평소에 아기를 구유에 눕히지 않기 때문이다. 구유는 무엇인가? 작고 천한 것이다. 하지만 아무것도 아닌 것이 하나님의 구속의 드라마를 엮는 매우 귀한 자료가 되었다. 하나님은 사람들의 눈에 전혀 중요하지 않은 것을 가장 요긴하게 사용하셨다. 지금도 하나님의 귀한 선물들이 구유에 담겨서 우리들에게 전달된다.

천사들은 하늘로 돌아갔다(1:15). 이로써 천사들의 무대는 사라졌다. 환상의 시간은 끝났다. 천사들의 대합창이 끝난 후 목자들은 홀로 남았다(2:15). 그러나 목자들의 사명은 끝나지 않았다. 그들은 하나의 멋진 환상을 보고 천사들의 대합창을 듣는 체험으로 모든 일이 지났다고 생각하지 않았다. 그들은 환상이 지났다고 해서 맥이 풀어지거나 멍해 있거나 혹은 그저 그런 줄 믿는다고 말하며 날이 새기만을 기다리지 않았다. 목자들은 믿음의 반응을 보여야 했다. 구원은 만인에게 제공되었지만 응답을 촉구한다.

그들은 단숨에 베들레헴 동네까지 "빨리"(16절) 달려갔다. 그들은 자기들의 양들을 돌보는 문제를 다 제쳐 두고 달려갔다. 그들은 천사의 말을 그대로 따랐다(12절). 그들은 마침내 구유에 뉘어 있는 아기 예수를 찾았다(2:13). 그들은 흥분을 하며 마구 달린 것이 아니었다. 그들은 천사의 말에 근거해서 자신들이 달리는 방향과 목표를 잡았다.

목자들은 적극적으로 하나님의 말씀을 확인하려고 달려갔다. 그래서 아기 예수를 찾을 때까지 베들레헴의 숙소들을 찾아다녔다(2:16). 하나님은 하늘의 축복을 기다리는 자들에게 환상을 보이시고, 말씀에 의지해서 달리는 자들에게 믿음의 증거를 주신다. 하나님은 우리들을 더 큰 구원의 길로 데리고 가시는 과정에서 때에 따라 여러 가지 은혜를 내리신다. 우리의 믿음을 다져 주시고 우리의 부족을 메우시며 하나님의 축복의 증거들을 보여주신다.

복음의 내용은 무엇인가?

천사들은 복음의 내용을 밝혔다. 복음은 하나님이 무엇을 행하셨는지를 말해 준다. 그것은 곧 하나님이 동정녀의 몸을 빌려 인간으로 이 세상에 오셨다는 것이다. 하나님은 "구주"(2:12)가 되셔서 베들레헴에서 태어나셨다. 죄책과 죄의 능력과 숱한 죄의 결과로부터 우리 죄인들을 구출할 분이 세상에 오신 것이다.

"지극히 높은 곳에서는 하나님께 영광이요" 눅 2:14

이것은 우리가 하나님이 행하시는 일을 보기 때문에 하나님께 영광을 돌린다는 뜻이다. 환언하면 하나님의 놀라운 자비와 능력이 그리스도의 오심으로 분명하게 드러났다는 것이다. 예수 그리스도의 십자가 사역으로 하늘 아버지의 사랑과 용서와 공의가 드러날 것이었다. 이 큰 구원은 하나님께 영광된 일이었다.

"땅에서는 하나님이 기뻐하신 사람들 중에 평화로다" 눅 2:14

이것은 하나님이 기꺼이 인류 전체에게 기쁨으로 구주를 주시는 것을 가리킨다. 다시 말해서 예수님은 만인에게 구원의 선물로 주어졌다는 것이다. 이러한 기쁨의 메시지가 목자들 자신을 포함해서 "온 백성"을 위해 주어졌다(2:10,11).
여기서 말하는 "평화"는 하나님과의 화해로 오는 평안이다. 하나님을 싫어하고 하나님 없이 살던 죄인들이 구주 예수의 십자가 구속을 믿어 용서를 받고 하나님과 화평한 관계가 되는 것이다. 복음은 또한 땅에 평화를 가져온다. 하나님과 적대 관계에 있던 죄인들이 이제부터는 그리스도의 십자가를 믿고 그리스도 안에서 서로 사랑하며 평화를 누릴 수 있게 된다.

하나님은 우리들의 어두운 인생의 밤을 영광의 빛으로 밝혀 주신다. 목자들처럼 춥고 어둡고 고독한 우리 죄인들의 환경을 하나님이 일신시킬 수 있다. 메시아의 기쁜 소식을 들을 때까지는 인간은 누구나 영적으로 춥고 어둡고 고독한 밤을 지난다. 복음은 어둠과 죄에 갇혀 사는 자들을 위한 것이다(1:79). 메시아의 기쁜 소식을 듣기 전에는 모든 인간이 "어두움과 죽음의 그늘에 앉은 자"(1:79)들이다. 이들에게 "돋는 해가 위로부터 우리에게 임"(1:78)하고 "평강의 길로 인도"(1:79)하는 구원이 온다는 것이 천사들이 전한 메시지의 내용이었다.

구유에 뉘인 아기 예수

크리스마스가 되면 아기 예수가 구유에 뉘어져 있는 모습을 카드나 모형들에서 많이 볼 수 있다. 사실상 대부분의 세상 사람들이 알고 있는 예수는 구유에 뉘여 있는 베들레헴의 아기 예수이다. 사람들은 아직도 예수를 베들레헴의 구유에 그대로 눕혀 두고 있다. 그들이 기억하고 생각하는 예수는 쇼윈도우에 진열된 크리스마스 상품에 지나지 않는다. 세상 사람들은 예수님이 태어났을 때 방 한 칸 내어드리지 않았다. 누구도 자기 방을 내어주는 자가 없었다. 누구도 자기 방을 나눌 자가 없었다.

예수는 지금도 베들레헴에서처럼 무시되고 방치된다. 당신의 예수는 지금 어디 있는가? 말구유인가 하늘 보좌인가? 우리는 예수를 구유에서 옮겨야 한다. 예수는 더 이상 아기 예수로 머물러서는 안 된다. 아기 예수는 2천년 전에 베들레헴 구유에서 갈릴리를 거처 예루살렘으로 가신 후 골고다의 십자가로 가셨고, 다시 살아나셔서 승천하시고 하나님의 우편 보좌에 앉으셨다. 예수님은 앞으로 심판주로서 이 세상에 다시 오실 것이다.

그런데 나는 예수를 아직도 구유에 뉘인 아기로 보지 않는가? 그렇다면 나는 예수님이 구원자라는 사실을 모르고 있다. 나는 그리스도 안에서 부활을 체험하지 못하고 승천을 체험하지 못한 자이다. 죽음에서 그리스도와 함께 살아나고 일으킴을 받아 예수 안에서 함께 하늘에 앉힌 자가 아니다(엡 2:6). 예수님을 아직도 구유에 눕혀 둔 자들은 예수께 와서 경배하고 그를 구주로 맞이하지 않은 자들이다.

당신이 아는 아기 예수는 지금 어디에 있는가? 하늘에 계신가 아니면 아직도 베들레헴의 구유에 누어 있는가? 당신이 믿어야 할 구주 예수는 구유에 그냥 누어 있는 크리스마스의 상품이 되어서는 안 된다.

아기 예수는 어떻게 구유에서 벗어날 수 있을까?

내가 주 예수 그리스도의 복음을 믿으면 된다. 예수는 하나님의 아들로서 이 세상에 오셨다. 그분은 모든 사람들의 죄를 지고 하나님의 형벌을 받기 위해서 아기 예수로 태어나셨다. 베들레헴의 구유는 예수님이 실제로 이 세상에 오신 '사실'을 증명하고 십자가는 예수님이 이 세상에 오신 '목적'을 입증한다.

예수님은 "자기 목숨을 많은 사람의 대속물로 주기 위해서"(막 10:45) 오셨다. 예수님은 다시 살아나셨다. 이것은 하나님이 예수 그리스도의 십자가 대속을 유효한 것으로 받으셨다는 증거이다. 다시 말하면 예수님이 하나님의 아들이시며 죄가 없으신 분으로서 우리들을 대신하여 희생 제물이 되었다는 것을 하나님이 인정하셨다는 뜻이다.

그러므로 누구든지 주 예수의 대속을 믿으면 구원을 받는다. 예수님의 부활을 믿으면 구원을 받는다. 그리스도의 부활을 믿는다는 것은 하나님이 예수 그리스도의 대속적 죽음을 우리들의 형벌로 간주하시고 우리들의 죄를 그리스도 안에서 용서하신다는 것을 믿는 것이다. 그래서 바울은 이렇게 표현하였다.

"네가 만일 네 입으로 예수를 주로 시인하며 또 하나님께서 그를 죽은 자 가운데서 살리신 것을 네 마음에 믿으면 구원을 받으리라" 롬 10:9

바울은 또한 에베소서에서 주 예수의 십자가 구원을 믿는 자들은 그리스도 안으로 들어가서 그리스도와 한 몸으로 연합된다고 말하였다. 즉, 주 예수를 믿는 자들은 예수님과 함께 십자가에 못박히고, 예수님과 함께 부활하고, 예수님과 함께 승천하여, 하나님 우편 보좌에 예수님과 함께 앉아 있다는 것이다.

"허물로 죽은 우리를 그리스도와 함께 살리셨고(너희는 은혜로 구원을 받은 것이라) 또 함께 일으키사 그리스도 예수 안에서 함께 하늘에 앉히시니" 엡 2:5-6

이것은 놀라운 진술이다. 그리스도를 구주로 믿는 자들에게는 그리스도에게 일어난 모든 일들에 연합된다는 말이다. 우리는 주 예수를 믿음으로써 우리들의 신분은 하나님의 자녀가 되고, 우리들의 위치는 하나님 앞에 의로운 자로 서게 된다. 우리는 주 예수를 믿는 순간에 죄와 어둠의 세계에서 의와 빛의 세계로 옮겨진다(골 1:13-14).

믿음이란 예수님이 하나님의 아들이심과 그가 행하신 일들을 구원의 근거로 신뢰하는 것이다. 하나님은 이 세상을 사랑하셔서 자기 아들을 모든 사람들의 죄를 대신하여 죽게 하시려고 육신으로 보내셨다. 그러나 그 같은 하나님의 사랑을 신뢰하여 자신을 하나님께 던지고 주 예수를 영생의 선물로 받지 않으면 구원을 얻지 못하고 계속 하나님의 정죄 아래 있다.

당신은 예수를 아직도 구유에 뉘어 놓고 있는가? 당신이 아는 예수는 크리스마스와 함께 말구유의 상품으로 1년에 한 번씩 방문하고 다음 날로 잊혀지는 아기 예수인가? 예수는 사람이면서도 "주(主)"시다(1:33; 1:35). 천사들은 예수가 "구주… 곧 그리스도 주"(2:11)라고 하였다.

얼마나 많은 사람들이 뜻도 모르고 Merry Christmas! 라는 인사말을 주고 받는가? 우리들의 크리스마스 인사는 천사들이 전해 준 기쁨의 소식을 우리가 전심으로 믿기 때문에 "메리 크리스마스!"라고 말해야 한다. 당신은 예수 그리스도의 값 없는 구원의 선물을 받았기에 크리스마스가 정말 기쁘고 즐거운 날이 되고 있는가?

Merry Christmas!

4편

제 3의 행렬
눅 7:1-17

"예수께서 모든 말씀을 백성에게 들려 주시기를 마치신 후에 가버나움으로 들어가시니라 어떤 백부장의 사랑하는 종이 병들어 죽게 되었더니 예수의 소문을 듣고 유대인의 장로 몇 사람을 예수께 보내어 오셔서 그 종을 구해 주시기를 청한지라… 그 후에 예수께서 나인이란 성으로 가실새 제자와 많은 무리가 동행하더니 성문에 가까이 이르실 때에 사람들이 한 죽은 자를 메고 나오니 이는 한 어머니의 독자요 그의 어머니는 과부라 그 성의 많은 사람도 그와 함께 나오거늘 주께서 과부를 보시고 불쌍히 여기사 울지 말라 하시고 가까이 가서 그 관에 손을 대시니 멘 자들이 서는지라 예수께서 이르시되 청년아 내가 네게 말하노니 일어나라 하시매 죽었던 자가 일어나 앉고 말도 하거늘 예수께서 그를 어머니에게 주시니…"

본문은 두 무리의 사람들이 예수님을 만나는 장면을 묘사하고 있다. 1-10절은 어떤 백부장이 보낸 장로들의 무리이고, 11-17절은 어떤 과부와 나인성 주민들의 무리이다.

두 무리들이 각각 대표하는 두 주인공들은 가버나움의 백부장과 나인이란 성에 사는 한 과부이다. 이 두 사람들은 신분, 거주지, 성별, 민족이 다르다. 그러나 한 가지 공통점이 있다. 그것은 죽음의 문제를 서로 가진 것이다. 백부장에게는 병들어 죽어가는 한 사랑하는 종이 있었고, 과부에게는 이미 죽어버린 사랑하는 독자가 있었다.

비극의 행렬

첫째 행렬은 백부장이 보낸 유대인 장로들의 행렬이다. 이들은 사회적 명망이 있는 자들의 사절단이다. 종교적으로 지위가 높았고 유대인 사회에서 사람들이 알아주는 실력 있고 세도가 큰 무리들이다. 이들은 예수님께 백부장의 종을 낫게 해 달라는 청탁 임무를 맡은 자들이었다.

둘째 행렬은 무명의 한 나인성 과부와 가난한 동민들이 죽은 외아들의 관을 메고 묘지를 향해 무거운 걸음을 걷는다.

두 행렬 사이에는 또 다른 대조점이 있다. 첫째 행렬은 백부장의 종이 위독하게 되었기 때문에 있게 된 것이다. 그러나 백부장의 종은 아직 생명이 붙어 있다. 그들은 이 종의 치유를 위해 예수님을 만나는 것이 목적이다. 이들에게는 목적이 있고 희망이 있다. 반면, 둘째 행렬은 천민들의 장례 행렬이다. 나인성 과부의 외아들은 이미 숨이 끊어졌다. 둘째 행렬의 목적은 예수님을 만나는 것이 아니다. 이들에게는 매장지가 목적이다. 이들에게는 희망이 없다. 설령 이들이 예수님을 만난다 하여도 나인성 과부의 친구들이 그녀를 위해 열거할 수 있는 아무런 공로가 없다(7:4-5). 백부장처럼 그녀는 회당을 지을 돈도 없었고 존경을 받을 사회적 지위도 없었다.

그녀가 내보일 것은 무엇인가? 보여 줄 수 있는 것은 죽은 외아들의 덩그런 관뿐이다. 그 관 속에 자신의 목적과 희망이었던 외아들이 시체로 뉘어져 있다. 그 외아들의 관 속에 나인성 과부의 인생도 차가운 시체가 되어 누워 있다. 나인성 과부가 보여 줄 수 있는 것이라곤 자신의 가련한 인생을 대변하는 외아들의 죽음뿐이다. 그런데 이 절대 고독의 처량한 한 여인의 모습이 드러나는 나인성 입구를 향해 제3의 행렬이 지나고 있었다(11절).

> "그 후에 예수께서 나인이란 성으로 가실새 제자와 많은 무리가 동행하더니" 눅 7:11절

이 제3의 행렬을 이끄시는 예수님이 나인성에서 나오고 있는 한 과부의 장례 행렬과 마주치게 되었다. 이제 예수님이 이 과부의 행렬을 보시고 어떻게 하실지가 우리들의 관심사이다.

감당할 수 없는 슬픔

예수님은 어느 과부의 외아들의 시신을 메고 묘지로 향하는 장례 행렬을 보시고 잠시 길을 멈추셨다. 사람들은 모두 예수님의 입에 시

선을 모았다. 예수님이 과연 죽은 자의 관 앞에서 무슨 말씀을 하실 것인가?

"주께서 과부를 보시고 불쌍히 여기사 울지 말라 하시고" 눅 7:13절

죽음은 인간의 종결적인 비극이다. 죽은 인간은 생전에 아무리 훌륭했어도 우리들에게 본능적인 엄숙한 슬픔을 느끼게 한다. 나인성 과부의 외아들은 그의 어머니에게 깊은 설움의 한을 남기고 떠났다. 그런데 누가 그의 어머니를 위로해 줄 수 있단 말인가?

나인성 과부를 동정하는 성민들은 많았다. 그들은 함께 울며 장례 행렬을 따라 갔다. "울지 말라"는 말을 거듭하며 나인성 과부를 위로하려고 애썼다. 그것이 조문객들이 할 수 있는 최선의 일이었다. 그러나 그들은 나인성 과부의 눈물을 그치게 할 수 없었다. 자신들도 나인성 과부의 가엾은 처지를 보면서 흘리는 눈물을 감당할 수 없거늘 어찌 죽은 외아들을 묻으러 가는 당사자의 슬픔을 "울지 말라"는 대책 없는 한 마디로 진정시킬 수 있었으랴!

조객들의 말은 전혀 도움이 되지 않았다. 그래도 그 공허한 말을 할 수 밖에 없는 것이 죽음 앞에서 우리 모두가 겪는 비극의 체험이다. 인간의 허무성과 무력성을 역설하는 잔혹한 죽음 앞에서 살아남은 자들이 던지는 "울지 말라"는 위로의 발설은 오히려 죽음의 절대적 공허성에 대한 공증이다.

그럼 예수님이 나인성 과부에게 하신 "울지 말라"는 말씀은 어떻게 다른가?

첫째, 가까이 오셨다.

나인성 밖으로 나가는 장례 행렬은 전혀 새로운 일이 아니었다. 사람들은 늘 죽어갔다. 장례식도 늘 있었다. 더구나 한 가난한 여인이 이끄는 장례 행렬에 별다른 시선을 줄 것이 없었다. 돈 있고 지체 높은 자들처럼 화려한 관이나 운구도 없었고 유명 인사들의 참여도 없었다. 사람들은 기껏해야 동정의 한두 마디를 던지고 혀를 차며 나인성 과부의 장례 일행을 지나갔을 것이다. 또 하나의 장례식에 불과했기 때문이다.

그러나 예수님은 운구를 향해 가셨다. 예수님은 그냥 지나치지 않으셨다. 예수님은 사람들이 피하는 죽음의 관 가까이로 다가 가셨다. 인간의 절대 비극의 현장을 예수님은 그냥 피해 가시지 않는다. 무명의 한 과부의 장례 행렬이라고 무시하시지 않는다. 예수님은 나인성 안으로 들어가시던 중이었다. 주님을 따르는 큰 무리들이 있었고 주님은 그들을 데리고 성안으로 들어가서 하실 일이 분명 많았을 것이다. 어쩌면 나인성 안에 많은 음식을 준비한 부자나 신분이 높은 사람들이 주님을 오랫동안 기다리고 있었을지도 모른다. 또는 다른 급한 환자들이 예수님의 도착을 손꼽아 기다리고 있었을 것이다. 혹은 속히 가셔서 어떤 중요한 말씀을 가르치셔야 할 모임이 있었을 수도 있다.

그러나 주님은 나인성으로 들어가시는 일을 일단 제쳐 두셨다. 주님은 나인성 과부의 외아들이 말없는 시체로 누워 있는 관으로 가까이 가셨다. 그리고 그 어머니에게 "울지 말라"고 위로하셨다. 이것은 그냥 멀리서 동정의 시선을 한 번 보내거나, 지나가면서 예의로 한 마디 던지는 말이 아니었다. 예수님은 나인성 과부의 고통과 슬픔의 현장으로 가까이 가셨다.

"주께서 과부를 보시고" 눅 7:13

주님이 무엇을 보셨는가? 남편이 없이 자신의 모든 소망과 보람을 담고 홀로 길러 오던 외아들을 잃은 한 과부를 보셨다. 주님은 또 무엇을 보셨는가? 묘지를 향해 눈물을 뿌리며 걷는 애처러운 나인성 과부의 시린 가슴을 보셨다. 그 가슴은 절망의 가슴이었다.

주님이 이 과부에게 무엇을 하기를 원하셨는가? 주님은 그 비감한 여인의 가슴에 자신의 가슴을 대기를 원하셨다. 이것이 예수께서 "가까이" 가신 목적이었다. 주님은 아무 의지할 곳 없는 한 초라한 과부의 기막힌 슬픔을 그대로 느끼시는 분이시다. 주님은 고절하기 그지없고 적막하기 짝이 없는 고통의 시간에 나인성 과부의 슬픔 속으로 "가까이" 들어가셨다. 이것이 우리들의 주님이시다.

"우리에게 있는 대제사장은 우리의 연약함을 동정하지 못하실 이가 아니요" 히 4:15

둘째, 관에 손을 대셨다.

이스라엘의 율법에 의하면 시체를 만지면 의식적으로 부정하였다. 그래서 무덤에 회칠을 하여 밤에라도 혹시 접촉되지 않게 하였다. 주님은 랍비(선생)였기 때문에 특별히 조심해야 하였다. 그러나 주님의 더 큰 관심은 자신의 의식적 정결보다 고통과 절망에 빠진 나인성 과부에게 하나님의 구원의 사랑을 보이는 것이었다.

예수님은 나인성 과부에게 "울지 말라"고 하셨다. 그녀의 슬픔을 다 아시고 그 어떤 인간도 흉내낼 수 없는 사랑과 긍휼에 넘친 음성으로 "울지 말라"고 하셨다. 그리고는 그 과부의 슬픔이 담긴 관을 붙잡으셨다. 주님은 그냥 동정의 말만 하신 것이 아니었다. 정말 울 필요가 없게 될 것이기에 "울지 말라"고 하셨다. 주님은 인간의 극한적인 슬픔에 듣기 좋은 말만 던지시는 분이 아니고 가장 동정적인 손까지 뻗으시는 분이시다.

셋째, 말씀으로 죽은 자를 일으키셨다.

주님이 관을 만지셨을 때에 어떤 일이 일어났는가? 관을 "멘 자들이 서는지라"(14절)고 하였다. 죽음의 행진이 즉시 멈추어졌다. 그런데 또 그 다음 어떤 일이 일어났는가? 예수님은 앞에서 백부장의 종을 말씀으로 고치셨다(눅 7:9-10; 마8:13). 예수님은 이번에는 이미 죽은 자를 말씀으로 일으키셨다.

"청년아 내가 네게 말하노니 일어나라 하시매 죽었던 자가 일어나 앉고 말도 하거늘…" 눅 7:14,15

주님의 말씀은 죽은 자를 회생시키는 전능자의 능력이다. 이 말씀은 산 자의 치유에 그치지 않고 죽은 자를 다시 살려 내는 하나님의 능력이다. 나인성 과부의 외아들은 죽음에서 되살아났다. 나인성 과부의 죽은 외아들은 관에서 일어나 앉고 말도 하였다. 이것은 죽은 자가 정말 살아났다는 것을 입증한다. 예수님의 말씀에는 가짜가 없다. 속임수가 없다. 오직 사실과 진실만이 있다.

그런데 예수께서 죽은 자를 살려 내는 놀라운 기적의 시간에 사람들은 무엇을 했는가? 금식을 했는가? 거액의 헌금을 냈는가? 찬양대를 동원했는가? 누가 "믿습니다!" 라고 소리를 질렀는가? 아멘과 할렐루야를 외친 자들이 있었는가? 사람들은 아무것도 하지 않았다. 그럼 주님이 나인성 과부에게 별도로 무슨 조건을 붙이셨는가? 주께서 아무것도 그녀에게 요구하시지 않았다. 회개의 눈물을 밤새 뿌리고 반성문을 쓰고 재를 뒤집어 쓰며 고개를 파묻으라고 요구하시지 않았다. 인위적인 행위가 전혀 전제되지 않았다. 새 생명을 위해 나인성 과부에게 부과된 일이 아무것도 없었고 그녀가 할 수 있었던 일도 전혀 없었다.

그럼 무엇이 나인성 과부의 죽은 아들을 살렸는가?
나인성 과부의 아들은 오직 주님의 '말씀' 만으로 죽음으로부터 구원을 받았다. 그의 구원을 위해 어떤 행위가 요구되지 않았다. 그는 죽어 있는 자였다. 죽은 자에게서 요구할 것이 없지 않은가? 죽은 자가 할 수 있는 것은 아무것도 없다. 그리고 죽은 자를 위해서 산 자들이 할 수 있는 것도 전혀 없다. 그러므로 구원은 전적으로 하나님의 은혜이다(엡 2:8-9).

나인성 과부는 예수님을 알지도 못했다. 나인성 과부나 혹은 다른 사람들이 예수님에게 죽은 독자를 살려 달라고 청한 것도 아니었다. 오직 예수님 자신이 동정과 자비로 행하셨다. 죽은 자의 회생은 우리 주 예수 그리스도의 가슴에서 솟아나는 지순한 자비의 결과이다.

주님은 인간의 온갖 슬픔과 고통에 대해 불쌍히 여기신다. 긍휼로 가득한 주님의 가슴이 죽은 자를 일으켜 세웠다. 구원은 주님의 일이다. 구원은 온통 하나님이 주시는 은혜의 선물이다.

생각해 보라. 나인성 과부가 예수님께 죽은 자식을 살려 달라고 요청하지 않았다. 그녀는 주님의 능력을 믿는다고 고백하지도 않았다.

그럼 어떻게 이루어진 구원인가? 어떻게 해서 나인성 과부의 죽은 외아들이 다시 살아났는가?

예수께서 먼저 나인성 과부를 보셨다. 주님은 그녀의 한 맺힌 가슴을 보셨다. 주님은 뼈아픈 인생의 슬픔으로 미어지는 한 여인의 가슴을 보셨다. 주님은 그녀의 절망의 가슴을 가엾게 보셨다. 그녀의 허물어진 인생의 참담한 모습을 깊이 동정하셨다.

영어 성경(NIV) 에는 "불쌍히 여기셨다"(13절)는 부분을 "주님의 가슴이 그녀에게로 나갔다"(His heart went out to her)라고 표현하였다. 죄와 허물로 죽을 수 밖에 없는 죄인들을 위해 십자가로 가시기로 작정하신 주님의 가슴이 한 나인성 과부의 슬픔 속으로 들어갔다. 과부의 외아들 대신 무덤에 묻히기로 작정하신 예수님의 희생의 가슴이 나인성 과부의 가슴에 닿았다.

무엇이 과연 죽은 자를 다시 살렸는가? 긍휼로 가득한 우리 주 예수 그리스도의 자비의 가슴이었다. 인간의 모든 구원 뒤에는 예수님의 긍휼하신 마음이 먼저 자리잡고 있다. 구원의 출발점은 내 믿음도, 내 선행도 아닌 예수님의 긍휼하심이다.

그럼 우리들의 믿음은 무엇인가? 우리들의 믿음은 구원을 받는 하나의 수단과 통로이다. 구원은 하나님이 주시는 선물이다. 이 선물은 우리의 믿음이나 행위가 아닌, 긍휼에 찬 하나님의 사랑의 속성에 기인한다.

주님은 인간의 절대적 비극을 대변하는 죽음을 사랑의 가슴으로 되살리시는 분이시다. 주님은 생명의 주인이시다. 그런데 주님의 영원한 생명의 가슴은 죽음의 길을 걷는 우리 죄인들을 언제나 가엾게 보신다. 당신은 이런 하나님을 믿는가? 그럼, 당신의 외아들이 살아날 것이다. 당신이 주 예수 그리스도의 십자가 사랑을 믿으면 당신의 영혼이 어둠에서 빛으로 옮겨지는 것을 체험할 것이다.

주님은 어느 날 나인의 성문을 나와 묘지로 향하던 한 과부의 장례 행렬을 보셨다. 그리고 그들 앞에 멈추어 서셨다. 주님은 흐느끼는 나인성 과부에게 인자한 음성으로 "울지 말라"고 위로하셨다. 그리고는 그녀의 아들을 살리신 후 한 많은 그녀의 가슴에 안겨 주셨다. 그리하여 나인성 과부의 장례 행렬은 축제의 행렬로 바뀌었다. 시체를 관 속에 넣고 나왔던 나인성을 이제는 생명을 품에 안고 예수님과 함께 입성하였다. 이 얼마나 큰 승리인가! 이 얼마나 큰 변화인가! 이 얼마나 큰 은혜의 체험인가! 청하지도 않았던 기적의 선물이었다. 그러나 주님은 가엾은 나인성 과부의 깊은 마음의 소원을 들여다보셨다. 그리고는 그녀의 아들을 살리셨다.

주님은 지금도 나의 장례 행렬을 지나치지 않고 내게로 가까이 오신다. 내게 "울지 말라"고 위로하시고 나의 설움과 절망이 담긴 내 아들의 관에 자비의 손을 얹으신다. 그리고 "일어나라"고 말씀하신다. 주께서 어찌 그리 하시는가? 내 영혼의 신음소리를 주께서 다 들으시기 때문이다. 이것이 우리들의 하나님이시다!

넷째, 살아난 외아들을 어머니에게 돌려주셨다.

"예수께서 그를 어미에게 주시니" 눅 7:15

외아들의 죽음으로 가슴이 얼어버린 한 과부의 품에 죽었던 아들을 다시 살리시고 건네 주는 모습을 상상해 보라. 이 얼마나 감동적이고 눈물겨운 장면인가! 주님의 자비와 구원의 능력은 언제나 그러하다. 예수님은 외아들을 묻으러 가던 나인성 과부를 가장 맑고 동정에 찬 사랑의 시선으로 바라보셨다. 그리고 주님은 가장 거룩하고 가장 큰 능력의 손으로 그녀의 외아들을 안으셨다.

그 손은 로뎀나무 아래에서 죽기를 소원하며 쓰러져 있던 엘리야 선지자를 어루만졌던 은혜의 손이었다(왕상 19:4-8).

그 손은 죽은 자처럼 엎드러진 다니엘을 어루만져 일으켜 세웠던 능력의 손이었다(단 10:16-19).

그 손은 사도 요한이 영광에 찬 주님의 모습을 보고 쓰러졌을 때 안수한 격려의 손이었다(계 1:17,18).

주께서 동일한 사랑과 능력의 손길로 다시 살아난 나인성 과부의 아들을 그 품에 먼저 안으셨다. 그리고 기다리던 어머니에게 즉시 돌려주셨다.

당신은 이 같은 주님의 품에 안기고 싶지 않은가? 주님은 죽은 자를 살린 후 다시 돌려주시는 분이시다. 주님은 누구도 해결할 수 없는 죽음의 숙제를 풀어주는 분이시다. 주님은 죽음의 단절을 넘어 새 생명의 재회를 가능케 하신다.

인류의 장례 행렬

온 인류는 장례 행렬과 같다. 죄의 삯은 죽음이다. 모든 인간이 죄를 지었다. 그 결과 모든 인간은 제각기 자신의 묘지를 향해 가는 중이다. 인생길은 결코 복된 길이 아니다. 인생의 길에 숱한 고난과 슬픔과 불행이 도사린다. 그리고 마침내 장례식이 온다. 장례 행렬이

닿는 곳은 묘지이다.

그런데 갑자기 누군가 우리들의 장례 행렬을 멈추게 하는 이가 있다. 그는 하나님의 아들이신 예수 그리스도시다. 예수님은 인간들이 사랑하는 이를 잃고 슬퍼하며 괴로워하는 허망한 인생들을 깊이 동정하신다. 주님은 인간의 장례 행렬을 멈추게 하신다. 그리고 한 번의 터치와 한 번의 말씀으로 묘지로 가던 죽음의 길이 회생과 부활의 길로 역전되게 하신다. 이것이 곧 예수 그리스도께서 인류에게 행하시는 구원 사역이다.

주님은 우리들의 세상으로 들어오셨다. 주님은 파멸과 죽음의 길로 내려가는 장례 행렬을 멈추게 하시려고 인간으로 세상에 오셨다. 예수님은 죄와 불순종으로 인해서 영적으로 죽은 자들의 삶에 다가오신다. 그들의 소망 없고 황폐한 인생에 용서의 십자가를 보이시며 들어오신다. 그리고 그들에게 일어난 모든 불행을 뒤집고 하나님의 생명을 부어 주신다. 주 예수의 십자가를 믿는 자들에게 주님은 새 생명을 주시고 하늘의 자녀로 안아 주신다. 주님은 지금도 하나님을 떠나 죽어버린 자들의 장례 행렬을 복음의 말씀으로 멈추게 하시고 죽은 자를 일으켜 세우신다. 이것이 하나님께서 나를 구원하셨을 때 일어난 일이었다.

하나님 이외에 이 세상에 있는 최대의 능력은 무엇일까? 그것은 죽음의 능력이다. 그러나 예수님의 전능은 죽음까지도 정복하신다. 생명이 없던 시체가 순식간에 산 사람이 된다. 예수님이 나인성 과부의 아들에게 행하셨던 일은 우리 인간들이 날마다 당하는 수많은 재난들을 주님이 넉넉히 역전시킬 수 있음을 말해 준다. 주님의 말씀이면 죽은 자도 살아난다. 그의 말씀에는 생명의 능력이 함께 한다. 예수님의 전능한 음성이 발해지면 죽음 자체도 사라진다.

우리들도 나인성 과부의 아들처럼 예수 그리스도를 떠나서는 죽은 자들이 된다. 세상은 관 속에 들어가 있다. 이 세상 자체가 하나의 거대한 관이다. 죽음의 사자는 날마다 생명이 없는 자들을 이끌고 묘지로 향한다. 나인성 과부의 장례 행렬처럼 날마다 시간마다 이 세상이라는 나인성에서 장례 행렬이 줄지어 나간다. 너도 나도 관 속에 누워 있다. 생명이 없이 죽은 자로서 어둠의 세계에 갇혀 있다. 아무도 이 어둠과 죽음의 행렬을 막을 자가 없다. 우리 모두는 마침내 묘지에서 인생을 마감한다. 누가 우리를 죽음에서 구원할 수 있는가? 누가 우리들의 장례 행렬을 막을 수 있는가?

그리스도의 대속을 믿지 않는 자들은 모두 나인성 과부의 아들이 뉘어진 곳에 있다. 그들은 영적으로 죽어서 관 속에 들어간 시체나 다름이 없다. 그리스도의 십자가 용서를 모르는 자들은 어두운 이 세상에 갇혀 있는 죄인들이다.

누가 이 어둠의 세상에서 죄인들을 구해줄 수 있는가? 주님이 구하신다! 시체와 같은 죄인들의 가련한 참상을 주님이 불쌍히 여기신다. 주님의 긍휼만이 죽은 자들의 영혼을 일으켜 세운다. 주님은 그들에게 새 생명을 주시고 영원하신 생명의 품에 안으셔서 하나님의 자녀로 삼아주신다.

주님은 아직도 죄인들을 부르신다. 주님은 오늘도 누군가를 묻으러 가는 이 세상의 나인성 앞에서 장례 행렬을 막으시고 새 생명의 주인이신 주님을 영접하라고 초대하신다. 당신의 장례 행렬은 멈추어졌는가? 당신은 "일어나라"는 주님의 음성을 듣는가? 그냥 시신으로 누워 있으면 무덤밖에 가는 곳이 없다. 예수 그리스도의 복음을 듣고 일어나는 자들은 모두 새 생명으로 거듭나서 하나님의 자녀가 된다.

　하나님의 자녀들에게는 죽음이 없다. 비록 어느 날 육신은 땅에 묻혀도 언젠가 다시 살아날 것이다. 주님이 재림하실 때에 그리스도 안에서 잠든 모든 자들이 새 몸으로 무덤에서 일어나게 된다(살전 4:16). 주님은 우리들이 이 세상에서 죽은 시체로 관 속에 누워 있기를 원치 않으신다. 당신은 그의 "일어나라"는 음성을 듣고 있는가?

　우리 모두 새 생명을 받고 예수님과 함께 우리들의 나인성으로 돌아가야 한다. 인간의 행위와 업적을 내세우는 가버나움 장로들의 행렬도 아니고, 절망 속에서 무덤을 향해 가는 나인성 과부의 행렬도 아닌, 제3의 행렬을 따라야 한다. 주 예수 그리스도의 행렬이 곧 제3의 행렬이다. 그의 행렬을 따르라. 죽음이 아닌 새 생명의 행렬을 따르라.

어떻게 그렇게 할 수 있는가?

　나인성 과부처럼 예수님에게 내 외아들의 관을 열어보이고 주님이 주시는 새 생명을 믿음으로 받으면 된다. 주님은 당신을 위해 대속의 십자가로 가셨다. 주님은 당신을 위해 대신 무덤으로 들어가셨다. 주님은 당신을 위해 부활하셨다.

　부활하신 예수님은 새 생명의 주님으로 나의 관 앞으로 가까이 다가오신다. 예수님의 생명의 터치를 두려워 말라. 새 생명을 받으면 나인성으로 되돌아가는 길이 달라진다. 나인성에서의 내 삶의 자세와 목적이 달라진다. 당신은 더 이상 절망과 죽음이 기다리는 나인성에서 시름없이 세월을 보내지 않게 될 것이다. 예수님의 새 생명을 체험하고 주 예수님과 함께 나의 나인성으로 들어가기 때문이다. 당신은 제 3의 행렬을 따르고 있는가?

5편

영생과 사랑의 삶

누가복음 10:25-37

"어떤 율법교사가 일어나 예수를 시험하여 이르되 선생님 내가 무엇을 하여야 영생을 얻으리이까 예수께서 이르시되 율법에 무엇이라 기록되었으며 네가 어떻게 읽느냐 대답하여 이르되 네 마음을 다하며 힘을 다하며 뜻을 다하여 주 너의 하나님을 사랑하고 또한 네 이웃을 네 자신 같이 사랑하라 하였나이다 예수께서 이르시되 네 대답이 옳도다 이를 행하라 그러면 살리라 하시니 그 사람이 자기를 옳게 보이려고 예수께 여짜오되 그러면 내 이웃이 누구니이까 예수께서 대답하여 이르시되 어떤 사람이 예루살렘에서 여리고로 내려가다가 강도를 만나매 강도들이 그 옷을 벗기고 때려 거의 죽은 것을 버리고 갔더라 마침 한 제사장이… 그를 보고 피하여 가고 또 이와 같이 한 레위인도 그 곳에 이르러 그를 보고 피하여 지나가되 어떤 사마리아 사람은… 그를 보고 불쌍히 여겨 가까이 가서 기름과 포도주를 그 상처에 붓고 싸매고… 주막으로 데리고 가서 돌보아 주니라… 네 생각에는 이 세 사람 중에 누가 강도 만난 자의 이웃이 되겠느냐 이르되 자비를 베푼 자니이다. 예수께서 이르시되 가서 너도 이와 같이 하라 하시니라."

선한 사마리아인의 이야기는 가장 잘 알려진 예수님의 비유 중의 하나이다. 그러나 가장 많이 오해되는 본문의 하나이기도 하다. 어느 날 한 율법교사가 예수님께 와서 물었다.

"선생님 내가 무엇을 하여야 영생을 얻으리이까?" 눅 10:25

이것은 좋은 질문이었다. 그러나 율법교사는 좋은 뜻으로 묻지 않았다. 그는 예수님이 중요한 질문을 얼마나 잘 처리할 수 있는지를 시험해 보려고 이 질문을 던졌다. 자기 자신이 율법교사였기에 어쩌면 자신도 많이 받아 본 질문이었을지 모른다. 예수님은 율법교사가 예수님을 시험하고 자신을 또한 옳게 보이려는 사람이라는 것을 아셨다. 그러나 주님은 율법교사의 그릇된 동기와 목적에도 불구하고 (10:25, 29) 그의 질문은 중요한 것이었기에 제자들을 가르칠 수 있는 기회로 삼으셨다. 예수님은 율법교사에게 계명을 지키라고 하시고 "내 이웃이 누구이니이까?"(10:29)라는 질문에 대한 대답으로 선한 사마리아인의 비유를 주셨다. 그리고 "너도 이와 같이 하라"(10:37) 고 말씀하셨다.

그럼 예수님의 가르침은 무엇인가?
"무엇을 해야 영생을 얻느냐?"는 질문에 "이웃 사랑을 하면 된다"고 대답하신 것일까? 예수님은 율법교사가 율법을 요약해서 말하는 것을 들으시고 "이를 행하라 그러면 살리라"(10:28)고 하셨다. 그럼 영생이란 율법을 지키면 얻는다는 말일까?
요한계시록에는 "내가 생명수 샘물로 목마른 자에게 값없이 주리니"(계 21:6)라고 하였고 또는 "원하는 자는 값없이 생명수를 받으라"(계 22:17)고 하였다. 예수님 자신이 요한복음 7:37에서 "누구든지 목마르거든 내게로 와서 마시라"고 하셨다.

이런 구절들은 율법을 지키거나 이웃에게 자비를 베풀면 영생을 얻는다는 말과 모순되지 않는가? 우리는 죄인이 구원을 받기 위해서는 자신의 공로가 아닌 십자가의 대속을 믿고 주 예수님을 신뢰해야 한다는 것을 배웠을 것이다. 우리들이 너무도 잘 아는 요한복음 3:16은 예수 그리스도에 대한 믿음이 영생을 얻게 한다고 밝히고 있다.

"하나님이 세상을 이처럼 사랑하사 독생자를 주셨으니 이는 그를 믿는 자마다 멸망하지 않고 영생을 얻게 하려 하심이라."

영생을 얻는다는 말은 첫 구원을 가리키지 않는다

우선 영생을 "얻는다"는 말의 의미를 살필 필요가 있다. 원문에는 "얻는다"는 말이 '상속받는다'는 뜻이다. 영어 성경에는(NIV) "내가 무엇을 하여야 영생을 상속(inherit)하나이까?"라고 번역하였다. 예수님께 질문을 했던 율법교사는 영생을 어떤 선행에 대한 상으로서 받는다고 오해한 것으로 보통 해석한다. 그러나 예수님은 율법교사의 질문을 잘못되었다고 지적하시거나 고쳐 주시지 않았다. 율법교사의 질문을 예수님은 액면대로 받아 주셨다. 영생을 상속한다는 율법교사의 말을 예수님은 부정하시지 않았다.

문제는 우리들이 '영생'을 '구원'이나 '칭의'로 곧장 대입시키는 것이다. 그래서 율법교사의 질문은 행위 구원을 전제한 잘못된 아이디어에서 나온 것이라고 판단하게 된다. 그러니까 율법교사는 구원을 믿음의 선물로 받지 않고 행위에 의한 상속으로 받으려 했다는 것이다.

그렇다면 '영생을 상속받는다' 는 말은 무슨 의미일까?
이것은 믿음으로 말미암는 칭의나 처음 예수를 믿고 받는 구원을 가리키지 않는다. 만약 불신자가 "내가 무엇을 하여야 구원을 받느냐?"고 묻는다면 "주 예수 그리스도를 믿으시오" 라고 말하면 된다. 그러나 율법교사의 질문은 영생을 유업으로 상속받는 문제에 대한 것이었다. '영생을 유업으로 받는 것' 은 처음 예수를 믿어서 받는 첫 구원의 체험보다 훨씬 큰 것이다. 이것은 믿음으로 의롭게 되는 칭의에 한정된 것이 아니다.

영생을 유업으로 상속받는 것은 구원이 주는 각가지 유익들을 넘치게 거두는 영적 축복에 대한 것이다. 그래서 율법교사의 질문은 환언하면 이런 것이었다.

"하나님이 나에게 주시려고 하는 모든 축복들을 얻으려면 어떻게 해야 합니까?"

율법교사는 이것을 받으려면 행위가 따라야 한다는 것을 당연시하였다. 예수님도 이 전제를 부정하지 않으셨다. 그래서 예수님이 율법교사에게 준 대답에는 '믿음' 에 대한 말씀은 한 마디도 없고 모두 다음과 같이 '행하는 것' 에 대한 것이었다.

"이를 행하라 그러면 살리라" 눅 10:28
"가서 너도 이와 같이 하라" 눅 10:37

복음서의 유사 본문에서도 영생은 상속으로 받는 구원의 축복들이다.

마가복음 10:17에서 한 부자 청년이 예수님께 질문하였다.

"선생님이여 내가 무엇을 하여야 영생을 얻으리이까?" 막 10:17

여기서 영생을 '얻는다' 는 말은 누가복음10:25에서 사용된 '상속 받는다'(inherit, NIV 영어 성경 참조)는 말과 동일한 것이다. 일반적으로 전통적 복음주의 해석에 따르면, 예수님은 이 부자 청년의 질문을 받고 십계명을 인용하셨는데 그 목적은 청년에게 죄의 확신을 심어주기 위해서였다고 말한다. 즉, 율법을 사용하여 복음에 이르는 길을 닦았다는 것이다. 이런 해석이 나오는 까닭은 '영생'을 전통적으로 보통 '첫 구원'에 대입시키기 때문이다. 94년에 출판된 필자의 마가복음 강해에서도(막 10:17-27) 이 같은 관점을 따랐다. 그러나 본 스토리의 영생은 단순한 구원이 아니고 구원에 후속되는 상의 축복들을 거두는 것을 가리킨다.

마가복음 10:17에서 사용된 '상속한다' 는 동사는 첫 구원을 가리킨 적이 없다. 마태도 동일한 사건을 진술할 때에 "선생님이여 내가 무슨 선한 일을 하여야 영생을 얻으리이까?"(마 19:16)라고 하였다. 마태는 여기서 마가복음 10:17에서처럼 '상속한다' 는 단어 대신에 '가진다'(have)는 말을 사용했는데 우리말 번역에서는 '얻는다' 고 옮겼다. 그러나 문맥상 마가복음의 '상속한다' 와 동일한 의미로 보아야 한다. 왜냐하면 마태는 19:29에서 '상속한다'(inherit)라는 말을 실제로 사용했기 때문이다.

"또 내 이름을 위하여… 부모나 자식이나 전토를 버린 자마다 여러 배를 받고 또 영생을 상속하리라"

마태복음 19:16에서 청년은 '영생'이라는 용어를 사용하였고, 예수님도 이와 비슷하게 "생명에 들어가는"(마 19:17) 것이라고 하셨다. 그리고 '하나님의 나라에 들어가는 것'(마 19:23,24)이라는 표현과 '영생을 상속하리라'는 표현이 연이어 나온다(마 19:29). 그렇다면 영생에 들어가는 것이나, 천국에 들어가는 것, 또는 영생을 상속한다는 말은 모두 동일한 의미로서 일차적으로 첫 구원을 가리키는 것이 아님을 알 수 있다.

그래서 산상 설교에서 천국에 들어가는 것은 심령이 가난하고(마 5:3), 마음이 청결하며(마 5:8), 박해를 참으며(마 5:10-12), 율법을 성취하는 삶을 살고(마 5:19), 서기관과 바리새인의 의를 넘어서는 자(마 5:20)들이 되어야 한다고 가르치고 있다. 이것은 분명 첫 구원을 말한 것이 아니다. 산상설교 자체가 첫 구원을 받은 크리스천의 새로운 천국 생활의 모습을 묘사한 것이다. 그러니까 천국에 들어간다는 의미는 평상시의 크리스천 삶의 방식과 관계된 것이다. 이것은 첫 믿음의 행위가 아니고 예수님의 뜻을 찾고 행하는 거룩한 생활이다(마 6:33; 7:21).

그러므로 영생을 상속한다는 것은 첫 구원을 말하는 것이 아니고, 하나님의 백성들이 사는 구별된 삶의 방식에 의해서 하나님 나라의 축복들을 거두는 것임을 시사해 준다. 다시 말해서 '천국에 들어간다'거나 혹은 '영생을 상속받는다'는 표현은 하나님 나라 안에 있으면서 특정한 천국 시민의 삶의 형태를 통해 왕국의 축복들을 체험하는 것을 가리킨다.

부자 청년은 칭의나 혹은 하나님 나라 속으로 처음 들어가는 구원에 대해서 문의한 것이 아니었다. 청년의 질문은 제자의 삶에서 오는 영생의 여러 체험들과 유업(기업)으로 받는 상에 대한 것이었다. 이 사실은 후속절에 나오는 제자들의 질문에서 확인될 수 있다.

예수님의 제자들은 이렇게 물었다.

"우리가 모든 것을 버리고 주를 따랐사온대 그런즉 우리가 무엇을 얻으리이까?" 마 19:27

이에 대한 예수님의 대답은 상에 대한 것이었다.

"…너희도 열두 보좌에 앉아 이스라엘 열두 지파를 심판하리라 또 내 이름을 위하여 집이나 형제나 자매나 부모나 자식이나 전토를 버린 자마다 여러 배를 받고 또 영생을 상속하리라" 마 19:28,29

예수님은 여기서 '상속한다'(inherit)는 용어를 사용하셨다. 그리고 이 말씀 다음에 나오는 포도원의 품꾼들에 대한 비유에서도(마 20:1-16) 품삯을 나누어 줄 때에 놀라운 은혜의 축복이 있는 것으로 묘사되었다. 사실상 재물이 많은 청년에 대한 기사(마 19:16-30)와 포도원의 품꾼 비유(마 20:1-16)의 전체 항목이 모두 상에 초점을 둔 것이다.

그러므로 영생을 얻는다는 말은 처음으로 제자가 되거나 의롭게 되는 구원을 말하는 것이 아니고 하나님 나라에서의 축복을 확보하는 경건한 삶과 그 결과로 오는 상에 관련된 것이다. 이것을 '생명에 들어가는 것'(마 19:17), '영생을 상속하는 것'(마 19:30), 혹은 "하나님 나라에 들어가는 것"(마 19:24)으로 표현하였다.

영생은 단순히 첫 구원을 받고 나중에 내세의 천국에 들어가는 것을 가리키기 보다는 구원이 가져오는 생명의 체험들이다. 영생은 하나님 자신의 생명이다. 하나님의 생명은 무한대의 가능성을 가지고 있다. 따라서 우리들이 가질 수 있는 생명의 체험도 무한대이다. 이 생명은 미래의 새 하늘과 새 땅에서의 생명일 뿐만 아니라 현세에서도 체험될 수 있는 생명이다. 예수님은 이 생명을 충만하게 주기 위해서 세상에 오셨다고 말씀하셨다.

"내가 온 것은 양으로 생명을 얻게 하고 더 풍성히 얻게 하려는 것이라"
요 10:10

사랑의 삶은 생명으로 인도한다

예수님은 율법교사에게 주는 답변으로서 두 가지 질문을 던지셨다 (눅 10:26).
첫째는 "율법에 무엇이라 기록되었느냐?"는 것이고 둘째는 "네가 어떻게 읽느냐?"는 것이었다.
율법교사는 훌륭한 대답을 하였다.

"네 마음을 다하며 목숨을 다하며 힘을 다하며 뜻을 다하여 주 너의 하나님을 사랑하고 또한 네 이웃을 네 자신 같이 사랑하라 하였나이다"
눅 10:27

율법교사는 율법에서 매우 심오한 것을 통찰한 자였다. 왜냐하면 율법은 사실상 사랑에 대해서 그리 많이 말하지 않는데도 율법 교사가 이를 파악했기 때문이다.

우리들이 신명기를 읽어 보면 하나님을 사랑하라는 권면이 반복해서 자주 나오는 것을 알 수 있다(신 5:10; 6:5; 7:9; 10:12; 11:1, 13, 22 ; 19:9; 30:6, 16, 20). 그러나 신명기는 모세가 율법을 받은 지 40년이 지나서 이스라엘 백성들에게 준 메시지였다.

모세가 시내산에서 받은 원래의 율법에는 하나님을 사랑하라는 말이 단 한 번 언급되었을 뿐이다(출 20:6). 그리고 이웃 사랑에 대한 교훈은 두 구절밖에 없다(레 19:18, 34). 이처럼 시내산 율법 자체에서는 하나님의 구원이 가져오는 축복들을 받기 위해서 무엇을 행해야 할 것인지를 구체적으로 밝힌 규정이나 항목이 그리 많은 편이 아니다.

그럼에도 율법교사는 율법이 사랑의 방향으로 발을 떼고 있다는 것을 충분히 통찰하고 있었다. 사실상 그의 말은 바울이 로마서 13:8-10에서 사랑을 율법의 완성으로 본 것과 동일하다.

"…남을 사랑하는 자는 율법을 다 이루었느니라… 도둑질하지 말라. 탐내지 말라 한 것과 그 외에 다른 계명이 있을지라도 네 이웃을 네 자신과 같이 사랑하라 하신 그 말씀 가운데 다 들었느니라… 그러므로 사랑은 율법의 완성이니라."

율법교사는 율법이 수천 개의 규정을 가지고 있을지라도 모두 사랑을 지향하는 화살표라는 사실을 간파한 자였다. 그래서 예수님은 율법교사가 모세의 계명들을 사랑으로 축약한 것을 들으시고 "네 대답이 옳도다. 이를 행하라 그러면 살리라"(10:28)고 하셨다. 이 말씀은 원래 구약에서 이스라엘의 국가 생활에 적용시켜야 할 교훈으로 준 것이었다.

그러나 예수님은 여기서 개인적인 차원에 적용하셨다. 이 말씀은 율법교사가 사랑을 실천하면 구원을 받는다는 뜻이 아니다. 예수님의 요점은 사랑의 실천이 생명으로 인도한다는 것이었다. 사랑은 생명의 삶으로 인도한다. 이 생명은 단순한 일반적인 의미에서의 영생이 아니다. 즉, 첫 구원을 받고 죽은 후에 천국에 들어가는 것이 아니고 현세의 삶에서 구원의 결과로 누릴 수 있는 생동력과 기쁨, 활력과 넘치는 사랑의 삶을 말한다.

예로써 사랑은 마음을 따뜻하게 해 주고 힘을 북돋아 준다. 이것은 죽은 후에 누리는 내세의 영생이나 하나님 앞에서 의롭다는 선언을 받는 칭의와 관계된 것이 아니다. 예수님이 율법교사에게 하나님과 이웃을 사랑하면 살리라고 하신 뜻은 사랑의 삶이 하나님의 영원한 생명을 현세에서도 넘치게 체험하는 복된 삶이라는 것이다. 이에 대한 구체적인 실례로써 예수님은 선한 사마리아인의 비유를 드셨다.

예수님은 비유의 말씀을 마치시고 율법교사에게 물으셨다.

"네 생각에는 이 세 사람 중에 누가 강도 만난 자의 이웃이 되겠느냐?"
눅 10:36

율법교사가 자비를 베푼 자라고 대답하자 주님은 "너도 가서 이와 같이 하라"(눅 10:37)고 하셨다. 그렇다면 선행이 첫 구원을 받게 한다는 의미가 아님이 분명하다. 선행으로는 아무도 구원을 '상'으로 받을 수 없기 때문이다.

그러나 '영생'의 의미를 구원의 결과로 오는 하나님의 생명을 즐기거나 혹은 구원의 축복들을 뜻하는 포괄적인 개념으로 보면, 본문에서 다루고 있는 '영생'의 의미가 살아난다. 그래서 사마리아인의 비유는 선행에 의한 구원의 길을 가리키는 것이 아니고, 하나님의 영원한 생명을 충만히 누리는 영생의 길이 무엇인지를 가리킨 것임을 알 수 있다. 그것은 곧 사랑의 삶이라는 것이다.

다시 말해서 예수님이 율법교사에게 주신 말씀의 요점은 선한 사마리아인이 보인 것과 같은 사랑의 실천이 하나님 나라의 유업(기업)으로 들어가는 비결이라는 것이었다.

크리스천이 자기를 위해서 하나님이 주시려고 하는 영생의 모든 축복 속으로 들어가려면 어떻게 해야 하는가? 선한 사마리아인처럼 사랑을 실천하는 것이다. 종교적인 구실이나 위장된 경건의 옷을 벗어 버리고 하나님의 사랑을 보이는 것이다. 이 같은 자비의 사랑은 하나님의 나라를 수확하는 영생의 체험으로 인도한다.

사랑의 삶은 예수님과의 올바른 관계에서 이루어져야 한다

우리들이 본문에서 명심해야 할 중요한 사항이 있다. 그것은 예수님이 정의되지 않은 도덕적 사랑을 가르치신 것이 아니라는 사실이다. 이웃 사랑만 하면 누구나 하나님의 영원한 생명을 유업으로 받는 것이 아니다. 예수님이 언급하신 사랑의 삶은 예수님 자신과 독립적으로 존재할 수 있는 사랑이 아니다.

예수님은 한 부자 청년에게 "네 소유를 팔아 가난한 자들에게 주라…그리고 와서 나를 따르라"(마 19:21)고 하셨다. 예수님은 사람들이 예수님 자신을 모든 것에 우선시하고 주님 자신을 따르기를 요구하셨던 것이다. 마태복음 22장에서 예수님은 최대 계명이 무엇이냐는 한 율법사의 질문을 받고 하나님과 이웃 사랑을 제시하셨다(마 22:34-40).

그런데 이것이 전부라면 우리는 예수님이 율법을 영성화시키고 율법 준수를 더욱 강화시킨 것에 불과하다고 말할 수 있다. 그러나 여기서 끝난 것이 아니다. 우리는 사랑의 계명과 함께 기독론적 강조가 아울러 소개된 점을 주목해야 한다.

예수님은 호전적인 대적자들의 질문들을 다 받으신 후에(마 22:15-40) 자신의 신분에 대한 질문을 바리새인들에게 던지셨다(마 22:41-46). 즉, 예수님은 다윗이 주라고 부른 그리스도라는 사실이다. 사랑의 계명은 공백 속에서 주어진 것이 아니었다. 예수님은 유태인들에게 단순한 도덕적 사랑을 하는 것이 영생을 상속하는 한 방법이라고 제시한 것이 아니다. 예수님은 사랑의 계명을 자신이 하나님의 아들이라는 문맥에서 주셨다(마 22:44). 다시 반복하면, 사랑의 계명은 예수님을 주님으로 믿고서 복종하는 것을 문맥으로 삼고 주어진 것이었다.

율법의 최대 측면은 사랑이다. 사랑이 하나님의 최상의 '율법'이다. 그러나 이 사랑은 예수님을 하나님의 아들로서 받아들이지 않으면 단순한 인간적 사랑이나 동정에 그친다. 그런 경우에는 율법의 요구와 수준을 초월하는 사랑의 법이 완성될 수 없다. 예수님을 그리스도와 주로서 받아들이지 않는 사랑은 인본주의 사랑이며 예수님이 말씀하신 하나님 나라에서의 참 사랑이 아니므로 율법의 목표를 성취하지 못한다.

율법과 선지자의 목표는 사랑이다

'율법과 선지자'는 처음부터 사랑의 목적을 위해서 의도된 것이다. 사랑의 계명은 율법과 선지자들이 추구하던 것의 궁극적인 지표를 요약한 것이다. 예수님은 마태복음 5:17-20에서 율법과 선지자들이 구원의 역사 속에서 어떤 분명한 목표를 가진 것으로 제시하셨다. 이 목표는 곧 사랑이다. 율법과 선지자들은 사랑의 원리에 의존하여 하나님의 나라를 내다보았다. 하나님과 이웃에 대한 사랑이 온 율법과 선지자의 강령이라는 마태복음 22:40의 지적은 구약 전체가 사랑의 목표를 향해 전진한 것임을 증거한다.

예수님은 율법과 선지자의 목표를 완전하게 성취하셨다(마 5:17). 그리고 "나를 따르라"고 하셨다. 예수님은 성전보다 더 크신 이다(마 12:6). 예수님은 다윗의 주가 되신 그리스도시다(마 22:45). 예수님은 자신이 하나님의 아들이심을 선언하셨다. 이 아들은 선한 사마리아인으로 오셔서 율법과 선지자의 목표인 사랑을 드러내셨다. 그는 십자가에 죽으시기까지 자신을 내어주셨고 율법이 요구하는 것 이상으로 자신을 헌신하셨다. 그는 율법의 모든 요구를 만족시키고 제자들에게도 서기관과 바리새인들의 의를 넘어가지 못하면 천국의 축복을 체험하지 못한다고 가르치셨다(마 5:20).

이것은 율법의 요구와 수준을 넘어서는 새로운 삶의 양식에 대한 가르침이었다. 이처럼 율법의 선에서 그치지 않고 율법의 궁극적인 사랑의 목표로 더 나아가는 온전한 삶의 수준은 모든 제자들에게 요구된 것이었다.

"그러므로 하늘에 계신 너희 아버지의 온전하심과 같이 너희도 온전하라" 마 5:48

정리하면, 율법교사의 질문에 대한 응답으로 예수님이 주셨던 말씀은(눅 10:28, 37) 우리가 처음으로 하나님의 나라 속으로 들어가는 첫 구원에 대한 것이 아니고 하나님의 생명을 그리스도 안에 있는 사랑의 삶 속에서 누리는 것에 대한 것이었다.

영생을 유업으로 받는 것(눅 10:25)은 하나님이 우리들에게 주시고자 하는 모든 축복 속으로 들어가는 것이다. 그런데 유업은 언제나 우리들의 신실과 선행에 대한 상을 의미한다. 사랑의 실천은 우리들로 하여금 영생을 붙잡게 한다.

이 영생은 무엇인가?

단순한 구원이 아니고 구원을 받은 자가 누리는 하나님 나라의 생명이다. 이 영생은 생명의 체험과 상에 대한 것이다. 산상 설교에서 예수님은 이 같은 사랑의 삶이 가져오는 결과가 현세에서 누리는 각가지 영생의 체험이며 차후의 상급임을 거듭 강조하셨다(마 5:3-12).

사랑의 실천을 막는 것들은 무엇인가?

율법교사와의 대화가 선한 사마리아인의 비유로 이어졌다. 한 사람이 길에서 강도를 만나 크게 다쳤다. 그는 언제 죽을지 모르는 위독한 상태이다(10:30). 마침 존경받는 한 제사장과 레위인이 그 앞을 지나갔다. 그러나 그들은 강도 만난 자를 그냥 지나쳤다. 반면 유태인들이 멸시하는 한 사마리아인은 다친 자를 정성껏 돌보았다. 예수님은 사마리아 사람을 이웃 사랑의 예시로 사용하셨다.

사마리아인의 훌륭한 점이 무엇인가?

그는 제사장이나 레위인처럼 국가와 사회가 인정하는 종교적인 자격증이 없었다. 그에게는 신학 교육도, 학위도 없었다. 유태인들의 눈으로 보면 아무것도 내세울 것이 없었다. 그러나 그는 도와야 할 상황에서 도피하지 않았다. 그의 사랑은 자신의 호주머니를 비우게 하는 일이었음에도 강도 맞은 자를 보고 동정하였고 자신이 할 수 있는 최선의 도움을 주었다.

그러나 두 종교인들에게는 그런 사랑이 없었다. 그들은 소위 거룩한 제사장이며 레위인이었지만 죽어가는 사람 앞을 당연한 듯이 지나칠 수 있는 사람들이었다.

선을 행하고 사랑을 드러내는 일을 막는 대의명분들이 있다. 교회를 위해서, 하나님의 나라를 위해서, 교회를 지키고 성도들을 보호하기 위해서 라는 등등의 구실들이 있다. 또한 강도 만난 피해자를 보고 오히려 비난을 하고 당사자 책임이라고 밀어버리는 일들이 있다. 그리고는 돕지 않아도 된다는 합리화의 명분으로 삼는다. 그들은 의인인 양 남의 흠을 잡기를 좋아한다.

"그 위험한 길을 혼자 갔으니까 그렇지!"
"늦게 다닌 사람이 잘못이니 누구도 탓할 수 없다."

"강도들의 시선을 끄는 좋은 옷을 입고 다닌 것이 어리석었다."
"왜 돈을 지니고 다니다가 그런 변을 당한단 말인가?"

먼저 돕고 나서 나중에 조언하는 것이 아니다. 변을 당한 사람은 그저 어리석은 자요 조심하지 않은 탓이라는 것이다. 남의 재난을 보고 이해와 동정을 하기에 앞서 판단부터 하고 비난과 욕부터 한다. 우리들이 변을 당한 사람들의 뉴스를 보면서 피해자를 나무란 적이 얼마나 많은가? 인간은 누구나 재판장의 자리에 앉기를 좋아한다.

강도들은 폭력으로 행인을 해쳤고, 제사장과 레위인은 방관으로 해쳤다. 그들은 선을 행할 기회를 내던졌다. 제사장과 레위인은 예루살렘에서 거룩한 제사 사역을 하고 귀가하는 중이었다. 이들은 하나님의 자비를 찬양하고 죄의 용서를 받은 기쁨을 안고서 돌아가는 중이었다. 그러나 그들이 지닌 구원의 기쁨은 종교 의식과 위선의 틀에 갇혀 질식되었다. 그들은 강도 만난 자를 보고 피하였다. 그들은 혹시 강도 만난 자가 이방인이거나 또는 죽었으면 만져서는 안 된다고 하여 접촉을 두려워하였다. 그들은 율법의 규정대로 죽은 자를 만지면 의식적인 부정을 타서 성전 업무에 지장을 받을까봐 염려했던 것이다(레 21:1; 민 19:11). 자비와 거룩과 사랑의 사역을 하는 사역자들의 신분이 몰인정과 무관심과 자기 보호의 구실이 되었다.

이 세상에는 매우 도덕적이고 경건하며 남에게 해를 끼치지 않고 사는 사람들이 많다. 그러나 그런 사람들이 적극적으로 어려운 사람들을 돕지 않기 때문에 세상에 불행이 더욱 쌓인다고 해도 과언이 아니다. 교회에서 혹은 다른 집회에서 은혜를 받았다는 자들은 많다. 그러나 그런 은혜 받은 성도들이 강도 만난 자 앞에서 아무것도 하지 않는 것은 죄악이다.

제사장들과 레위인도 예루살렘 성전에서 은혜를 받고 귀가하던 중이었다. 그러나 그들은 강도 만난 자를 도울 수 있는 사랑과 동정의 능력이 없었다. 그들은 죽어가는 선의의 피해자 앞에서 의식적 부정을 피하고 거룩한 직분을 보호한다는 종교적인 구실 하에 비겁하고 무자비한 걸음으로 자비를 호소하는 절박한 현장을 지나쳤다. 그들이 보호하려던 성전 제도와 의식들은 원래 하나님의 자비를 드러내는 통로와 수단으로 의도된 것이었다. 그럼에도 그들은 제사 제도의 핵심인 사랑과 자비를 실체적으로 드러낼 수 있는 '산 제사'의 기회를 차버렸다. 은혜에서 떨어지기란 얼마나 쉬운 일인가!

그런데 우리는 강도 만난 자를 돌보아 준 사마리아인에게는 박수를 보내고 그냥 지나쳐 버린 제사장과 레위인에게는 정죄의 화살을 겨냥한다. 제사장과 레위인은 강도 만난 자를 보는 순간에 처음부터 자기 보호를 위해 도울 생각이 없었다. 이들은 비인도적이고 몰인정했다. 어쩌면 이들은 신명기 6:6-8의 명령에 따라 이웃을 사랑하라고 가르치는 레위기 19:18의 말씀이 담긴 경구함을 이마와 팔에 붙이고 다녔을 것이다.

그러나 우리는 이들에 대한 이해심이 있어야 한다. 어떤 면에서 이들은 경직된 율법주의의 성전 체제 속에서 참 사랑의 모습을 배우지 못하고 의식과 외형적 경건에 사로잡힌 희생자들일 수 있기 때문이다. 이런 의미에서 제사장과 레위인은 영적 강도를 만난 또 다른 형태의 희생자들이다. 우리들의 주변에서도 교회의 폐쇄적 경건주의와 자기의의 전통에 빠져 자신들의 체제를 지키느라고 무정한 경건주의자들이 된 경우가 없지 않을 것이다.

그릇된 가르침에 의해 하나님을 오해하고 종교적 경건의 두터운 옷을 입고 있으면 사랑과 자비의 실천을 해야 할 곳을 외면하면서도 마치 그것이 교회와 하나님의 이름을 위한 것인 양 착각하게 된다. 우리는 이런 자들을 비난하고 정죄함으로써 또 다른 종류의 경건파들이 된다. 이 점에서 사마리아인은 우리들에게 좋은 모범이다.

선한 사마리아인은 자기 앞에서 먼저 가면서 강도 만난 자를 전혀 돌보지 않고 지나친 두 종교인들을 위선자들이라고 욕하지 않았다. 그의 관심은 무정한 두 종교인들에 대한 비난이 아닌, 죽어가는 한 피해자에게 쏠려 있었다.

참 사랑은 도와야 할 자신의 이웃에게 집중한다. 선한 사마리아인은 제사장과 레위인을 비난하고 원망하는 대신에 묵묵히 강도 만난 자의 필요를 위해 자신을 던졌다. 침묵 속에서 실행되는 사랑은 깊고 강한 사랑이다. 자랑과 선전이 없이 시행되는 사랑은 겸비한 사랑이다. 그런 사랑의 자리에 하나님의 영생의 강물이 넘쳐 흐른다.

영생의 체험이 일어나는 현장은 어디인가?

하나님으로부터 받는 은혜는 사랑으로 드러나야 향기가 있다. 외형적인 경건만 유지하려는 것은 사랑의 삶이 아니다. 그런 경건에는 영생의 체험이 없다. 도둑질하지 않고, 간음하지 않고, 살인하지 않고, 거짓 증언을 하지 않고 살면 거룩한 삶이라고 여길지 모른다.

그러나 예수님이 가르치시는 거룩한 삶은 남에게 직접적인 해를 끼치지 않고 사는 무간섭주의나 안전 제일주의가 아니다. 강도 만난 자를 피해가는 발걸음에는 하나님의 능력도, 하나님의 임재도, 하나님이 주시는 평안도 느껴지지 않는다. 무정하고 무관심한 위선의 걸음 속에서는 영생을 체험할 수 없다.

예루살렘 성전에서 성경 말씀을 듣고 훌륭한 찬양을 들으면서 심령에 은혜를 느꼈을지라도 하나님의 생명이 실제로 체험되는 현장은 먼지 나는 여리고 길에서다. 내가 나의 이웃에게 자비를 베풀 수 있을 때에 하나님의 생명이 나타나고 내가 그리스도 예수 안에서 영생을 누리고 있음이 확인된다. 예수님은 우리들이 이 같은 영생의 체험을 풍성하게 갖도록 강도 만난 자가 누워 있는 여리고 길로 우리들을 종종 인도하신다. 강도 만난 자를 만나는 것은 우리들에게 영생을 체험할 수 있는 기회를 제공한다. 이것이 하나님의 은혜이다.

하나님은 자신의 생명에서 흘러나오는 기쁨과 능력과 평안을 우리에게 나누어 주시려고 강도 만난 자의 선한 이웃이 되게 하신다. 우리들로 하여금 선한 사마리아인을 닮게 하는 것이 하나님의 선한 계획이다. 그것은 곧 예수 그리스도를 닮게 하는 일이기 때문이다. 그리스도를 닮는 자들에게는 영생의 체험이 있다. 사랑의 삶은 영원한 생명이 어떤 것인지를 풍성하게 체험케 한다.

예수님은 선한 사마리아인의 완전한 모델이다. 주님은 우리들이 죄와 불의로 죽을 지경에 이르렀을 때 우리들의 깊은 상처 위에 부드러운 기름과 치유의 포도주를 부어 주셨다. 주님은 율법의 모든 요구를 만족시킨 자신의 완전한 삶과 죽음으로 우리들의 죄값을 갚으셨다. 주님은 선한 사마리아인처럼 우리들을 자신의 나귀에 태우고 주막으로 가서 눕히셨다. 그리고 자신의 비용으로 우리들이 완전히 회복될 때까지의 모든 조치를 취하셨다. 주님은 섬기는 자로서 우리들에게 오셨다(막 10:45). 주님은 선한 사마리아인으로 죽어가는 우리들에게 오셔서 자비를 베푸시고 선한 이웃이 되어 주셨다.

한 율법교사는 예수님께 물었다.

"내가 무엇을 하여야 영생을 얻으리이까?" 눅 10:25

그것은 선한 사마리아인이 되는 것이다. 자비를 베푸는 자가 되는 것이다. 강도 만난 자의 이웃이 되는 것이다. 이것은 한 마디로 사랑의 삶이다. 사랑의 삶에는 하나님의 생명이 흐른다. 사랑의 삶 속에서 영생이 체험된다. 하나님은 사랑이시기 때문이다(요일 4:8).

그런데 내 이웃을 돕는다고 해서 모두 영생을 누리는 것은 아니다. 그렇다면 모든 박애주의자들이 영생을 받아 누릴 것이다. 사랑은 중생을 필요로 한다. 요한은 "사랑하는 자마다 하나님으로부터 나서 하나님을 안다"(요일 4:7)고 하였다. 크리스천의 사랑은 하나님에게서 그 근원을 둔 것이다.

하나님의 사랑은 어떤 것일까?

그것은 죄인과의 관계에서 가장 잘 파악될 수 있다. 하나님의 사랑은 죄를 극복하는 사랑이다. 죄인들의 처참한 상태를 깊이 동정하는 사랑이다. 인간의 온갖 부패와 불행으로부터 구출하려는 자아 희생적인 사랑이다. 이 사랑은 자발적이며 먼저 주는 사랑이다(신 7:7-8; 요일 4:10). 하나님의 사랑은 마음 속에 잠겨 있는 것이 아니고 밖으로 나타나는 사랑이다. 하나님의 사랑은 볼 수 있고 느낄 수 있다. 하나님은 실제로 자신의 독생자를 이 세상에 보내셨다.

"우리가 …눈으로 본 바요 자세히 보고 우리의 손으로 만진 바라"
요일 1:1

이렇게 하시는 목적이 무엇인가?

우리들이 그리스도를 통해서 살게 하기 위해서다. 우리들이 죄로부터 씻김을 받으면 영적으로 살아난다(요일 4:9). 우리들이 주 예수 그리스도를 대속의 주님으로 믿고 사랑의 삶을 시작하면 영적 생동력을 받는다. 이 생동력은 하나님에게서 온다. 이런 삶에 대해서 "만일 우리가 서로 사랑하면 하나님이 우리 안에 거"(요일 4:12,16)하신다고 표현하였다. 즉, 우리들의 삶 속에서 하나님이 내리시는 축복들을 의식하며 누린다는 뜻이다. 그래서 하나님의 내주하심이 실체적으로 알 수 있는 것이 된다.

이러한 하나님의 임재는 사랑을 통해서 온다. 우리들이 거듭날 때에 신령한 사랑의 씨앗이 뿌려진다(벧전 1:23). 하나님의 사랑의 씨앗이 온전히 피어날 때 우리들은 하나님의 영원한 생명을 체험한다. 이것이 곧 영생의 삶이며 하나님의 사랑이 우리 안에서 온전케 되는 일이다(요일 4:12).

당신은 과연 강도 만난 자의 이웃으로 살고 있는가?

참 사랑은 내 이웃이 누구냐고 묻지 않는다. 참 사랑은 대상을 가리지 않는다. 내가 편견과 자기의가 없는 자비를 베풀 때에 나는 하나님의 사랑의 화폭 속에 선한 사마리아인으로 그려진다. 영생의 체험은 이 같은 하나님의 인정을 받고 즐거워하게 한다.

제자장과 레위인은 형식과 율법에 충실한 제사를 예루살렘 성전에서 올렸다. 그러나 참된 제사는 성전에서 멀리 떨어진 여리고 길의 강도 만난 자 앞에서 테스트를 받는다. 예루살렘 성전의 속죄소에서 상징으로 임재하셨던 하나님은 여리고로 가는 길에 쓰러져 있는 한 강도 만난 자 앞에서 실체로 서 계신다. 그 곳에서 하나님은 우리들의 산 제사를 받으시려고 기다리신다.

사마리아인은 예루살렘 성전과 같은 화려하고 유명한 성전에서 제사를 드릴 특권이 없었다. 그는 유태인들의 경멸의 대상이었다. 그는 예루살렘 성전 예배의 장엄한 광경도 볼 수 없었고 멋진 찬양대의 찬송도 들을 수 없었다. 그러나 그는 하나님이 받으시는 산 제사를 여리고 길의 강도 만난 자 앞에서 드리고 하나님의 영생을 체험하였다.

"네 생각에는…누가 강도 만난 자의 이웃이 되겠느냐? 이르되 자비를 베푼 자니이다. 예수께서 이르시되 가서 너도 이와 같이 하라 하시니라"
눅 10:37

6편

집을 나간 탕자

누가복음 15:11-24

"또 이르시되 어떤 사람에게 두 아들이 있는데 그 둘째가 아버지에게 말하되 아버지여 재산 중에서 내게 돌아올 분깃을 주소서 하는지라 아버지가 그 살림을 각각 나눠 주었더니 그 후 며칠이 안 되어 둘째 아들이 재물을 다 모아 가지고 먼 나라에 가 거기서 허랑방탕하여 그 재산을 낭비하더니 다 없앤 후 그 나라에 크게 흉년이 들어 그가 비로소 궁핍한지라… 그가 돼지 먹는 쥐엄 열매로 배를 채우고자 하되 주는 자가 없는지라… 이에 일어나 아버지께로 돌아가니라 아직도 거리가 먼데 아버지가 그를 보고 측은히 여겨 달려가 목을 안고 입을 맞추니 아들이 이르되 아버지 내가 하늘과 아버지께 죄를 지었사오니 지금부터는 아버지의 아들이라 일컬음을 감당하지 못하겠나이다 하나 아버지는 이르되… 이 내 아들은 죽었다가 다시 살아났으며 내가 잃었다가 다시 얻었노라 하니 그들이 즐거워하더라"

예수님은 사람을 차별하시지 않았다. 직업이 좋고 돈이 많고 혹은 교육 수준이 높다고 해서 우대하시지 않았다. 예수님은 오히려 사회가 무시하는 죄인들을 영접하고 함께 식사를 하셨다. 바리새인과 서기관들은 이러한 예수님의 행동을 비난하였다. 본문의 비유는 이에 대한 예수님의 반응이다. 중심 교훈은 하나님이 돌아오는 죄인들에게 은혜로우시다는 것이다. 하나님은 우리들이 그의 "은혜의 풍성함"(엡 1:7)을 알기를 원하신다.

한 아버지에게 두 아들이 있었다. 그 중에서 작은 아들이 먼저 소개된다. 이 아들은 바리새인들의 눈에서 볼 때 가장 나쁜 자식이었다. 이들은 율법적이고 도덕적인 사람들은 하나님이 받으시지만 비율법적이고 비도덕적인 사람들은 안 받으신다고 생각하였다. 본 비유는 죄인에 대한 하나님의 태도가 이 같은 사회 통념과 전혀 다른 것임을 제시한 것이다.

둘째 아들이 행한 나쁜 일이 무엇인가?

그는 아버지가 선택한 때가 오기도 전에 자기 몫의 상속을 미리 요구했다. 그는 기다리지 못하는 자였다. 그가 부친 생전에 유산을 요구한 것은 큰 불효였다. 작은 아들의 몫은 전 재산의 3분의 1에 해당했다. 그는 이처럼 큰 재산을 가지고 자기가 원하는 것을 행하려고 집을 떠났다. 그는 집에서 노부모를 공양할 마음이 없었다. 그는 형과의 동거도 원치 않았다. 이러한 행동은 아버지의 체면에 큰 손상을 끼치는 일이었다. 작은아들이 재산을 이방인 나라에서 허비한 것은 신앙 공동체의 이해 관계에도 매우 부정적인 영향을 주었다.

1세기의 유태인 청중들에게 작은 아들의 처신은 눈살을 찌푸리게 하는 사건이었다. 특히 바리새인들에게 커다란 혐오감과 증오심을 유발시켰다. 그들의 관점에서 보면 그런 불효자는 누구도 받아줄 수 없었다. 의식적으로 부정한 돼지를 키우는 이방 나라에 가서 몸을 더럽히고 온 자식은 유태인 공동체에 발붙일 곳이 없어야 했다. 그런 자는 감히 성전 예배에 참석할 수 없으며 율법의 규정에 따라 마땅히 죽어야 했다.

> "사람에게 완악하고 패역한 아들이 있어 그의 아버지의 말이나 어머니의 말을 순종하지 아니하고… 방탕하며 술에 잠긴 자라 하면 그 성읍의 모든 사람들이 그를 돌로 쳐죽일지니 이같이 네가 너희 중에서 악을 제하라 그리하면 온 이스라엘이 듣고 두려워하리라" 신 21:18-21

탕자는 고향으로 돌아왔다

둘째 아들은 이스라엘의 율법이 방탕한 아들에 대해 매우 엄격하다는 것을 잘 알고 있었을 것이다. 그럼에도 그는 아버지의 집으로 돌아왔다. 본 비유는 둘째 아들이 어떤 형편에 있다가 돌아왔는지를 자세하게 서술한다. 둘째 아들은 돼지에게 주는 쥐엄 열매도 못 얻어 먹었다. 그는 돼지만도 못한 신세였다.

> "이에 스스로 돌이켜 이르되… 나는 여기서 주려 죽는구나 내가 일어나 아버지께로 가서…" 눅 15:17,18

탕자는 자신의 처지를 직시하였다. 그는 그대로 있으면 굶어 죽는다는 것을 알았다. 그는 부친 집에 가면 품군이라도 될 수 있다는 희망을 가지고 일어섰다. 그는 아버지께 소망을 걸고 아버지의 자비에 호소할 작정이었다.

"내가 일어나 아버지께 가서 이르기를… 나를 품꾼의 하나로 보소서 하리라" 눅 15:18,19

둘째 아들이 처음 집을 나갔을 때에는 아버지께 "내게 돌아올 분깃을 주소서"(12절)라고 요구하였다. 그러나 그는 이제 오만하게 요구하는 자세가 아니고 겸손하게 섬기는 자의 모습으로 나타났다. 자신의 바닥을 인정하는 것은 중요하다(17절). 그런데 더 중요한 것은 아버지의 자비를 기억하고 일어서는 것이다.

탕자에게 박수를 칠 일이 있다면 그가 실제로 아버지께로 간 것이다.

"이에 일어나서 아버지께로 돌아가니라" 눅 15:20

탕자는 자신의 처참한 신세를 생각하고 집으로 돌아갈 마음을 눌러 버렸을 수도 있었다. 누구나 금의 환향(錦衣還鄕)을 원한다. 집을 나온 자는 빈손으로 돌아가기를 원치 않는다. 누구나 출세한 모습을 보이고 싶어한다. 탕자는 더구나 아버지의 유산을 모두 탕진하였다. 유태인으로서 이방인의 돼지들을 치는 신세가 됐다는 것은 더 이상 내려갈 수 없는 지경으로 전락한 것을 의미한다. 탕자는 아버지께 돌아가는 일을 미룰 수도 있었을 것이다. 자신의 처지가 부끄러우면 나타나고 싶지 않은 법이다. 그래서 조금이라도 형편이 나아질 때를 기다리며 막연한 내일에 텅빈 소망을 걸어둘 수 있다.

그러나 하나님께로 돌아가는 일을 미루지 말아야 한다. 내일 하나님께로 돌아가겠다고 미루며 그대로 주저앉으면 내일은 어제가 되어 버린다. 오늘은 말고, 내일 하나님께로 돌아가겠다고 지체하는 자들에게 내일은 영영 오지 않을 수 있다. 돌아가야 한다는 것을 알면 당장 일어나야 한다.

돼지를 치는 곳에 있는 자는 두 가지 사실을 알아야 한다

첫째, 돼지들이 탕자를 구원하지 못한다. 그냥 주저 앉으면 주러서 죽는다.

둘째, 아버지께로 돌아가면 대환영을 받는다. 본 비유가 주는 교훈은 누구든지 아버지를 떠나 먼 곳에서 사는 자들은 자신의 위험한 처지를 생각하고 은혜로우신 아버지께로 돌아가야 한다는 것이다. 아버지는 바리새인들이 생각하듯이 율법의 규정에 따라 자식을 돌로 치는 자가 아니다. 율법의 형벌은 이미 아버지의 다른 신령한 아들이 십자가의 죽음으로 대신 받으셨다. 그러므로 탕자들은 조금도 두려워하지 말고 하늘 아버지께로 돌아가야 한다.

새 출발은 누구에게나 가능하다. 탕자처럼 바닥이어도 돌아올 수 있다(엡 2:13). 탕자는 돌아올 수 없는 곳에서도 돌아왔다. 세상에는 돌아와도 받아주지 않는 곳이 많다. 그러나 하늘 아버지는 언제나 돌아오는 탕아들을 쌍수로 환영하시고 기뻐하신다.

그런데 탕자를 돌아오게 한 것이 무엇이었는가? 배고픔이었다. 굶주림 때문에 더 이상 견딜 수 없어 아버지 집으로 돌아온 것은 그리 고상한 동기가 아닐런지 모른다. 그러나 하나님은 허기진 배도 은혜의 수단으로 사용하신다. 아버지는 자식이 먼 이방 나라에서 굶주려 죽기보다는 아버지를 찾아오는 것을 원하신다.

우리들이 탕자에게 또 한 번의 박수를 칠 일이 있다면 그가 적어도 아버지께는 자기 같은 죄인을 풍족히 먹일 수 있는 양식이 있음을 믿었다는 사실이다. 또한 그는 아버지가 자기를 종의 하나로 고용시킬 수 있는 자비를 가지신 분으로 믿었다.

"명절 끝날 곧 큰 날에 예수께서 서서 외쳐 이르시되 누구든지 목마르거든 내게로 와서 마시라 나를 믿는 자는 성경에 이름과 같이 그 배에서 생수의 강이 흘러나오리라" 요 7:37-38

하나님은 무한대의 공급을 약속하셨다. 그러나 생수가 흘러서 내 입으로 자연히 들어오는 것이 아니다. 내가 생수의 근원으로 가서 마셔야 한다. 그래서 예수님은 "내게로 와서 마시라"고 하셨다. 탕자는 실제로 일어나서 자기 아버지께로 갔다. 탕자는 이 점에서 우리들의 모범이다. 내게 어려움이 있을 적마다 주께로 나아가야 한다. 내가 죄의 수렁으로 내려갈 때마다 일어서서 주님께로 가야 한다.

내일로 미루면 위험하다. 내일은 내게 보장된 날이 아니다. 내일은 아직 내 눈에 보이지 않는 날이다. 내일은 베일에 가려져 있다. 내일은 영원히 내게 오지 않을 수 있다. 단 1초의 간격으로 내일이 온다. 그러나 그 1초는 새 삶을 위해 다시 돌아갈 수 있는 재귀의 기회를 영원히 앗아가는 죽음의 시작일 수 있다. 탕자는 "내가 여기서 주려 죽는구나"(17절)라고 말하였다. 그렇다. 살 수 있는 날은 오늘이다. 죽음이 모든 기회를 빼앗아 가기 전에 오늘 아버지께로 돌아가야 한다.

"오직 오늘이라 일컫는 동안에 매일 피차 권면하여 너희 중에 누구든지 죄의 유혹으로 완고하게 되지 않도록 하라" 히 3:13

예수님은 한 부자의 비유에서도 이와 유사한 교훈을 하셨다.

"하나님은 이르시되 어리석은 자여 오늘 밤에 네 영혼을 도로 찾으리니 그러면 네 준비한 것이 누구의 것이 되겠느냐?" 눅 12:20

어떻게 하면 아버지께로 돌아갈 수 있는가?

탕자는 자신의 필요를 인정했을 때 회복이 시작되었다. 우선 제 정신이 들어야 한다(15:17-19). "제 정신"이 든다는 것은 자신이 처한 역경을 깨닫는 것이다. 돼지를 치는 현실을 부인하는 것은 어리석은 고집이다. 하나님으로부터 자신이 떨어져서 말도 안 되는 죄악된 삶을 살고 있다는 사실을 솔직히 시인해야 한다. 그 다음 일어나서 돌아가야 한다(15:20). 아버지가 기다리고 계신다. 하나님과 화해하려면 제 정신을 차리고 사악한 삶에서 돌이켜 아버지께로 발길을 돌리면 모든 것이 회복될 수 있다. 하늘 아버지는 돌아오는 자식들에게 무한히 관대하시다. 이러한 하나님의 자비하신 속성을 믿어야 영적 타향살이를 정리하고 아버지의 집으로 돌아갈 수 있다. 이것이 본 비유의 한 중요한 가르침이다.

아버지가 어떻게 탕자를 맞이했는가?

죄는 자신감에서 시작되는 경우가 흔하다. 차남은 아버지의 도움이 없이 자신의 인생을 얼마든지 잘 운영할 수 있다고 자신했다. 그가 원한 것은 무엇이었는가? 돈과 독립이었다(11-13절). 그는 이것들만 있으면 인생을 잘 살 수 있다고 확신했다. 그래서 그는 아버지의 상속을 미리 받기를 원하였다. 그는 기다리지 못하는 자였다. 그는 '지금' 당장 돈을 받아서 "먼 나라"로 가버리면 모든 것이 잘 된다는 생각으로 가득 차 있었다. 이 세상 일도 그렇게 간단하지 않거니와 영적 삶의 원리는 훨씬 더 그러하다.

죄는 기만적이다. 작은아들은 죄가 얼마나 쉽게 사람을 속일 수 있는지를 몰랐다. 그는 자신이 상상도 못할 곤경에 빠질 수 있다는 것을 전혀 고려하지 않았다. 죄는 우리들에게 쾌락을 제공한다. 돈과 자유가 있으면 우선 하고 싶은 일들을 하며 인생을 한동안 즐길 수 있다. 그러나 아버지를 무시한 죄악된 삶은 얼마가지 않아 마수를 드러내고 내 몸을 갉아먹는다. 차남은 타향에서 곤경을 겪기 시작했다. 그의 인생 공부가 시작된 것이다.

탕자가 쾌락을 즐기러 간 곳에 흉년이 들었다. 탕자는 돈만 있으면 무엇이든지 할 수 있다고 믿었지만 세상에는 돈이 있어도 할 수 없는 것이 있었다. 돈도 흉년 앞에서는 손을 들어야 한다. 물가가 천정부지로 올라갔다. 탕자가 가진 돈은 금방 바닥이 나버렸다. 이것은 탕자가 예상하지 못했던 뜻밖의 일이었다(15:14).

그는 부득불 돼지를 치게 되었고 돼지밥이라도 얻어 먹기를 원하는 신세가 되었다(15:15-16).

하나님이 아닌 세상에 속한 것들은 응급한 때에 우리들을 무력하게 만든다. 물질은 유용한 것이다. 그러나 물질이 선을 위한 시녀가 되지 않고 나의 힘과 행복의 기반이 되면 인생의 흉년을 맞을 때에 아무 소용이 없다.

그런데 인생의 흉년은 예기치 않은 때에 온다. 하나님을 떠난 물질은 내게 참된 행복을 주지 못한다. 탕자는 이 사실을 돼지를 키우는 신세로 전락된 이후에야 비로소 깨달았다.

그러나 아버지는 처음부터 작은아들이 겪게 될 불행을 예견하였다. 아버지는 가출의 의미를 알았다. 그래서 고통을 받았다. 작은아들은 집을 나갈 때에 자기가 하고 싶은 대로 다 할 수 있게 되었다고 기뻐했지만 아버지는 그런 자유의 의미가 기쁜 것이 아님을 알았다. 그것은 곧 절벽의 길이었다.

아들은 미리 받은 유산을 탕진하고 육욕의 결과를 맛볼 것이었다. 아버지를 떠나 자신의 욕구를 채우려는 죄악의 길은 언제나 내림길이다. 이것은 하나의 가능성이 아니고 확정된 사실이다. 죄의 삯은 언제나 사망이다(롬 6:23). 여기에는 예외가 없다.

아버지는 무겁고 슬픈 마음으로 작은아들의 가출을 막지 않았다. 탕자가 원하는 대로 용인하는 아버지는 유약하고 무능한 분이라는 느낌을 준다. 왜 처음부터 말리고 붙잡아두지 않았을까? 아버지는 물론 둘째 아들의 잘못된 생각을 지적하고 간곡히 말렸을 것이다. 그러나 아버지는 아들을 억지로 붙잡아 둘 수는 없었다. 아버지는 자식의 인격을 존중하였다. 일방적이고 강압적인 관계는 참 사랑의 관계가 아니기 때문이다.

작은아들은 기어코 집을 나갔다. 그러나 가출 때문에 아버지가 자식과의 관계를 끊은 것은 아니었다. 가출한 자식의 가슴 속에서는 아버지의 부정의 사랑이 느껴지지 않았을지라도 아버지의 가슴에는 자식에 대한 간절한 그리움이 언제나 살아 있었다. 그러던 어느 날 꿈에도 그리던 작은 아들이 나타났다.

아버지는 둘째 아들을 보고 달려갔다. 기다렸던 자만이 달려간다. 아버지는 멀리서도 둘째 아들을 알아보았다. 아버지는 작은아들이 집을 떠날 때에 시야에서 그의 모습이 사라졌던 마지막 지점을 항상 바라보았을 것이다. 아버지는 그곳에 아들이 다시 나타날 날을 매일 고대하였다. 그래서 아들이 정말 돌아왔을 때 아버지는 멀리서도 자식을 알아볼 수 있었다. 왜 아버지가 달려갔을까? 날마다 자식의 귀향을 기다렸기 때문이다. 아버지는 언제부터 자식을 기다렸겠는가? 자식이 집을 나간 날부터였다.

"사랑은 모든 것을 참으며 모든 것을 믿으며 모든 것을 바라며 모든 것을 견디느니라" 고전 13:7

아버지의 달음질이 의미하는 것은 무엇인가?

첫째, 아들을 보호하기 위해서였다.

동네 사람들이 먼저 아들을 알아보면 욕을 듣고 몰매를 당할 수 있었다. 그래서 먼저 달려갔다. 마을 어귀에서 공공연히 아버지가 가출한 자식의 귀가를 용납한다는 사실을 보여줌으로써 아들의 봉변을 막기 위해서였다. 이처럼 주님도 우리들을 보호하기를 원하신다. 하나님이 우리를 보호하시고 위하신다는 것을 알면 아무도 우리들을 대적하여 해칠 수 없다.

"만일 하나님이 우리를 위하시면 누가 우리를 대적하리요?" 롬 8:31

둘째, 아들을 안심시키기 위해서였다.

탕아는 자기 동네와 집이 가까워 오자 분명 아버지의 반응을 두려워하고 염려하면서 무거운 걸음을 걸었을 것이다. 탕자는 아버지 집이 멀리서 보이기 시작할 때에 자신의 초라한 몰골을 생각하고 더욱 깊은 수치감을 느꼈을 것이다. 그는 아버지가 자기를 보고 진노하시며 몽둥이를 들고 나오실지 모른다는 염려에 쌓여 있었을 것이다. 그러나 아버지는 몽둥이가 아닌 용서를 손에 쥐시고 달려나오셨다.

우리는 하나님을 무서운 재판관이나 엄한 주인으로 생각하기 쉽다. 특히 죄를 지었을 때에 하나님의 자비를 생각하고 용기를 내기 보다는 두려워하고 회피하는 경향이 있다. 그러나 하늘 아버지는 회개와 겸비로 귀가하는 모든 탕자들을 향해 언제나 달려가신다. 용서와 화해를 위해서 달리신다. 아버지의 사랑을 부어주기 위해서 달리신다.

아버지는 자식의 불안한 마음을 읽고 있었다. 그래서 달려갔다. 당시의 어른들은 뛰어가지 않는 법이었다. 이 아버지 정도의 나이와 사회적 신분을 가진 자는 항상 품위 있게 천천히 걸어야 했다. 어른이 뛰는 것은 당시의 풍습에 상스런 짓이었다. 그러나 아버지는 체면 불사하고 아들을 향해 달려갔다.

이것은 아들을 향한 아버지의 심정을 이해한다면 눈물겹도록 감격스런 장면이다. 동네 사람들이 지켜보는 가운데 탕자를 향해 달리는 늙은 아버지를 상상해 보라. 남루한 차림에 피곤한 얼굴로 두려움과 불안에 젖은 아들이 동네로 들어오고 있다. 초췌한 모습의 한 청년이 나타나자 자기 아들이라는 것을 먼저 알아본 아버지가 노구(老軀)를 이끌고 온 힘으로 애써 달려간다. 오랜 시간을 날마다 애탄 가슴으로

문 앞에 서서 이제나 저제나 가출한 아들의 귀가를 초조하게 기다렸던 아버지였다.

눈을 감기 전에 볼 수 있게 된 사랑하는 자식을 향해 달리는 아버지의 얼굴에는 악한 세월 속에서 깊이 새겨진 고뇌의 주름살을 타고 구슬땀이 비오듯 흐른다. 아버지는 땀을 닦을 겨를도 없이 달리고 또 달린다. 곧 넘어질 듯한 몸을 가까스로 부추기며 아들과의 재회의 포옹을 위해서 늙은 백발의 아버지가 달리고 있다. 한순간 한순간이 영겁처럼 느껴지는 끝없는 달음질이 눈앞에 다가선 아들의 모습을 조금씩 앞당기고 있다.

당신은 하늘 아버지의 사랑을 믿는가? 당신이 죄를 짓고 고개를 떨구고 있을 때에 누구에게 소망을 거는가? 하나님은 당신을 기다리신다. 만약 믿어지지 않으면 아들의 가출로 고통받던 탕자의 아버지가 뿌리는 설움의 눈물들을 당신의 마음의 화폭 위에 떨어뜨려 보라.

하나님은 당신을 넉넉히 용서하신다. 그러나 실감이 나지 않을지 모른다. 그렇다면 귀가하는 아들을 향해 숨가쁘게 달리는 늙은 아버지의 모습을 날마다 조금씩 당신의 영혼의 화폭 위에 그려보라. 그리고 나를 향한 하늘 아버지의 뜨거운 부정(父情)의 달음질을 상상하여 보라.

하늘 아버지는 당신을 사랑하신다. 당신이 집을 나갔어도 하나님은 여전히 당신을 사랑의 가슴으로 기다리신다.

셋째, 용서와 화해를 위해서였다.

아버지는 자식의 "목을 안고 입맞추었다"(20절). 아버지가 탕자의 목을 껴안고 키스한 것은 화해의 표시이다. 아버지는 탕자의 자기 비하를 원치 않았다. 아버지는 억누를 수 없는 감정으로 아들에게 입맞추었다. 아버지는 자식이 너무도 불쌍하여 달려갔다. 마침내 아버지께로 찾아온 탕자의 목을 껴안고 수없이 입맞추었다.

미국에서 최근에 어린 아이의 실종 사건이 크게 보도되었다. 생사를 알 수 없는 며칠이 지났다. 천만다행으로 경찰이 유괴당한 아이를 찾아서 어머니에게 돌려주었다. 그 만남의 장면이 테레비에 방영되었다. 아이의 어머니는 어린 자식이 악인의 손에서 몹쓸 악행을 당하고 죽임을 당했을지 모른다고 두려워했었다. 어머니는 살아온 자식을 보는 순간에 온몸을 쏟아 붓는 모정의 사랑으로 아이를 껴안고 간장이 끊어지는 목소리로 내 아들아! 내 아들아! (My boy! My boy!)라고 울부짖었다. 잡혀간 아이의 고통을 생각하고 초주검으로 지냈던 어머니였다. 납치된 자식을 다시 찾은 어머니가 아이를 끌어안고 수없이 온몸을 쓰다듬었다. 돌아온 자식의 얼굴을 연거푸 확인이라도 하듯이 계속 보고 또 보면서 감격해 하는 모정의 진한 사랑이 시청자들의 눈시울을 적셨다. 어느 누구도 흉내낼 수 없는 모정의 극치였다.

그런데 탕자의 아버지는 이 보다 더 진한 사랑으로 귀가하는 자식을 맞이하였다. 유괴를 당했던 어린 아이에게는 아무런 잘못이 없었다. 아이는 전적으로 악독한 유괴범의 범죄 때문에 몹쓸 고생을 당하고 집으로 돌아왔다. 그래서 당연히 환영을 받아야 한다. 그러나 본 비유에서 아버지가 맞이한 자식은 다 큰 탕자였다. 그는 큰 아들의 말대로 "아버지의 살림을 창녀들과 함께 삼켜 버린"(30절) 불효자였다. 둘째 아들에 대한 예수님의 평가도 "먼 나라에 가 거기서 허랑방탕하여 그 재산을 낭비"(13절)한 자라고 하였다.

그런 악한 자식임에도 아버지가 뜨겁게 동정하며 환영하였다. 아

화가 복이 될 때까지 | 109

무리 많은 돈의 탕진도, 아무리 커다란 불효의 악행도 아무리 큰 정신적 피해를 아버지에게 입혔더라도 아버지의 사랑의 달음질과 격렬한 기쁨의 포옹을 막을 수가 없었다.

하나님은 일찍이 호세아 선지자의 불행한 결혼을 통하여 이스라엘 백성에게 하나님의 사랑을 가르치려고 하셨다. 호세아에게는 다른 남자들과 음행을 일삼는 고멜이라는 아내가 있었다. 호세아는 여러 번 고멜을 타이르고 용서하였다. 나중에는 노예로 팔려간 고멜을 호세아가 가서 사오기까지 하였다. 사람들은 호세아를 조롱하고 고멜을 사람으로 취급하지도 않았다. 그러나 호세아는 여전히 고멜을 사랑해야 했다. 호세아는 비로소 하나님이 자기 백성들의 무수한 죄에도 불구하고 끝까지 놓지 않는 구속주의 불절의 사랑을 깊이 깨닫고 하나님의 마음을 이렇게 대변하였다.

"내가 어찌 너를 놓겠느냐 이스라엘이여 내가 어찌 너를… 놓겠느냐…
내 마음이 내 속에서 돌이키어 나의 긍휼이 온전히 불붙듯 하도다"
호세아 11:8

우리는 내가 착하고 순종을 잘 하며 교회에 열심히 봉사하면 하나님이 나를 환영하시고 기뻐하신다고 생각한다. 물론 그렇다. 그러나 하늘 아버지는 착한 자식만을 사랑하시는 것이 아니다. 그렇지 않다면 하나님의 사랑을 받을 자들은 그리 많지 않을 것이다. 하나님의 사랑은 우리들이 상상하는 것보다 훨씬 더 넓고 깊다. 하나님은 자주 착한 자식들이 느낄 수 없는 차원의 사랑으로 돌아오는 탕자들을 환영하신다.

탕자의 자기 평가는 무엇인가?

"내가 일어나 아버지께 가서 이르기를 아버지 내가 하늘과 아버지께 죄를 지었사오니 지금부터는 아버지의 아들이라 일컬음을 감당하지 못하겠나이다 나를 품꾼의 하나로 보소서 하리라" 눅 15:18,19

탕자는 자신이 감히 아들이라고 불리울 수 없다고 판단하였다. 그래서 그는 아버지에게 종으로 취급해 달라고 간청할 생각이었다. 이것은 법적인 면에서 자신의 권리가 훼손되었기에 옳은 평가이다. 아버지의 유산을 탕진했기 때문이다.

그런데 아들이면서 아들로 불리울 수 없다고 말하는 것은 죄책에 사로잡힌 자의 자기 평가였다. 아들은 아버지를 엄중하신 분으로 오해하였다. 자식은 절대로 아버지가 자기 죄를 용서하실 것으로는 믿을 수 없었다. 그는 자신이 저지른 큰 죄를 생각할 때 용서의 가능성은 상상도 할 수 없었다. 그래서 그는 아버지의 눈물겨운 환영에 당황하였다. 그는 아버지의 즉각적이고 완전한 용서를 믿지 않았다. 그는 아버지에 대해서 까맣게 모르는 것이 있었다. 그는 아버지의 자비의 속성에 대해 커다란 오해를 하고 있었다.

그런 아들에게 아버지가 한 일은 무엇이었는가?

아버지는 탕자에게 용서를 확인시켜 주려고 제일 좋은 옷을 입히고 가락지를 끼워 주며 새 신발을 신기고 살진 송아지를 잡고 잔치를 열었다. 그런데 이 일은 즉각적이었다. 아버지는 탕자가 귀가한 이후에 어떻게 처신하는지를 보고서 용서를 결정하지 않았다. 아버지는 탕자의 효성을 확인해 본 후에 환영식을 하지 않았다.

언제 부친의 잔치 명령이 있었는가?

아들의 회개를 끝까지 다 듣고 나서 한참 생각한 후였는가? 아니다. 부친의 잔치 명령은 탕자가 아직 집 안으로 들어오기도 전이었다. 사실상 아버지의 가슴 속에는 탕자를 위한 잔치 준비가 아들의 가출 때부터 준비되어 있었다. 잔치 명령은 즉각적인 것이었어도 즉흥적인 것은 아니었다.

탕자에 대한 대환영은 지체되지 않았다. 아버지의 용서는 즉각적이다. 아버지는 아들의 사죄의 요청이 있자 마자 즉시 용서를 하였다. 그 증거로서 아버지는 새 옷과 새 신발과 가락지를 준비하고 소를 잡게 했다. 그런데 이 일은 당장에 이루어진 것이었다.

아버지가 종에게 어떻게 지시했는지를 주목하라.

> "어서, 가장 좋은 옷을 꺼내서 그에게 입히고, 손에 반지를 끼우고, 발에 신을 신겨라" 눅 15:22(표준새번역)

여기서 "어서"라는 말을 유의하라. 개역 성경에는 원문에 나오는 '어서'라는 말이 번역되지 않았다. 왜 번역에서 빠졌는지 그 이유를 알 수 없지만 이것은 중요한 단어이다. 영문 성경에는 "어서(quick)" 혹은 "속히"(quickly)라는 말로 대부분 번역하였다. 이 말은 즉각적인 용서를 가리킨다.

아버지는 자식이 원래 아버지께 드리려고 했던 말을 다 듣기도 전에 '속히' 옷과 반지와 신발을 가져오고 송아지를 잡으라고 하였다. 아버지는 조금도 지체하지 않았다. 아들은 아버지에게 '품꾼의 하나로 보소서"(19절)라고 말씀드릴 작정이었다(19절). 그러나 아버지는 그 말을 다 들을 필요조차 없었다. '어서' 자식을 안심시키고 '속히' 자식의 허물을 덮어주며 '빨리' 자식의 무너진 자존심을 일으켜 주려고 하였다. 그리고 잔치를 통해서 아버지가 악한 자식을 용서하고 이제부터 당당한 자식으로 대우를 해준다는 것을 여러 사람 앞에서 공적으로 보여 주려고 하였다.

잔치가 시사하는 것은 무엇인가?

잔치는 아버지의 관심이 어디에 있는지를 입증한다. 아버지는 둘째 아들을 이미 "측은히 여겼고"(20절), 환영의 포옹을 하였다. 아버지는 아들이 끼친 피해나 가문에 망신이 된 것을 언급하지 않았다. 꼬치꼬치 방탕한 삶의 원인과 경과들에 대해 캐묻지 않았다. 자식을 꿇어 앉혀놓고 그 동안 아버지가 겪은 고통을 열거하며 분개하지 않았다. 가족들의 염려나 상심을 언급치 않았다. 사람들이 작은아들의 소식을 듣느냐고 물을 때에 당황하여 대답을 할 수 없었던 일을 말하지 않았다. 아버지는 아들이 외지에서 방탕하며 탕진한 돈에 대해서 아무 언급을 하지 않았다. 아버지는 탕자가 회개하며 무사히 귀가한 것으로 기뻐하고 만족하였다.

우리들의 하늘 아버지는 그에게로 회개하며 돌아가는 죄인들을 언제나 이와 같이 대하신다. 탕자에 대한 하늘 아버지의 자세는 지금도 바뀌지 않았다. 하늘 아버지는 모든 탕자들에 대해서 관대하시다. 탕자는 자신의 수치스런 과거에 대해서 두려워할 필요가 없다. 탕자의 아버지는 단순히 용서만 한 것이 아니고 잔치를 베풀었다. 잔치는 탕자에 대한 아버지의 자세와 감정이 어떠한 것인지를 추호의 의심도 없이 확인시키는 일이었다.

　잔치를 열고서 기뻐하지 않는 사람이 있겠는가? 잔치를 베풀고서 화난 얼굴을 할 자가 있겠는가? 잔치를 하면서 풍성히 먹여 주지 않을 주인이 있겠는가? 하늘 아버지는 잔치의 기쁨을 마음껏 나누기를 원하신다. 모든 염려와 근심을 잊고 잔치를 즐기기를 원하신다. 하늘 아버지는 잔치를 통해서 모든 손님들이 탕자에 대한 아버지의 후한 용서를 치하하기를 원하신다. 그리고 무엇보다도 탕자 자신이 아버지의 깊은 사랑의 용서를 기꺼이 받기를 원하신다. 그리고 죽었다가 다시 살아나고 잃었다가 다시 찾은 아들로 인한 아버지의 넘치는 기쁨에 탕자 자신이 동참하기를 원하신다(24절). 잔치는 가출했던 아들을 아버지가 다시 맞이하고 베푸는 기쁨의 축제이기 때문이다.

하나님의 용서의 의미는 무엇인가?

　하나님은 용서하시고 기뻐하신다. 그리고 여러 사람들과 함께 공동체의 기쁨을 나누기를 원하신다. 나의 죄의 성격이나, 악행의 많고 적음이나, 습관적인 죄나 혹은 실수로 저지른 단 한 번의 죄나 아무 상관이 없다. 하나님은 오직 나의 귀가를 즐거워하시고 어제의 죄를 말끔히 씻기신다. 그 동안 내가 아버지께 끼친 일체의 해악을 다 잊으셨기라도 하듯이 전혀 없었던 일로 여기시고 한 마디의 추궁도 하시지 않는다.

　하나님의 관심은 지나간 '어제'의 나의 죄가 아니다. 과거의 나의 죄로 인한 죄책감으로 자신을 파묻지 말라. 어제의 죄에 파묻히면 곧 침체가 온다. 하나님은 침체의 하나님이 아니시다. 하나님은 우울하시지 않다. 하나님은 그의 자녀들이 죄책감으로 우울한 침체에 빠지는 것을 원치 않으신다. 죄를 회개했으면 십자가의 승리를 믿으라. 그리고 나를 향한 아버지의 관심에 초점을 맞추고 살아야 한다. 아버지의 관심은 나 자신의 새로운 모습에 쏠려 있다. 아버지는 나의 죄악된 어제에 마음을 쏟지 않으신다. 하나님은 십자가의 피로써 용서받고 회복된 나의 '오늘'에 관심이 있으시다. 용서받은 오늘의 내 모습은 하나님께 커다란 기쁨을 준다. 그의 눈에 우리는 귀한 보석과 같다고 하였다(사 43:4).

어떤 보석인가? 십자가로 깎고 다듬어서 눈부신 광택이 나게 한 보석이다. 우리들은 아버지의 품을 떠나는 순간부터 돼지밥으로 사는 더러운 존재가 된다. 아버지를 떠나면 이방신의 영역으로 들어간다. 아버지를 의식할 수 없는 곳에서는 안전이 없다. 아버지가 없는 곳에서는 수치와 기만의 삶이 우리들의 품위를 진창으로 끌어내린다. 우리들은 멸시를 당하고 자존심을 잃는다. 그러나 하늘 아버지께로 다시 돌아오면 아무리 남루한 신세가 되었더라도 하나님이 보석처럼 귀히 보신다. 진실로 회개하며 하나님께로 겸손히 나오는 자들은 예수 그리스도 안에서 가장 보배로운 모습이 된다.

"네가 내 눈에 보배롭고 존귀하며" 사 43:4

탕자는 자신의 아들직은 죄로 인해서 취소되었다고 생각했다. 그래서 그는 자신이 종이 되어야 한다고 자신에게 말하였다. 그는 아버지가 자기를 종으로 고용해 주기를 바랄 뿐이었다. 아들은 자신이 아버지께로 돌아갈 수 있는 길을 벌려고 하였다. 그러나 아버지는 탕자를 아들로 받아 주었다. 아버지의 눈에는 탕자라도 언제나 종이 아닌

아들로서 돌아온다.

하나님은 은혜에 근거해서 우리들의 귀가를 받아 주신다. 나는 자신의 죄와 허물을 스스로 가릴 수 없다. 나는 아버지께 지은 죄를 속죄할 수 없다. 오직 하늘 아버지의 십자가 은혜만이 나를 깨끗이 씻기고 나의 귀가를 가능케 한다.

아버지께로 돌아가는 길은 내가 벌 수 있는 길이 아니다. 하늘 아버지께서는 모든 탕자들의 수월한 귀가를 위해 이미 길을 닦아 놓으셨다. 십자가의 길은 완전한 용서와 완벽한 화해의 길이다.

"나는 곧 길이요 진리요 생명이니 나로 말미암지 않고는 아버지께로 올 자가 없느니라" 요 14:6

당신이 전심으로 예수 그리스도를 믿고 구원을 받았다면 비록 죄를 짓고 탕자가 되었을지라도 아들의 신분을 잃지 않는다. "우리는 신실하지 못하더라도 그분은 언제난 신실"(딤후 2:11)하시다. 그 까닭은 하나님이 "자기를 부인할 수 없으시기 때문"(딤후 2:13)이다. 크리스천이 비록 하나님께 신실하게 살지 못하더라도 그것 때문에 하나님은 우리들을 향한 은혜의 사랑과 하나님 자신의 신실하심을 거두시지 않는다. 그렇게 하시지 않는 것이 하늘 아버지의 속성이기 때문이다.

하나님은 자신의 속성을 부인하실 수 없다(사 11:5). 하나님이 우리에게 은혜로 주신 약속들은 우리들의 삶에서 탕자의 부분이 있더라도 취소되는 것이 아니다. "하나님께서 주시는 고마운 선물과 부르심은 철회되지 않는다"(롬 11:29, 표준새번역). 그래서 신실하신 하늘 아버지는 돌아오는 탕자들을 결코 종으로 보시지 않는다. 십자가의 길을 통해 회개하며 아버지께로 나아오는 탕자들은 하늘 아버지의 눈에는 언제나 사랑하는 자녀들이다.

탕자에 대한 아버지의 반응은 어떤 것이었는가?

아버지는 자식을 "측은히"(20절) 여겼다. 아버지는 미리 유산을 강요하여 집을 나간 후 모두 탕진해 버리고(13-14절) 빈손으로 귀가하는 아들을 괘씸하게 여기지 않았다. 아버지에게는 아들에 대한 노여움이 없었다. 오히려 아버지의 마음은 자기 자신의 고통이 아닌, 돌아온 자식의 고통을 측은히 여겼다. 자식이 가졌을 수치와 좌절, 자존심의 상실과 쌓인 피로를 측은히 여겼다. 자식의 초라한 모습 자체가 아버지로 하여금 부정의 봇물이 터지게 하였다. 아버지의 관심은 가련한 탕자의 회복에 쏠렸다.

아버지는 탕자가 전적인 용서를 받을 수 있다고 보았다. 아버지는 율법의 정죄에 따라 자식을 대하지 않았다. 아버지는 자식의 논리에 따라 생각하지도 않았다. 유산을 탕진한 자식이어도 유산보다 더 중요한 것이 있었다. 아버지에게 막심한 손해를 입히고 가슴에 한을 맺히게 했던 불효 자식이어도 그 보다 더 중요한 것이 있었다. 그것은 아버지의 사랑을 자식이 아는 것이었다.

하늘 아버지의 사랑은 모든 것을 초월한다. 율법도, 유산의 탕진도, 아버지의 명예 훼손도 모두 넘어갈 수 있는 것이 아버지의 사랑이다. 아버지의 사랑은 더러운 자식을 품어 주는 사랑이다. 빗나간 자식을 다시 받아 주는 사랑이다. 아버지의 용서를 모르는 어리석은 자식을 향해 달려가서 입맞추고 그것도 부족하여 자식을 집 안으로 인도하고 온갖 선물을 안겨 주는 사랑이다. 아버지의 사랑은 자식이 부정(父情)의 깊이를 알고 아버지를 전적으로 신뢰할 때까지 모든 노력을 쏟아 붓는 사랑이다.

이것이 십자가의 사랑이다. 하늘 아버지가 가출한 우리 인간들을 위해 어디까지 자신을 희생하셨는가? 십자가에서 자기 독생자를 처형시키기까지 하셨다. 내가 아무리 고개를 들 수 없는 죄들을 지었다 하여도 아버지의 용서에서 결코 제외되지 않는다.

빗나간 탕아에 대한 아버지의 태도는 정죄나 심판이 아니었다. 우리들의 하나님은 자녀의 회복을 기뻐하는 사랑의 아버지이시다. 하나님은 탕자의 용서에 전혀 인색치 않으시다. 그는 넘치도록 후한 용서의 하나님이시다.

70년 대에 미국 뉴욕 지역을 휩쓸었던 악랄한 살인범이 있었다. 그는 버크라는 자인데 3백 년의 형을 받고 현재 복역중이다. 그는 중산층의 유태인 가정에서 외아들로 자랐다. 그들의 부모는 최선을 다해 자기들의 독자를 길렀다. 그들은 자식에게 많은 사랑을 부어 주었다. 그러나 버크는 어릴 적부터 성격 장애가 있었고 말썽만 부렸다.

그는 나중에 사탄 경배자가 되었다. 그는 마귀를 섬기는 자들과 함께 어울렸고 사탄으로부터 사람을 죽이라는 시청각 지시를 받았다. 그는 많은 사람들을 죽이며 여러 악독한 짓들을 하였다. 사람들은 아직도 그를 기억하면서 하나님도 그 사람은 변화시킬 수 없다고 말한다. 그가 체포되었을 때 그의 어머니마저도 인터뷰를 받고 자기 아들이 반드시 죽기를 바란다고 세 번씩 반복해서 강조하였다.

그는 잡혔을 때에도 아무런 회오의 정이 없었다. 그는 완전히 악에 젖은 자였다. 복역중에는 어떤 다른 죄수가 그의 목을 찔러 거의 죽을 뻔했었다. 지금도 그의 목에 긴 상처가 보인다. 그는 감옥에서 목을 매달아 자살을 기도했다가 실패하였다. 또 다른 죄수들이 그의 손목을 짜르려고 시도했었다. 그는 악한 일만 하다가 인생을 완전히 망친 사람이다. 그는 결국 사탄에게 버림을 받고 평생 나올 수 없는 옥살이 신세가 되었다. 그의 말에 의하면 사탄은 사람을 이용하고서는 그 다음에 헌신짝처럼 내던진다는 것이었다. 그는 인터뷰에서 "사탄에게 당신은 중요하지 않다"고 힘주어 말하였다. 이것은 그의 경험에서 나온 고백이었다.

어느 날 어떤 다른 크리스쳔 죄수가 그를 만나 전도를 했다.
"버크, 예수님이 당신을 사랑하십니다. 나랑 친구합시다."
"나는 너무도 큰 죄를 지은 자요. 하나님은 나를 절대로 용서하지 못하오. 나는 관심 없소."
"버크, 당신은 유태인 가정에서 자라지 않았소. 그러니 이 신약 성경에 시편도 함께 들어 있으니까 읽어 보시오."
버크는 시편이 든 작은 신약 성경책을 받아 들고 자기 방에서 읽기 시작했다.

"이 곤고한 자가 부르짖으매 여호와께서 들으시고 그의 모든 환난에서 구원하셨도다" 시 34:6

이 구절에 이르러 그는 무릎을 꿇지 않을 수 없었다고 한다. 그는 다른 사람들이 볼까 봐 전등을 끄고 자기 침대 곁에 무릎을 꿇고서 마음에 있는 모든 것들을 풀어 내며 하나님께 부르짖었다. 그는 하나님께 진심으로 자신의 악행에 대한 용서를 빌었다. 그는 마음의 죄책 때문에 날마다 고통을 받았기 때문이었다. 그가 일어섰을 때에는 그의 마음이 가벼워졌고 새로워졌다. 그 날부터 그는 변화되어 이제는 감옥 채플린의 조수 역할을 하면서 미국 전국을 비롯하여 전 세계에서 상담을 위해 날아오는 서신들을 담당한다. 그는 특히 청소년 선도를 위한 선교활동을 한다.

그는 자기가 죽인 사람들의 가족이나 친지들 그리고 자기로부터 피해를 받았지만 아직 생존하는 자들에 대해서 무슨 말을 하겠느냐는 질문을 받고 이렇게 말했다.

"나는 그들을 위해서 내가 할 수 있는 일이 있다면 무엇이라도 하겠다. 나는 아직도 살아 있는 그들을 위해서 날마다 기도한다."

그는 예수님을 믿고나서부터 마음에 소망이 생겼고 기쁨과 평안을 지니고 산다고 했다. 3백 년의 형을 받은 자가 일평생이 여러 번 지나도 나올 수 없는 감옥에서 이런 간증을 할 수 있다는 사실을 어떻게 설명할 수 있겠는가? 오직 주 예수 그리스도의 복음의 능력과 십자가의 용서때문이다.

3백 년 형을 받은 악인을 용서하신 하나님이시라면 누군들 용서하실 수 없겠는가? 당신의 죄가 아무리 커도 하나님은 용서하신다.

언제 부친의 포옹이 있었는가?

탕자가 부친의 포옹을 받을 가치가 가장 없던 때였다. 그는 빈털터리로 아버지의 재산을 탕진하고 가문에 수치를 끼얹은 자로 나타났다. 그는 자식으로서 아무 쓸모가 없었다. 그는 유태인들이 가장 혐오하고 금지하는 돼지 떼를 이방 나라에 가서 치고 온 자였다. 그는 의식적으로 부정하였고 도덕적으로도 용납될 수 없는 자였다. 그는 가장 남루한 모습으로 나타났다. 그는 사실상 거지로 돌아왔다.

그러나 둘째 아들은 자신이 가장 무가치한 때에 부친의 포옹을 받았다. 탕자는 부친의 포옹이 가장 필요한 때에 나타났다. 그에게는 모든 것이 떨어져 나간 후였다. 가족들은 그를 죽은 자로 취급하였고, 친구들은 그를 잊은 지 오래였다. 그는 오직 혼자였다.

부친의 포옹은 과연 언제 있었는가?

둘째 아들이 아버지의 품을 떠나 독립적인 삶을 시도했다가 철저히 실패하고 자기 삶을 완전히 망친 이후에 왔다. 하나님의 깊은 포옹은 나의 고집과 불순종이 최종점에 이른 이후에 온다. 하나님의 포옹은 나의 마지막 저항의 최종선이 무너진 이후에 온다.

과연 언제 부친의 포옹이 있었는가?

탕자의 입에서 한 마디의 사죄의 간구나 변명이나 다른 어떤 설명이 없을 때에 왔다. 아버지는 탕자가 마음 속으로 준비했던 말들이 (18-19절) 미쳐 다 나오기도 전에 "달려가 목을 안고 입을 맞추었다" (20절). 아버지는 탕자의 얼굴을 보는 것으로 족하였다.

아버지는 가출한 아들이 귀가할 때의 일을 여러 번 마음에 그리고 또 그렸을 것이다. 자식을 뜨겁게 끌어안는 포옹의 꿈은 자식이 가출한 날부터였고, 그 꿈의 실현은 탕자가 실제로 귀가했을 때였다. 이 날은 아버지의 소원이 성취되는 날이었다. 이 날을 위해 아버지는 소망을 품고 살아왔다. 가출한 자식을 품에 다시 안는 일념으로 아버지는 고통스런 나날을 견디었다. 아버지의 포옹은 아들이 실제로 귀가한 때였지만, 아들을 끌어안는 절실한 포옹의 소원은 아들이 집을 나간 날부터 아버지의 마음 속에 깊이 접혀져 있었다.

아버지는 사실상 아들이 가출한 그 날부터 문 앞에서 자식의 귀가를 상상하며 포옹하는 장면을 그려왔을 것이다. 아버지의 포옹은 포기된 것이 아니고 지체된 것이었다. 아버지의 포옹은 없어진 것이 아니고 아들을 다시 만날 때까지 아버지의 가슴 속에 고히 간수된 것이었다.

나는 아버지의 꿈의 대상이다. 나는 아버지의 소원을 풀어주는 대상이다. 나는 기다리는 아버지의 눈에 항상 어른거리는 잊을 수 없는 연민의 대상이다.

아버지의 포옹은 자식이 죄의 고백이나 용서의 호소를 조목조목 열거하기 이전에 있었다. 죄는 반드시 용서를 받아야 한다. 그러나 죄의 고백이나 용서의 호소를 율법화시키면 안 된다. 공식이나 틀에 넣고 이렇게 저렇게 절차대로 해야 한다고 가르쳐서도 안 된다. 제각기 자신의 모양대로 하나님께 나아가게 하라. 어떤 이는 겹잡을 수 없는 눈물을 뿌리면서 아버지께로 귀향한다. 어떤 이는 아무 말 없이 아버지의 포옹을 받는다. 어떤 이는 탕자처럼 자기 가슴에 있는 사죄의 말들을 한꺼번에 다 꺼내지 못한다.

중요한 것은 실제로 아버지께로 돌아오는 것이다. 잠깐 들리는 것이 아니고 아주 돌아오는 것이다. 겉으로만 돌아오는 것이 아니고 몸과 마음이 영원히 돌아오는 것이다. 이것이 진정한 회개이다. 그런 자식의 귀가를 아버지는 즐겨 받으신다. 그리고 죄악된 과거를 모두 용서하신다. 하나님의 용서는 나의 고백의 많고 적음이나 내 눈물의 과소(過少)에 달려 있지 않다. 하나님의 용서는 아버지의 크고 넓은 사랑의 가슴에 달려 있다.

아버지는 여러 해 동안 자식의 가출이 그의 가슴에 상처낸 고통을 일순에 다 잊고 달렸다. 오직 포옹의 일념으로 달렸다. 아버지는 기나긴 불면의 밤이 가져온 피곤을 다 잊고 달렸다. 아버지는 자식의 모습을 보고 자신의 나이를 다 잊었다. 그는 노구의 몸으로 달리고 또 달렸다. 호흡이 멈추어질 듯하고 심장이 거친 박동으로 파열될 듯하여도 참고 달렸다. 오직 잃었던 자식을 껴안으려는 일념으로 사력을 다해 달렸다.

내 죄만 바라보며 자기 학대에 빠지지 말라. 내 죄만 바라보면 깊은 침체가 오고 포기하게 된다. 그러나 용서를 손에 쥐고 나를 향해 달려오시는 아버지를 바라보라. 나의 보기 흉한 죄와 나의 수치스런 영적 실패에 붙잡혀 있으면 하늘 아버지의 넘치는 관용의 용서를 체험하지 못한다. 주께서 죄 많은 나를 위해 어떤 일을 하셨는지를 생각하라(요일 1:9; 행 10:15; 벧전 2:24; 고후 5:21; 롬 6:11; 골 3:3; 요 19:30). 당신은 주 예수께서 내 죄를 위해 달리신 십자가를 바라보아야 한다(요일 3:1).

하나님은 나의 불행한 처지를 깊이 동정하신다. 아버지는 멀리서도 아들을 알아보고 달려왔다. 탕자의 아버지는 아들이 영양실조로 양 뺨이 깊이 들어가고 온몸이 쇠약해진 것을 다 보았다. 아버지는 탕자가 집을 나가기 전에 얼마나 건강하고 당당했는지를 기억하였다. 아버지는 아들이 돌아오는 길에서 받은 양심의 고통과 두려움도 다 알고 있었다. 이제 완전히 풀이 죽어 초췌한 걸인이 된 자식의 비참한 모습을 보고 아버지는 가슴이 미어졌다.

아버지는 탕아의 숱한 죄들을 기억하지 않았다. 아버지는 탕자가 돌아온 것으로 만족하였다. 자식의 귀가가 아버지가 원하는 것의 전부였다. 자식의 잘못을 꼬치꼬치 따지면서 훈계하고 벌을 주기에는 아버지의 부정의 사랑이 너무도 급하고 강하였다.

하나님은 우리들이 회개하기 시작할 때에 이미 우리들의 죄를 모두 망각하신다. 하나님은 우리들이 하나님을 향해 첫 발을 떼는 순간부터 무한히 즐거워하신다. 하나님은 우리들의 마음을 아신다. 하나님은 탕자가 집으로 돌아오면서 되뇌인 기도를 다 듣고 계셨다. 신발이 없이 먼 길을 맨발로 걸어오면서 발이 죄다 부르트고 피곤에 쌓인 탕자의 파리한 모습을 다 보셨다. 하나님은 모든 탕자들에 대해서 깊은 연민을 느끼신다. 그런데 하나님은 빈손으로 죄인들을 기다리시는 일이 없다.

그럼 하나님의 손에 무엇이 쥐어져 있을까?
하나님은 정성으로 만든 새 옷과 새 신발과 반지와 살진 송아지를 준비해 놓고 죄인들을 기다리신다. 하늘 아버지의 관심은 돌아오는 탕자의 과거의 죄가 아닌, 축하 잔치에 쏠려 있다. 하나님은 무정한 재판관이 아니시다. 하나님은 귀가하는 자식을 치시려고 매를 들고 기다리시지 않는다. 하나님은 모든 탕자들을 깊은 사랑으로 기다리신다.

당신은 하나님께 나아가기를 꺼리고 있지는 않는가? 당신의 허물이 아무리 커도 하나님은 여전히 당신을 용서하신다. 주께로 돌아가면 대환영을 받는다. 나의 죄를 돌이키면 나는 하나님을 무한히 기쁘게 해 드릴 수 있다. 아버지가 탕자를 향해 달려가는 일은 무한히 고통스런 체험이었다. 기쁨의 재회지만 아버지는 사력을 다해 달려야 했다. 십자가 길은 예수님께 고난의 길이었다. 그러나 용서는 하나님께 고통스런 일이 아니다. 용서는 하나님이 기꺼이 행하신다. "주는 선하사 사죄하기를 즐거워"(시 86:5)하신다고 하였다.

먼 나라는 어디인가?

"먼 나라"는 지리적으로 거리를 잴 수 없는 곳이다. 멀고 가까운 곳도 아니고 특정 지역도 아니다. 먼 나라는 아버지를 등지고 내 마음대로 살려는 어두운 나의 마음 속이다. 먼 나라는 내 발로 가는 어떤 장소가 아니다. 그러므로 내가 아버지께로 돌아오는 일도 발로 돌아오는 것이 아니고 마음으로 돌아와야 한다.

나는 내 마음과 내 생각의 영역에서 먼저 아버지를 떠난다. 발로 가는 곳은 내 마음과 생각의 한 외적 표현일 뿐이다. 나는 발로 회개하지 않는다. 나는 발로 귀가하지 않는다. 아버지의 집은 언제나 내 마음을 안고 돌아가야 한다. 내 마음이 없는 내 발만의 귀가는 무의미하다. 그러나 내 마음을 돌이키고 돌아가면 나는 내가 있는 장소에 상관 없이 아버지의 용서를 받고 환영을 받아 그의 품 안에 들어갈 수 있다.

탕자는 자유를 위해 집을 떠났다. 그러나 그의 자유는 아버지의 사랑과 보호를 저버린 위험한 자유였다. 아버지를 의식하지 않는 자유는 나를 탕자의 길로 가게 한다. 당신은 지금 어떤 자유를 누리고 있는가? 내 마음을 어디에 두고 사는가? 먼 나라인가?

나의 먼 나라는 결코 먼 곳에 있지 않다. 불순종과 죄를 향한 나의 고집이 나의 먼 나라이다. 아버지의 사랑과 임재를 의식치 않는 방종된 자유의 삶이 나의 먼 나라이다. 아버지께로부터 받은 은사와 재물과 시간을 탕진하는 것이 나의 먼 나라이다.

탕자의 체험은 모든 신자들의 체험이라 할 수 있다. 누구나 한 번쯤은 '먼 나라'의 꿈에 젖는다. 누구나 한 번쯤은 타국에서의 자유와 멋진 생활을 즐기고 싶어한다. 교인들에게 '먼 타국'은 결코 먼 땅에 있지 않다. 누구나 한 번쯤 탕자가 되어 적어도 자기 인생의 한 부분을 허비한다. 우리 모두에게 '먼 나라'의 체험이 있다.

죄의 고백은 무엇을 의미하는가?

탕자는 자신의 죄로 아버지와의 밀착된 교제가 상실되었고 아버지께 고통을 주었으며 자신을 위한 아버지의 선한 계획을 짓밟았음을 인정하였다.

그는 자신의 죄를 똑바로 응시하였다. 그는 자신의 삶을 어둠 속으로 밀어 넣고 아버지의 가슴에 커다란 상처를 낸 죄악의 흉측한 얼굴을 직시하였다. 그는 죄의 실체를 확신만 한 것이 아니었다. 정직하게 자신의 대죄를 인정하고 고백하였다. 그는 핑계나 구실을 대지 않았다. 그는 겸비한 마음으로 낮아져서 참회의 고백을 하였다. 그리고 아버지의 자비와 용서를 구하였다. 그는 자신이 그런 용서를 받을 자격이 없음도 인정하였다. 그리고 자신의 죄가 빚은 결과에 대한 전적인 책임을 자인하였다(요일 1:8-10).

죄의 고백은 자유함을 준다. 죄책감의 억압과 긴장에서 풀려나게 한다. 죄인은 양심의 가책에서 해방되어야 한다. 죄책에 대한 정신적인 눌림과 심리적인 불안이 해소되어야만 죄인의 새 출발이 가능하다.

죄의 고백과 인정은 예수님의 십자가 피가 주는 속죄와 용서를 체험케 한다(요일 1:7). 죄의 고백은 물론 옳고 그른 것에 대한 분별이므로 성숙을 위해 필요한 행위이기도 하다(요일 1:9). 그러나 중요한 것은 죄의 고백으로 하나님의 용서를 체험하면 다시는 죄를 짓지 말아야겠다는 결심이 강해진다. 용서를 받은 자는 용서의 체험이 없는 자보다 죄에 대해서 훨씬 더 민감하다.

우리는 하나님께 습관적으로 죄를 고백하는 일을 어렵게 생각하지 말아야 한다. 날마다 기도를 하듯이, 날마다 자신의 하루를 돌아보고 부족했던 것들을 하늘 아버지께 고백하고 용서를 받는 것은 단순한 종교 행위가 아니다. 용서를 비는 일은 우리들의 영적 생활에 긍정적인 유익을 준다.

탕자의 고백은 탕자 편에서 보면 자기 양심을 자유케 하고 아버지와의 교제의 회복을 위한 문을 열어 주었다. 그러나 우리들의 죄의 고백 자체가 하나님의 마음을 움직여서 사면을 받게 하는 것은 아니다. 탕자가 자기 죄를 모두 고백하기 이전에 아버지는 이미 아들을 기쁘게 맞이하셨다. 하나님은 언제나 자녀를 용서하신다. 예수 그리스도의 대속의 십자가가 있기 때문이다. 그러나 자신이 잘못됐다는 사실을 인정하지 않으면 죄를 숨기는 것이다. 만일 자신이 정말 죄가 없다고 보기 때문에 죄를 고백하지 않는다면 (요일 1:8) 하나님을 거짓말쟁이로 취급하는 것이다(요일 1:10).

우리들은 날마다 아버지 앞에 나아가서 죄를 자백하고 용서를 받아야 할 자들이다. '먼 나라'로 가서 아버지의 재산을 탕진한 사람들만이 죄가 있는 것이 아니다. 하늘 아버지가 주신 온갖 좋은 선물들을 받고도 아버지의 뜻대로 사용하지 않거나 아버지의 성품을 닮지 않는 일들이 모두 죄다. 아버지의 재산을 아버지의 허락이 없이 사용하는 자유는 자신을 탕자로 만든다. 당신이 받은 은사와 물질과 시간과 건강이 모두 아버지의 재산이다. 아버지의 뜻을 무시하고 내 마음대로 아버지의 것들을 소비하는 자가 탕자이다

만일 당신이 본 비유에 나오는 탕자와 별로 상관이 없다고 생각한다면 둘째 아들의 모습이 당신에게는 없다는 주장이다. 내가 과연

'먼 나라'로 간 죄가 없다면 나는 회개할 것도 없을 것이다. 회개할 죄가 없다면 아버지의 용서도 필요치 않다. 그러나 그런 아들이 어디에 있단 말인가? 오직 예수 그리스도만이 아버지의 뜻을 온전히 이루시고 완전한 삶을 사셨다. 내가 예수님이 아닌 것은 나 자신을 포함하여 누구도 분명히 아는 사실이다!

아버지는 돌아온 탕자를 꾸짖지 않았다. 탕자는 집 동네가 가까워졌을 때 아버지의 반응을 생각하며 두려워했을 것이다. 그는 사실상 처음부터 아버지가 자기를 아들로 받아 주시지 않을 것을 각오하였다. 그는 종이라도 삼아 주기를 바라고 옛집을 찾아왔다. 그는 어쩌면 문전 박대를 받을지도 모른다는 염려를 했을 것이다. 그러나 적어도 그는 발길을 되돌리지 않고 아버지의 집을 향해 계속 나아갔다.

하늘 아버지께 죄를 고백하면 잘못된 과거를 덮어주신다. 십자가의 피로써 즉시 덮으시고 잊으신다. 용서는 우리들을 죄책에서 해방시킨다. 아버지께 회개하는 마음으로 나아가면 하나님의 격려를 받는다. 내가 최저치로 하락됐을 때 극도로 우울하고 창피하다. 그래서 격려가 필요하다. 돌아오는 죄인들에게는 품위의 회복을 위해 새 옷과 새 신발이 필요하고, 자식의 신분에 대한 공적인 확인을 위해 권위의 가락지가 필요하며, 죄악된 과거의 아픔과 수치를 잊게 하는 잔치가 필요하다.

탕자의 아버지는 돌아온 자식에게 필요한 모든 것들을 다 제공하였다. 자신의 죄를 하늘 아버지께 고백하고 용서를 비는 자들은 언제나 온전한 회복을 받는다. 죄인의 과거를 잊게 하고 새로운 삶의 회복을 축하하는 잔치는 하늘 아버지가 마련하신 은혜의 선물이다. 잔치를 위한 온갖 비용은 하늘 아버지가 십자가에서 아들을 내어주심으로써

다 치르셨다.

"먼 나라"의 교훈들

첫째, 하나님을 잊고 사는 곳에서는 언제나 흉년이 있다.

"먼 나라"의 진창에서는 만족이 없다. 그러나 탕자들은 찾지 못한 만족을 채우기 위해 더 깊은 진창으로 들어간다. 경건치 못한 땅에서는 언제나 무정한 주인이 나를 혹사시킨다. 탕자는 돼지보다 못한 삶을 살았다. 적어도 돼지들은 배부르게 날마다 먹었다. 그가 먹이는 돼지들은 형편없는 양식으로도 살이 쪘지만 그는 그런 돼지밥도 얻을 수 없었다.

하나님을 떠난 삶에는 타향살이의 부작용이 있기 마련이다. 타향에서는 보호를 받지 못한다. 이방인들은 탕자가 그의 아버지에게서 받은 유산에만 관심이 있었다. 내가 받은 유산이 돈이라면 이방인들은 나의 호주머니에만 관심이 있고, 나의 유산이 아름다움이라면 그들의 시선은 내 몸에 집중된다. 하나님을 떠난 탕자들은 악한 세상의 지혜와 술책을 이겨낼 수 없다. 그래서 언제나 손해를 입는다. 하나님이 동행하시지 않는 이방의 땅은 환상적인 나라가 아니다. 그 곳은 내가 아버지께로부터 받은 모든 선한 유산들을 삼키는 어둠의 함정이다.

본 비유는 죄가 언제나 내리막길로 치닫게 한다는 것을 보여 준다. 죄의 첫길은 향기 좋은 꽃들로 환상처럼 아름답게 위장되어 있다. 그러나 죄의 꽃길은 어느 새 다 시들어 버리고 악취가 나는 죽은 꽃들이 널려 있는 쓰레기장으로 변한다. 죄의 꽃길은 황폐한 죽음의 계곡으로 인도한다. 죄의 길은 언제나 내리막길이다. 그 곳에는 파멸이 자신의 희생물을 노려보고 절망과 고통의 구덩이로 탕자들을 몰아넣는다.

죄는 죄인들에게 원치 않는 악한 선물들을 선사한다. 원망과 한탄을 가져오고 수치심과 죄책감을 일으키며, 침체와 절망감을 몰고 온다. 죄의 선물마다 독이 있다. 그것들은 그리스도 안에 있는 나의 참된 자유를 찌르고, 신자로서의 나의 품위를 독살하며, 성령의 열매에 독극물을 주입한다. 죄는 내가 지닌 하늘 아버지의 형상을 마귀의 얼굴로 성형시킨다.

둘째, 하나님은 죄를 슬퍼하신다.

아버지는 본 장(눅 15장)의 앞 부분에서 준 잃은 양과 잃은 드라크마의 비유에서처럼 단순히 양이나 동전을 잃은 것이 아니다. 탕자의 비유에서 아버지는 귀한 아들을 잃고 깊이 슬퍼한다. 고통받는 아버지의 모습이 역력하다. 먼 타국에서 방황하는 작은 아들에 대한 애타는 생각들이 아버지의 집에 어두운 그림자를 드리우고 죽음보다 더 캄캄한 심연이 되어 아버지의 가슴을 눌렀다. 하나님은 자식의 죄를 슬퍼하신다. 우리는 우리들의 영적 가출로 인해서 신령한 아버지의 가슴에 가해진 상처의 깊이를 잴 수 없다.

우리들이 아버지 하나님의 부드러운 가슴에 얼마나 많은 돌질을 했는지 모른다! 그런데도 하나님은 자신의 가슴을 죄악의 돌팔매로 멍들게 하는 탕자들에게 보복하시지 않는다. 하나님은 탕자들을 그들의 죄악에 따라 심판하시지 않는다. 하나님의 가슴에는 복수가 아닌 용서의 사랑이 흐른다.

"우리의 죄를 따라 우리를 처벌하지 아니하시며 우리의 죄악을 따라 우

리에게 그대로 갚지는 아니하셨으니"시 103:10

셋째, 하나님의 용서에는 새 출발을 위한 선물들이 따른다.

하나님은 용서만 하시고 죄인들을 그냥 되돌아가게 하시지 않는다. 하나님은 돌아오는 죄인들에게 새 출발의 기회를 주신다. 마치 과거에 지은 죄가 전혀 없기라도 하듯이 새로운 기회를 주신다. 이스라엘의 역사는 배반과 불순종의 연속이었다. 그러나 그들이 죄의 고통으로 하나님께 부르짖으며 도움을 호소할 때마다 하나님은 그들의 죄를 너그럽게 용서하시고 거듭해서 새롭게 하나님을 섬길 수 있는 기회를 주셨다(삼상 12:7-11).

하나님의 용서에는 새 출발을 위한 각양 선물들이 따른다. 아버지의 후한 용서를 받은 탕자에게는 새 신발과 반지와 새 옷과 풍성한 잔치의 음식이 공급되었다. 탕자는 용서 이후에 과거 어느 때보다 더 크고 좋은 선물들을 받았다. 하나님은 죄인들의 죄만 용서하시지 않는다. 하나님의 용서는 죄인들의 새 출발을 위한 모든 필요까지 채워 주신다.

아버지는 아들의 입에서 죄의 고백이 다 나오기도 전에 종들에게 "어서" 모든 것을 준비하라고 급히 명령하였다. 아버지의 가슴에서 솟아나는 사랑은 탕자의 모든 죄의 흔적들을 덮고 새로운 모습을 보여 주기에 신속하였다. 사랑은 죄가 남긴 더러운 얼룩들을 급히 지워 버린다. 사랑은 준비된 언어를 가지고 있다. 아버지는 긴 세월 동안 아들이 돌아올 때를 상상하며 환영의 말들을 혼자 되뇌이었을 것이다. 사랑은 언제나 사랑하는 자와의 만남을 위해 예행 연습을 한다.

탕자의 아버지가 돌아온 자식의 필요를 어떻게 채웠는지를 생각해 보라.

아버지는 수치와 두려움에 떨고 있는 아들에게 가장 좋은 새 옷을 입혔다.

새 옷은 품위의 상징이다. 아버지는 탕자가 걸친 넝마를 벗기고 깨끗하고 귀한 옷으로 갈아 입혔다. 용서받은 자는 더 이상 남루하지 않다.

아버지는 탕자의 손에 반지를 끼워주었다.

반지는 돌아온 탕자의 아들직이 상실되지 않았음을 확인시키고 벗겨진 자식의 권위를 다시 입혀준 것이었다. 반지는 또한 부유의 상징이다. 용서받은 죄인은 영적으로 부유한 자다. 하나님의 용서를 체험한 자는 하늘 아버지의 자비의 분량을 안다. 탕자의 손은 더러운 손이었다. 그의 손은 이방 나라에서 돼지를 기르던 부정한 손이었다. 그러나 하나님의 용서는 오염된 죄의 손가락에 부귀와 권위의 반지를 끼워 주었다. 얼마나 후한 하나님의 은혜인가! 용서의 체험은 영적으로 예전과 비교할 수 없는 수준에서 하나님을 이해하게 한다

아버지는 탕자에게 신발을 신겼다.

종은 맨발로 다녔다. 신발은 자유인의 상징이다. 아버지는 돌아온 자식을 결코 종의 하나로 볼 수 없었다. 아버지를 떠났던 탕자는 이방 나라에서 마음껏 하고 싶은 일들을 해 보았다. 그러나 이방 땅에서의 자유는 탕자의 신발을 벗기고 발에 못이 박히게 하는 노예로 전락시켰다.

아버지는 돌아온 아들을 위해 살진 송아지를 잡았다.

송아지는 큰 잔치를 위한 최고의 음식이다. 송아지는 아버지의 기쁨의 절정이며 아들의 회복에 대한 잔치의 꽃이었다. 송아지는 탕자의 배고픔에 대한 모든 설움을 만족시켰다. 탕자는 밥 한 그릇을 배불리 먹는 것을 소원하였다. 그는 종이 되어도 좋으니까 밥만 먹여 달라

고 아버지께 부탁할 셈이었다. 그런데 아버지는 살진 송아지를 잡았다! 밥 한 그릇의 기대에 송아지 한 마리의 선물이 주어진 것이다. 하늘 아버지의 은혜는 언제나 우리들의 상상을 초월한다.

하늘 아버지의 용서를 체험한 자들은 하나님의 자비의 마음이 어떤 것임을 안다. 그들은 하나님이 죄인들의 무너진 자존심을 신속히 회복시키신다는 것을 안다. 그리고 죄인들이 자신들의 가치를 새롭게 인식하기를 하나님이 원하신다는 사실을 잊을 수 없는 은혜의 체험으로 안다. 그러므로 회개하고 용서받은 죄인들은 때가 되면 천사들에게 하나님의 자비와 사랑의 분량이 어떤 것인지를 설명할 것이다(벧전 1:12).

당신의 삶은 어떠한가? 용서받을 것이 없는 삶인가? 그렇다면 천사들은 당신에게 관심이 없을 것이다. 만군 천사들에게 하나님께로 돌아가는 축복이 어떤 것인지를 간증할 수 있어야 한다. 나는 탕자가 아니라고 생각할지 모른다. 당신은 먼 타국으로 가서 돼지를 치는 입장으로 전락되지 않았을지 모른다. 그러나 집 안에 남은 도덕적인 탕자가 있다는 사실을 기억해야 한다. 집 밖으로 나갔던지 집 안에 남아있든지 회개할 죄가 없는 자는 어떤 의미에서 불행한 자다. 첫째 회개할 죄가 없다고 생각하는 것은 자기의에 빠진 기만이다. 둘째 아버지의 용서의 가슴이 얼마나 따뜻한 것인지를 모르는 것은 자식으로서 누려야 할 축복의 한 중요한 부분을 놓친 것이다.

회개할 죄를 지고 있는 한, 우리들은 아버지의 가슴을 아프게 하는 탕자들이다. 아버지에게 돌아가지 않는한, 인생의 흉년이 기다린다. 당신의 삶이 지나가고 있다. 당신은 지금 어디에 있는가? 우리들의 삶 속에는 아버지를 떠난 먼 이방 나라의 한 구석이 남아 있을지 모른다. 그 땅을 떠나야 한다. 내일로 미루지 말고 오늘 일어서서 아버지께로 돌아가야 한다. 본 비유는 아버지가 날마다 나를 기다리고 계신다는 사실을 너무도 선명하게 증거하고 있지 않는가?

"예수께서 이르시되 나는 생명의 떡이니 내게 오는 자는 결코 주리지 아니할 터이요 나를 믿는 자는 영원히 목마르지 아니하리라" 요 6:35

탕자는 아버지의 집으로 돌아가면 종이 되어 아버지에게 일종의 속죄를 할 생각을 했었다. 그러나 예상치 못한 아버지의 용서에 압도되었다. 아버지가 베푸는 환영의 대잔치는 용서의 확실성을 역설하는 실증이었다. 하늘 아버지는 자식을 용서하신다. 어떤 허물도, 어떤 죄악도, 어떤 실수도 모두 용서하신다. 아버지의 용서는 언제나 잔치와 같이 풍성하고 너그러운 용서이다.

"악인은 그의 길을, 불의한 자는 그의 생각을 버리고 여호와께로 돌아오라 그리하면 그가 긍휼히 여기시리라 우리 하나님께로 돌아오라 그가 너그럽게 용서하시리라" 사 55:7

천국에서는 탕자가 돌아올 때마다 축제의 날이 하나씩 늘어난다. 천국은 축일을 지키는 곳이다. 돌아오는 탕자들을 축하하는 잔치가 천국에서도 베풀어진다. 회개하는 영혼이 주께로 돌아올 때마다 천국의 달력은 또 하나의 새로운 축일로 채워진다.

다시 얻는 기쁨은 이미 가진 소유의 기쁨보다 훨씬 큰 법이다. 죽었던 아들을 다시 찾은 기쁨은 높은 파도의 정상처럼 억누를 수 없는 즐거움의 탄성을 희열의 정상에서 쏟아 붓는다. 죄인의 회개는 언제나 하늘의 잔치를 열게 하고 만군 천사들의 환호성을 일으킨다. 그리고 하늘 아버지의 가슴에 맺혔던 모든 슬픔의 한을 씻어 내린다.

　죄인의 귀가는 아버지의 할렐루야다!
　죄인의 회개는 아버지의 아멘이다!

7편

집에 남은 탕자

눅 15:25-32

"맏아들은 밭에 있다가 돌아와 집에 가까이 왔을 때에 풍악과 춤추는 소리를 듣고 한 종을 불러 이 무슨 일인가 물은대 대답하되 당신의 아버지가 건강한 그를 다시 맞아들이게 됨으로 인하여 살진 송아지를 잡았나이다 하니 그가 노하여 들어가고자 하지 아니하거늘 아버지가 나와서 권한대 아버지께 대답하여 이르되 내가 여러 해 아버지를 섬겨 명을 어김이 없거늘 내게는 염소 새끼라도 주어 나와 내 벗으로 즐기게 하신 일이 없더니 아버지의 살림을 창녀들과 함께 삼켜 버린 이 아들이 돌아오매 이를 위하여 살진 송아지를 잡으셨나이다 아버지가 이르되 얘 너는 항상 나와 함께 있으니 내 것이 다 네 것이로되 이 네 동생은 죽었다가 살아났으며 내가 잃었다가 얻었기로 우리가 즐거워하고 기뻐하는 것이 마땅하다 하니라"

누가복음 15장 11절에서 마지막 절까지에는 두 아들에 대한 비유가 나온다. 먼저 둘째 아들이 소개되고(11-24절), 그 다음 맏아들이 나온다(25-32절). 본문은 집에 남은 맏아들에 관한 기사이다.

둘째 아들에 대한 에피소드는 다음과 같은 말로 일단락되었다.

"이 내 아들은 죽었다가 다시 살아났으며 내가 잃었다가 다시 얻었노라 하니 그들이 즐거워하더라" 눅 15:24

둘째 아들은 탕자였다. 그러나 그는 아버지에게로 돌아왔다. 그는 아버지의 뜨거운 환영을 받았다. 그는 자신의 아들직을 스스로 박탈하였다고 생각하였다. 그래서 그는 "아버지의 아들이라 일컬음을 감당하지 못하겠나이다"라고 말하였다. 그러나 아버지는 자신이 상상했던 것보다 훨씬 큰 사랑으로 그를 맞이하였다. 그는 아버지의 종이 아니고 자식이었다. 잔치를 열어 줄 만큼 그는 아버지에게 귀한 존재였다. 비록 탕자였지만 아버지는 그의 모든 죄를 용서하고 죽은 아들이 다시 살아났다고 기뻐하였다.

맏아들의 분노

맏아들에게 동생의 귀가는 바라지 않던 일이었다. 아버지가 동생을 받아 주는 일은 더욱 원치 않던 일이었다. 더구나 살진 송아지를 잡고 잔치를 연 것은 말이 안 되는 일이었다. 맏아들의 생각으로는 아버지가 동생을 문 안에 못 들어오도록 내쫓았어야 했다. 맏아들은 동생과 아버지께 분노했다.

그런데 맏아들을 격분케 하는 일이 또 있었다. 아버지가 동생을 위해 언제 대잔치를 열었는지를 생각해 보라. 맏아들이 온종일 밭에서 일하고 돌아온 때였다(25절). 이것은 맏아들로 하여금 더욱 울화가 치밀게 했을 것이다. 맏아들은 잔뜩 불만을 품지 않을 수 없었다.

"도대체 무슨 잔치란 말인가? 탕자에게는 매질이 필요하지 않은가? 허랑방탕하게 실컷 재산을 탕진하고 재미 볼 것 다보고 돌아온 자가 아닌가? 그냥 죄송하다고 한 마디 사과만 던지면 되는가? 그 많은 유산을 다 말아먹고 무슨 낯으로 돌아왔단 말인가? 큰 소리치고 나갔을 때는 언제고 지금은 또 뭔가? 자기 마음대로 나가서 방탕하다가 또 마음대로 들어오는 곳이 아버지 집인가?

그런 뻔뻔스런 자식이 돌아왔는데 부친은 아무일 없었던 것처럼 기뻐하시며 살진 송아지를 잡고 불백 잔치까지 여신다. 도대체 우리 집안이 어떻게 된 것일까?

그럼 나처럼 손발이 부르트도록 뼈빠지게 죽어라고 일할 이유가 어디에 있단 말인가? 혹 불쌍해서 닭 한 마리 정도라면 몰라도 살찐 송아지를 잡다니. 아버지는 미운 자식에게 밥 한 술 더 떠 주는 정도가 아니고 송아지 한 마리를 잡아 주는 분이다. 그런데 그 송아지는 도대체 누가 길렀는가? 내가 길렀지 않는가!

내 동생이 주색 잡기로 놀아날 때에 나는 그 녀석이 잡아먹을 송아지를 열심히 기르며 고생을 하고 있었으니 이게 말이 되는가? 내가 날마다 돌보며 살을 찌웠기에 축산 대회에 나가면 대상(大賞)을 받을 송아지를 악한 동생을 위해 잔치용으로 잡았으니 부친이 너무 하시지 않는가?

아버지는 나를 전혀 생각지 않으신다. 내가 이처럼 분통이 터지는 것은 손톱만큼도 관심이 없으시고 잔치석으로 들어가서 그 꼴사나운 동생을 보며 손님들과 함께 즐거워하자고 하신다. 나를 도대체 뭐로 보시는 걸까? 내가 동생 때문에 조금이라도 기뻐해야 할 이유가 무엇인가? 내가 왜 말도 안 되는 잔치석에 앉아서 즐겁게 웃어야 하는가? 내가 공들여 기른 살진 송아지의 불백이 내 목에 어찌 넘어가랴!

부친이 과연 기뻐하실 일이 있다면 나같이 신실한 아들로 인해서 기뻐하셔야 하고, 살진 송아지도 나를 위해 잡아 주셔야 당연하지 않는가? 나는 집을 나가지도 않았고 아버지 돈을 일푼도 축내지 않았다. 그런데 부친이 지금 동생을 위해 하시는 일은 누가 들어도 말이 안 된다고 할 것이다.

일하지 않는 자에게 상을 주어야 하는 것이 아버지의 공의인가? 일한 자에게 상을 주어야 하지 않는가? 일을 잘못했다면 몰라도 나처럼 죽어라고 일한 자에게 왜 아무런 보상이 없고 악한 동생의 잔치에 들러리 노릇이나 하면서 속없는 바보처럼 즐거워하라는 것인가? 명색이 내가 장남인데 나를 이렇게 대할 수 있는가? 일하기 싫어하면 먹지도 말아야 하지 않는가?(살후 3:10).

방탕한 생활로 유산을 다 없애고 빈손으로 뻔뻔스럽게 찾아오는 자식은 징계와 퇴출이 마땅하다. 그러나 아버지는 "우리가 즐거워하고 기뻐하는 것이 마땅하다"(32절)고 하셨다. 나는 절대로 동의할 수 없다. 나는 우리가 이 악한 동생을 여러 동민들을 모아 놓고 성문에서 장로들 입회하에 벌을 주고 내쫓아야 한다고 생각한다. 그래서 다시는 이런 불효막심한 자식이 우리 동네에서 나오지 않도록 예방하는 것이 마땅하다고 믿는다."

이 같은 장남의 분노는 정당하지 않는가?

그는 여러 해 동안 아버지의 명령을 한 번도 어기지 않고 순종하였다. 그럼에도 아버지는 맏아들이 친구들과 함께 작은 파티라도 열도록 염소 새끼 한 마리도 잡아 주신 일이 없었다(29절).

맏아들의 기분이 이해되지 않는가? 맏아들의 논지가 맞지 않는가?

당신이 만약 그렇게 느껴지면 당신은 맏아들이다. 맏아들은 행위 구원론자였다. 당신은 맏아들처럼 관용이 없는 공의주의자며, 은혜가 없는 행위주의자다.

맏아들은 노예처럼 일하고 그에 상응하는 삯을 받는 자였다. 그에게는 거저 받는 구원이 없었다. 그는 열심히 일했다. 그는 아버지의 계명을 하나도 어기지 않았다고 부친께 항의했다. 그는 고용주와 피고용주의 관계에서 노동과 임금 문제를 보았다. 그래서 노동 없이 잔치 대접을 받는 동생이 밉고 그런 처우를 해 주는 아버지가 원망스러웠다.

그는 아버지와 사랑의 관계를 맺지 않았다. 그는 자기 일을 하고 대가를 받는다고 생각하였기에 아버지께 아무것도 감사할 것이 없었다. 오히려 날마다 죽어라고 일한 자신의 의가 훌륭하다고 여겼다. 따라서 그는 부친의 자비를 구할 것이 없었다. 그는 은혜 구원을 싫어하는 자였다.

맏아들의 관점에서 보면 그가 동생을 위한 잔치의 기쁨에 동참할 이유가 전혀 없었다. 그는 "일을 아니할지라도 경건하지 아니한 자를 의롭다 하시는 이를"(롬 4:5) 믿을 수 없었다. 그는 "일한 것이 없이 하나님께 의로 여기심을 받는 사람의 복에 대하여"(롬 4:6) 아는 것이 없었다.

바리새인들은 장남의 불평과 분노에 적극 동조하는 자들이었다. 그들은 율법준수를 자랑삼고 의인으로 자처하며 세리와 천한 직업을 가진 자들을 멸시하였다. 그들은 하나님이 세리와 부도덕한 자들을 용납할 수 없다고 믿었다. 그래서 예수님이 그런 자들과 어울리는 것을 못마땅히 여겼다(15:1-2).

바리새인들은 예수님의 비유가 탕자의 곤경을 언급했을 때는 퍽 잘 됐다고 여겼을 것이다. 탕자는 돼지가 먹는 쥐엄 열매로 사는 신세가 되었다. 그런 부정한 자는 하나님의 심판을 받는다고 여겼을 것이다. 그들은 하나님이 방탕한 둘째 아들을 성전 예배에 참석하지 못하도록 낮추셨다고 기뻐했을 것이고 그런 일로 그들은 하나님을 찬양했을 것이다.

그러나 스토리는 급전환으로 충격을 주었다. 아버지가 돼지를 치다가 이방 나라에서 돌아온 부정한 탕자의 목을 끌어안고 입을 맞추었다. 예수님의 비유를 듣던 바리새인들은 이 대목에 와서 너무도 불쾌했을 것이다.

바리새인들이 기대한 것은 무엇이었을까?

바리새인들은 아버지가 탕자에게 불호령을 내리고 큰 벌을 줄 것으로 분명히 기대했을 것이다. 그들은 둘째 아들이 처음 가출을 요구했을 때에 아버지가 혼내지 못한 것을 이제는 반드시 엄벌해야 한다고 바랐을 것이다. 그들은 둘째 아들이 정말 자기 말대로 회개를 하고 돌아온 것이라면 오랜 기간 동안 금식을 시키면서 참회케 하고 용서를 빌고 또 빌게 해야 마땅하다고 생각했을 것이다. 그런 극히 기본적인 절차까지 모두 생략시키고 탕자를 위해 잔치를 연다는 것은 도덕 질서를 파괴하는 일로 간주했을 것이다.

그들은 분명 온 동네 아이들이 그런 것을 보고서 자기들의 유산을 미리 받아 이방 나라에 가서 실컷 탕진하고 올 것을 염려했을 것이다. 그들은 아버지의 처사가 매우 나쁜 모범이 되어 동네 아이들의 기강을 무너지게 한다고 판단했을 것이다.

이러한 바리새인들의 멘탈리티를 가진 큰 형의 인간성 속에서 나는 누구를 볼 수 있는가? 혹시 내 모습이 비치지는 않는가? 나는 내 주변의 탕자들을 어떤 시선으로 바라보았는가? 나는 내가 애써 기른 살진 송아지를 다른 사람을 위해 잡아 놓은 잔치석에 기쁜 마음으로 갈 수 있는 자인가? 더구나 잔치를 받는 자가 내게 해를 끼치고 내가 받아야 할 축복을 가로챈 자라면 어떻겠는가? 그래도 기꺼이 탕자의 환영 잔치에 가서 기뻐하며 축하해 줄 수 있을까?

당신은 이렇게 생각해 본 적이 없는가?

"나는 그런 인간의 그림자도 보기 싫다. 하나님이 그런 자에게 단단히 벌을 내리시기를 원한다. 나는 그런 인간의 꼴을 보지 않고도 잘 살 수 있다. 나 혼자 아버지 명령 잘 지키고 살면 되지 않는가? 나 혼자 깨끗하게 율법을 지키면서 경건하게 살면 되지 않는가? 내게는 탕자 같은 동생은 필요치 않다."

이런 식의 생각을 가졌다면 탕자를 환영하는 하나님이 전혀 자랑스럽지도 않고 감사하지도 않을 것이다. 더구나 그런 하나님을 찬양할 마음은 조금도 일어나지 않을 것이다. 만약 하나님을 마땅히 찬양하고 감사하며 자랑스럽게 여겨야 할 일을 눈 앞에 두고서도 마음에 아무런 감동이 일어나지 않는다면 그 이유가 무엇일까? 그것은 내가 탕자의 형과 같은 사람이기 때문이다.

장남의 문제는 무엇인가?

장남은 표면적으로 보면 훌륭한 아들이다. 그는 열심히 일하였다. 장남이라고 종만 부린 것이 아니었다. 손수 밭에 나가고 가축들을 돌보았다. 그가 말한 것은 모두 사실이다. 그는 아버지의 명을 어긴 적이 없었다.

그럼 큰아들에게 무엇이 잘못인가?

첫째, 그의 마음에 사랑이 없었다.
그는 아들의 이름을 달았지만 종의 마음을 가진 자였다. 그의 본성은 자식이기보다는 종이었다. 그는 충실하게 봉사했지만 그것은 사랑의 감정이 없는 기계적인 봉사였다. 그는 아버지를 위해서 감사와 사랑으로 섬기기 보다는 의무감과 자기의를 위해서 노예처럼 섬겼다. "사함을 받은 일이 적은 자는 적게 사랑"한다고 하였다(눅 7:47).

둘째, 그는 아버지와 거리를 두고 살았다.
그에게는 아버지의 임재가 기쁘지 않았다. 그는 아버지를 간접적으로 언급할 뿐이다. 그에게는 탕자가 사랑을 호소하며 간곡한 어조로 부르는 '아버지!'가 없었다. 그는 아버지와 늘 함께 살았지만 사랑의 관계로 보면 만리나 떨어져 살았다. 그는 아버지가 그토록 기뻐하시며 동생을 위해 잔치를 여는 까닭을 이해할 수 없었다. 그가 평소에 아버지를 따뜻이 부르며 자식으로서 가까이 하지 않았기에 아버지의 마음을 잘 알지 못하는 것은 당연하다.

셋째, 맏아들에게는 관용의 정신이 없었다.

그는 아버지가 관대하기 때문에 아버지의 선을 악으로 본 자였다 (마 20:15). 그는 아버지의 선한 성품을 이해하지 못하였다. 그는 율법주의자였다. 그는 삶을 모두 옳고 그른 것과 보상과 벌의 관계에서 보았다. 그에게는 약자를 너그럽게 보아주거나 이해를 해 주려고 하거나 혹은 타인의 잘못을 관용하는 일이 없었다. 그는 자기의(自己義)의 표준에서 다른 사람을 판단하고 정죄하였다.

신앙적인 면에서 성경을 바르게 알고 반듯하게 산다고 하는 소위 '의식 교인'들이 다른 사람에 대해서 얼마나 비판적이며 정죄를 잘하는지는 주변에서 흔히 볼 수 있는 일이다. 그들은 날마다 분노하면서 산다. 세상이 너무 썩었다는 것이다. 그런데 그들의 분노는 교회가 썩었다는 데에서 더욱 끓어 오른다. 교회는 그런 '경건과 의로움'으로 산다는 교인들의 혈압을 항상 올리는 곳이다. 교회 때문에 평안이 없고, 교회 때문에 기분이 나쁘고, 교회 때문에 늘 속이 상한다. 우리들의 교회에는 탕자들도 있지만 "맏아들"들도 항상 있다. 이들의 입에서는 '하나님의 나라'니, '교회의 순수성'이니, '청교도 사상'이니, '하나님의 계명'이니, '하나님의 뜻'이니, '순종'이니, '신앙 공동체'니 하는 신령한 낱말들이 자주 나온다. 그러나 그런 말을 하는 같은 입에서 다른 형제들의 연약함을 비웃고 다른 성도들의 죄들을 판단하며 정죄한다.

맏아들의 자세는 바리새인의 관점과 다를 것이 없었다. 큰형은 동생을 설령 받아들였다고 하여도 오만한 자세로 대했을 것이다. 그것은 곧 동생의 과거에 대한 힐책이며 동시에 미래에 대한 차가운 경고였을 것이다.

자기의를 테스트하는 한 가지 방법이 있다. 기도를 해 보라. 기도회에 꼭 참석하고 쉬지 말고 기도를 하면서 교회 생활을 해 보라. 그 다음 기도하지 않는 교인들과 기도회에 나오지 않는 형제들이 내 눈에 어떻게 보이는지를 점검해 보라. 그들이 무시가 되고 밉고 비난하고 싶은가? 그렇다면 당신은 기도 때문에 자기의에 빠진 사람이다. 기도라는 경건한 행위를 하면서 불경건한 맏아들이 된 것이다.

내가 기도하기 때문에 기도하지 않는 사람에게 무시와 미움이 간다면 내 기도는 내게 유익한 것이 아니다. 물론 하나님을 기쁘시게 하는 기도도 아니다. 내가 헌금을 하기 때문에 헌금하지 않는 자들이 밉고 멸시가 간다면 나의 헌금은 거룩한 헌금이 아니다. 헌금이라는 경건한 행위를 하면서 우월감이 생긴다면 나는 자기의에 빠진 바리새인이 된 것이다. 헌신적인 봉사를 하면서도 봉사하지 않는 다른 형제들을 사랑할 수 없다면 나의 봉사는 하나님을 위한 경건한 행위가 될 수 없다. 바리새인과 세리의 비유는 "자기를 의롭다고 믿고 다른 사람을 멸시하는 자들에게"(눅 18:9) 준 예수님의 교훈이었다.

내가 기도를 많이 하고, 내가 헌금을 잘 하고, 내가 날마다 말씀을 묵상하고, 내가 착취와 불의와 간음을 하지 않기 때문에 "이 세리와도 같지 아니함을 감사"(눅 18:11)한다면 나는 자기의에 빠진 바리새인이다. 오히려 내 눈에 세리가 보이고, 속이는 자들이 보이고, 위선자들이 보이며, 기도도, 금식도, 헌금도, 성경 읽기도 하지 않는 자들이 보이기 때문에 나 자신을 낮추고 하나님 앞에서 그들을 위해 중보하며 내 영혼을 위해서도 하나님의 은혜를 간구해야 한다.

바울은 "선 줄로 생각하는 자는 넘어질까 조심하라"(고전 10:11)고 경고하였지, 넘어진 자들을 멸시하라고 하지 않았다. 나의 경건이 나의 의를 스스로 높이게 하고 다른 형제들을 비난하며 욕하는 불의를 가져오게 해서는 안 된다. 다른 성도의 죄를 보고 항상 분노만 품는 자는 세리가 받은 평안을 누리지 못한다(눅 18:14). 세상과 교회 속의 세리들 때문에 내가 항상 분노한다면 나는 아버지가 주시는 용서와 은혜의 축복에 참여할 수 없는 맏아들로 어둠에 머물게 된다.

의분은 필요할지 모른다. 롯은 소돔과 고모라에서 "무법한 자들의 음란한 행실로 말미암아 고통을 당"(벧후 2:7)하였다. 그는 다른 사람들의 불법한 행실 때문에 "의로운 심령이 상"(벧후 2:8)하였다. 그러나 심령이 상하는 것과 자기의로 분노하는 것은 다른 것이다. 장남의 분노는 의분이 아니고 격분이었다(28절).

나의 경건이 다른 사람들을 멸시하는 자기의와 영적 우월감의 또 다른 형태의 죄가 되지 않도록 해야 한다. "분을 내어도 죄를 짓지 말며 해가 지도록 분을 품지 말고 마귀에게 틈을 주지 말라"(엡 4:27). 내가 남보다 더 의식이 있고 교회의 문제를 더 잘 보고 하나님을 더 잘 순종하며 산다고 해서 다른 부족한 교인들을 비방하면 오히려 "대적에게 비방할 기회"를 주는 것이다(딤전 5:14). 나의 경건을 조심해야 한다. 나의 기도와 나의 묵상과 나의 봉사와 나의 순종이 하나님을 기쁘시게 하기 보다는 오히려 마귀에게 나를 비방할 틈을 주는 일이 될 수 있기 때문이다.

"너희는 모든 악독과 노함과 분냄과 떠드는 것과 비방하는 것을 모든 악의와 함께 버리고 서로 친절히 대하며 불쌍히 여기며 서로 용서하기를 하나님이 그리스도 안에서 너희를 용서하심과 같이 하라." 엡 3:32

넷째, 큰아들은 회개를 인정하지 않았다.

아버지는 작은 아들의 회개를 고운 시선으로 보았지만 장남은 곱게 보지 않았다. 큰형은 작은 동생의 죄만 보았다. 동생이 창기들과 먹어치운 재산과 죄악된 생활만 보았다. 그래서 그는 동생에 대한 악감에 가득찼다. 동생을 위한 잔치와 음악 소리는 그의 귀에는 고통스런 꽹과리 소리였다.

아버지는 아들을 설득하려고 애썼다(28절). 그러나 맏아들은 감히 아버지를 탓하고 항의하였다. 그는 아버지의 명령을 어긴 적이 없다고 주장하면서(29절) 자신의 권리를 내세웠다. 그의 관심은 무엇인가? 그의 기쁨은 어떤 것인가? 그는 죽었다가 살아난 자신의 친동생과 동석하여 손님들과 함께 아버지의 기쁨에 참여하기보다 자기 친구들끼리 모여서 파티를 하는 것을 원하였다. 그는 뒤틀려진 가치관으로 사는 자였다. 그는 염소 새끼 한 마리가 없어 속이 뒤집혀진 자였다(29절).

우리를 뒤집혀지게 하는 것이 무엇인가? 광야 백성들을 뒤집혀지게 한 것은 "고기"였다(민 11:4,13). 나도 염소 새끼나 닭 한 마리가 없어서 뒤집혀지는 자인가? 내가 가장 증오하는 탕자가 하늘 아버지의 용서를 받고 내게 돌아올 살진 송아지를 먹기 때문에 내 속이 뒤집혀지고 내 입에서 악감이 가득 찬 불만이 나오는가?

장자는 오만한 자였다. 아버지 앞에서 화를 낸 불효자식이었다. 그는 지금까지 아버지의 명령을 다 지켰어도 자신의 악감은 숨겨두고 아버지를 대한 위장된 효자였다. 그는 탕자에게 보인 아버지의 그지

없는 사랑과 관용에 침을 뱉는 자였다. 그는 동생의 회개를 인정하지 않았다. 동생은 그의 눈에는 회개를 하였다고 하여도 여전히 탕자며 죄인이었다. 그는 동생이 아버지의 벌을 받지 않는데 대해서 유감이었고 자기보다 동생을 위해 잔치를 열어 주는 아버지의 관대성을 인정할 수 없었다.

그는 공의를 원하였다. 그는 율법의 엄격한 시행을 원하였다. 그는 모든 일이 율법적인 행위에 따라 처리되기를 원했다. 그에게는 용서가 없었다. 아버지의 용서는 자기에게 큰 손해를 끼칠 뿐이었다. 아버지의 용서는 동생에게 살진 송아지가 돌아가게 하였다. 용서란 그에게 아무런 도움을 주지 못하였다. 오히려 적극적인 손실을 가져왔다. 그는 아버지의 용서로 인해서 물질적인 손해와 심리적인 손상을 받았다. 용서는 그에게 깊은 상처를 주었다.

"회개만 한다면 모든 악한 잘못을 덮어 주고 잔치까지 베풀어 준다면 누군들 죄를 짓지 않을 것인가? 죄 짓고 상을 받는 셈이 아닌가? 죄를 더 많이 지을수록 더 살진 송아지가 기다리고 있지 않는가? 결국 은혜를 더 받기 위해서 죄를 더 지으란 말이 아닌가?(롬 6:1)."

맏아들은 한 번도 아버지 앞에서 회개를 해 본 적이 없는 자였다. 회개는 실제로 해 본 사람만이 안다. 아버지의 용서가 어떤 것인지도 회개를 해 보아야 안다. 하늘 아버지가 얼마나 후한 분인지도 회개를 해 보아야 알 수 있다. 그래서 자신을 위한 회개의 필요성을 느끼지 않는 자들은 다른 죄인들의 회개에 인색할 수 밖에 없다.

자기의에 젖어서 신앙 생활을 하는 신자들은 자신이 집 안에 남은 탕자라는 사실을 알지 못한다. 맏아들이 볼 때에는 동생만이 탕자였다. 자기는 동생과 질적으로 다른 사람이었다. 자기는 동생의 레벨에서 사는 더러운 인간이 아니었다. 자기는 깨끗하게 사는 의로운 맏아들이었다. 그러나 불행한 것은 맏아들은 한 번도 회개를 해 보지 않았기 때문에 자기 죄가 그대로 있다는 것을 모른다는 사실이었다.

아버지는 큰 아들을 어떻게 대하였는가?

아버지가 언제 장남을 만나러 나갔는지를 생각해 보라. 장남이 가장 괴로웠을 때였다. 자신은 정말 죽어라고 일했다. 그런데 아무도 그의 노고를 알아주지 않았다. 그는 바깥 어두운 곳에 홀로 서 있었다. 잔치는 무르익어 갔다. 불고기 냄새가 코를 찌르며 배고픔을 가중시켰다. 그래도 장남은 그런 서러움과 분노를 참고 어두운 바깥에서 홀로 줄곧 남아 있었다. 자신의 모든 노고가 헛일처럼 느껴졌다. 그는 자신이 바보처럼 살고 있다는 것에 환멸감을 느꼈다. 그의 삶이 아무런 의미가 없는 듯한 허망한 순간이었다. 그런데 누구도 자기를 이해해 줄 자가 없었다. 이 때 아버지가 맏아들을 만나러 나왔다.

아버지가 밖으로 나와서 그를 타일렀다(28, 31절). 아버지가 언제나 먼저 행동하신다. 아버지가 항상 먼저 양보하신다. 아버지가 항상 길을 터놓으신다. 아버지가 사랑의 주권자로 항상 먼저 오신다.

아버지는 어두운 바깥에 서 있는 큰아들에게로 나갔다. 잔치석의 손님들과 차남을 남겨 두고 맏아들을 찾아 나갔다. 맏아들은 마치 길 잃은 한 마리 양이고, 잔치석의 사람들은 아흔 아홉 마리의 양 떼들과 같다. 선한 목자가 한 마리 잃은 양을 찾기 위해 아흔 아홉 마리를 두고 어두운 산길을 찾아 나서듯이 아버지는 큰형을 찾으러 밖으로 나갔다. 길 잃은 한 마리의 양은 지금 어둠 속에 있다. 길을 잃고 방황하는 양은 스스로 목자의 집을 찾지 못한다. 그래서 아버지는 항상 길 잃은 자식을 먼저 찾아 나선다. 큰형이든 작은동생이든 아버지에게는 차별이 없다.

큰형은 아버지의 선한 성품과는 먼 거리에 있었다. 그래도 그는 여전히 아버지의 자식이었다. 비록 아버지가 작은 아들의 귀가로 즐거워하여도 두 자식들을 다 같이 사랑하는 데에는 차이가 없었다. 아버지는 먼 나라로 갔었던 작은아들의 귀가로 기뻐하였다. 그러나 이 같은 집안의 경사에서 큰아들이 빠지는 것은 어울리지 않는다. 아버지 곁에는 맏아들의 자리가 비어 있었다.

아버지는 또 하나의 결별을 원치 않았다. 그래서 잔치석을 떠나 큰 아들이 있는 바깥으로 나갔다. 그는 큰 아들에게 사정을 설명하고 위로하였다. 그는 불평하는 아들을 다정하게 "애야!"(표준새번역)라고 불렀다. 아버지는 장남의 시기심과 분노가 가라 앉도록 타이르려고 애썼다. 아버지는 장남의 위치가 얼마나 다른지를 상기시켰다.

"애 너는 항상 나와 함께 있으니…" 눅 15:31

이것은 예수님이 바리새인들의 아들직과 상속자의 법적 위치를 인정하셨음을 시사한다. 하나님은 큰형도 작은아들 못지 않게 사랑하신다. 하나님은 바리새인도, 탕자도 다 같이 사랑하신다.

아버지 집에서 늘 충성했던 큰형에게는 좋은 점도 많았다. 사실상 바리새인들은 도덕적이었다. 이들은 계명 준수를 위해 큰 노력을 하였다. 날마다 기도하고 자주 금식하는 진지한 자세가 있었다. 이들은 또한 모세의 율법을 백성에게 가르쳤다. 비록 그들의 가르침은 인간들이 만든 전통에 많이 오염되기도 했지만(마 16:11; 12:1-8; 19:3-

9) 그들은 여전히 율법을 맡아 가르치는 권위가 있음을 예수님도 인정하셨다.

"서기관들과 바리새인들이 모세의 자리에 앉았으니 그러므로 무엇이든지 그들이 말하는 바는 행하고…" 마 23:2-3

바리새인들은 위선적이고 자기의가 강하였다. 그럴지라도 그들에게는 하나님 앞에서 율법에 따라 경건하게 살려는 노력과 의지가 굳었다.

그런데 우리들은 바리새인들의 수준보다 못한 경우가 얼마나 많은가! 그러면서 그들에 대한 우리들의 평가는 호전적이고 가혹하다. 우리는 바리새인들을 어떻게 보는가? 바리새인들이 탕자를 본 시각으로 본다. 우리는 이상스럽게도 바리새인들을 미워하면서도 바리새인들의 모든 편견과 자기의의 눈으로 그들을 판단한다. 맏아들은 바리새인을 대표한다. 우리는 맏아들을 결코 고운 눈으로 보지 않는다. 그러나 탕자의 아버지는 맏아들을 미운 눈으로 보지 않았다

아버지는 자신과 장남을 완전히 일치시켰다

맏아들은 항상 아버지와 같이 살았다. 아버지의 집에 있는 것이 모두 장남의 것이었다. 동생은 아버지를 떠난 이후로 가족이 없는 곳에서 고통의 세월을 보냈다. 그러나 장남은 상속자로서 모든 일을 맡아서 주인 노릇을 하였다. 아버지 것과 큰 아들의 것에 구분이 없었다. 아버지는 "내 것"과 "네 것"이라는 소유격을 구별 없이 사용하였다

(15:31).

아버지는 맏아들이 동생을 받아들이기를 간절히 설득하였다. 맏아들은 자기 동생을 가리켜 "이 당신의 아들"(30절, 원문 직역)이라고 표현하였다. 맏아들의 말은 자기 동생이 아버지의 아들일지언정 '내 동생'이라고 부를 수는 없다는 것이었다. 이것은 동생에 대한 경멸에 찬 말투며 아버지에게 그런 자식이 있다는 것을 노골적으로 지적하는 모욕이었다. 그러나 아버지는 장남의 비난이나 오만에 대해 한 마디도 크게 꾸짖지 않았다. 다만 아버지는 32절에서 탕자를 "이 네 동생"이라고 고쳐서 불러 주었다. 장남에 대한 부드러운 교정의 타이름이었다.

아버지가 맏아들에게 원한 것은 죽었다가 다시 살아난 아들을 다시 맞이한 아버지의 심정을 이해하고 함께 즐거워하자는 것이었다.

당시의 풍습에 따르면 이런 잔치 때에는 맏아들이 손님들을 초청하고 영접하며 잔치를 진행시켰다. 그러나 맏아들은 바깥에서 집안에 들어오지 않았다. 그래도 아버지는 그에게 책임 추궁을 하지 않았다. 아버지가 무력하신 분으로 보인다. 하지만 아버지는 본 비유에서 두 아들 때문에 고통을 당하시는 분으로 묘사되고 있다. 이러한 아버지의 고통을 이해하고 덜어드리지 못하는 자식들은 탕자들이다. 큰형은 집을 나간 적이 없었다. 그러나 그는 집에 남은 탕자였다. 예수님은 본 비유의 첫 마디에서 "어떤 사람에게 두 아들이 있었다"(11절)고 소개하셨다. 그런데 본 비유의 스토리가 진행되면서 우리는 그 아버지에게 있던 두 명의 아들들은 모두 탕자였음을 알게 된다.

큰형은 누구인가?

　부도덕한 아들만이 탕자가 아니다. 종교적 경건 속에도 탕자의 모습이 있다. 율법이 없이 무법하고 방탕하게 사는 탕자도 있고, 율법 안에서 경건하게 살면서 자기의(自己義)의 교만에 빠진 탕자도 있다. 이방 땅에 사는 탕자도 있고, 유대 땅에 사는 탕자도 있다. 교회 밖의 탕자도 있고, 교회 안의 탕자도 있다. 집 밖의 탕자도 있고, 집 안의 탕자도 있다.

　큰형은 아버지의 자비의 속성을 이해할 수 없었다. 그는 동생이 다시 살아나는 것이 싫었다. 그런 인간은 그냥 죽었어야 했다. 동생이 귀가한 것은 그에게는 불행한 일이었다. 차라리 동생이 회개를 안 했더라도 좋을 뻔하였다.

　맏아들에게는 사랑도, 관용도, 동정도 없었다. 그에게는 돌아온 동생보다 동생이 허비한 아버지의 재산이 더 중요했다. 하지만 아버지는 허비된 재산에 대해서 일언 반구(日言半句)의 언급도 없었다. 아버지에게는 재물이 아닌, 아들의 회생이 더 중요하였다. 이러한 아버지의 속성을 받아들일 수 없는 자들은 모두 탕자의 형들이다.

　내가 자신의 의를 앞세워 내 권리를 주장할 때 나는 탕자의 형이 된다. 내가 나의 동생을 정죄하고 악담을 할 때 나는 그의 큰형이 된다.

큰 형은 자신을 동생과 아버지로부터 분리시켰다

　아버지는 자신을 맏아들과 일치시킨 반면(31절), 큰형은 자신을 동생과 분리시켰다. 자기는 의인이라고 생각했기 때문이다. 그는 아버지가 받아들인 동생을 받을 수 없었다. 그뿐만 아니라 그는 아버지가 항상 자기와 함께 있다고 했음에도 아버지로부터 스스로 자신을 분리시켰다. 그는 아버지와 한 집에서 살았지만 마음으로는 만리나 떨어져 살았다. 아버지로부터 그는 더없이 큰 격려와 장남으로서의 자격을 확인 받았음에도(31절) 마음의 유감이 풀어지지 않았다. 아버지는 큰형을 향해 양손을 벌렸다. 그는 밭에서 일한 후에 "집에 가까이"(25절) 와 있었다. 그러나 그는 사실상 집을 떠나지 않고도 '먼 타국'으로 가버린 또 다른 탕자였다.

우리는 큰형이 아버지의 간곡한 설득을 어떻게 받아들였는지 알지 못한다. 우리는 그가 시기와 악감을 버리고 그의 동생을 용서하며 따뜻이 환영했기를 바란다. 우리는 그가 아버지처럼 관용과 사랑으로 잃은 동생을 찾았기를 바란다. 우리는 그가 동생과의 화해를 통해 사랑하는 아버지를 더욱 기쁘게 해 드리고 탕자였던 동생이 "아버지!"라고 간절히 불렀던 회개의 음성이 어떤 것인지를 이해했기를 바란다

교회 생활을 하여도 하늘 아버지의 자비와 용서를 이해하지 못할 수 있다. 그리스도 안에서 자기 형제를 받아줄 수 없으면 비록 한 번도 아버지 곁을 떠난 적이 없고, 아버지의 명령을 어긴 적이 없어도 계속 "먼 나라"에서 사는 것이다. 당신은 날마다 아버지의 이름을 부르며 주의 포도원으로 나가 일하면서도 사실상 "먼 나라"에서 살고 있지 않는가?
동생이 만약 큰형이 얼마나 자기를 미워하고 악의에 찬 비난을 했는지를 귀가하기 전에 알았더라면 그는 영영 아버지의 집으로 돌아오지 않았을 것이다. 그는 오던 길도 되돌아 가서 더 먼 타국에서 살았을지 모른다.

나 때문에 나의 동생이 아버지께로 돌아오지 못하고 있지는 않는가? 나 때문에 나의 동생이 아버지의 자비와 사랑의 용서를 체험하지 못하고 있는 것은 아닌가? 나의 좁은 마음과 이기심과 자기의 때문에 나의 동생들이 아버지의 후한 사랑의 잔치를 놓치고 있지는 않는가? 아버지의 그 크신 사랑과 관용의 양팔을 막는 자가 누구인가?

잔치석에는 많은 사람들이 초대되었다. 손님들은 탕자의 아버지가 얼마나 마음이 넓고 은혜로운 분인지를 알 필요가 있었다. 그러나 동생이 없다면 아버지의 그 크신 사랑의 속성이 증명되지 못할 것이다. 그러므로 동생의 귀가를 막는 자는 탕자이다. 아버지의 영광을 가로막는 일이기 때문이다. 아버지는 많은 사람들 앞에서 찬양을 받아야 한다. 훌륭한 아버지라는 평가를 받고 존경을 받아야 한다. 아버지는 누구나 신뢰할 수 있고 어려울 때 누구라도 찾아갈 수 있는 분으로 인식되어야 한다. 아버지는 죄를 지은 탕자들이 용기를 내어 찾아갈 수 있는 분으로 알려져야 한다. 이 일을 막는 자는 불효자이다. 맏아들은 잔치가 아버지에게 가져오는 영광에 관심이 없었다. 그는 아버지가 탕자를 위해 베푸는 잔치로 기뻐하기는커녕 괴로워하였다.

맏아들은 아버지가 만약 자기 동생에게 매질을 하고 내쫓았다면 즐거웠을 것이다. 그리고 그런 아버지를 아마도 존경했을 것이다. 그러나 우리들의 하늘 아버지는 우리들의 형제 자매가 받는 고통을 보고 즐거워하거나 그런 식의 벌을 내리는 아버지를 존경하는 무정한 맏아들을 원치 않으신다. 아버지가 어두운 바깥으로 나가서 맏아들에게 잔치를 베푸는 이유를 설명한 까닭은 아버지에 대한 장남의 그릇된 생각들을 고쳐 주기 위해서였다.

탕자의 아버지는 율법의 회초리로 다스리는 분이 아니고 십자가의 긍휼로 다스리신다. 탕자는 회개하고 돌아오면 아버지의 사랑과 환영을 받는다. 탕자가 돌아오면 아버지는 상상을 초월하는 사랑을 쏟으신다. 아버지는 은혜로 자식을 구원하시고 은혜로 탕자들을 회복시키신다. 아버지는 탕자에게 잔치를 베푸시고 영광을 받기를 원하신다. 나는 그처럼 은혜로우신 하늘 아버지의 영광에 얼마나 관심이 있는가?

누가 은혜 구원을 싫어하는가?

맏아들은 바리새인을 대표한다.
장남은 동생을 환영하는 아버지의 후하신 은혜를 보고 분노하였다(15:28). 그러나 아버지는 화를 낸 장남에게도 여전히 은혜로웠다. 그래서 주인으로서 비워서는 안 되는 잔치석을 떠나 집 밖으로 나와 장남에게 동생이 돌아온 사실을 알리며 잔치를 열게 된 사연을 설명하였다. 맏아들도 아버지에게는 차남 못지 않는 귀한 자식이었다. 사실상 맏아들로 대표되는 바리새인들은 외적으로 도덕적이었다. 그들은 안식일마다 한 번도 빠짐없이 회당에 가서 경배하였다. 그들은 율법을 적극적으로 지키는 자들이었다. 그들은 자신들이 하나님과 사람들의 눈에 착한 자들이라고 생각하였다. 그러나 바리새인들은 이처럼 철저하게 하나님께 충성한다고 주장하면서도 하나님의 거저 주는 은혜에는 무지하였다.
그들은 예수님을 불평하였는데 그 까닭은 예수님이 세리들과 부도덕한 죄인들을 환영하고 함께 식사를 하였기 때문이었다(눅 15:1-2). 바리새인들은 세리들을 증오하였다. 세리들은 로마에 의해 고용되었고 돈을 탐하였기 때문이다. 그들은 자기들이 애써 지키는 '바리새인들의 규례'를 무시하는 다른 부도덕한 자들도 증오하였다. 이들은 하나님도 그런 인간들을 증오하신다고 생각하였다.

바리새인들은 어느 날 예수님이 세금을 징수하던 마태의 집에서 식사하시는 것을 보고 랍비(선생)로서 어찌 그럴 수 있느냐고 물었다 (마 9:10-11). 예수님은 "건강한 자에게는 의사가 쓸 데 없고 병든 자에게라야 쓸 데 있느니라"(마 9:12)고 대답하셨다. 그리고 이어서 다음과 같이 덧붙이셨다.

"너희는 가서 내가 긍휼을 원하고 제사를 원하지 아니하노라 하신 뜻이 무엇인지 배우라 나는 의인을 부르러 온 것이 아니요 죄인을 부르러 왔노라." 마 9:13

장남은 율법주의자들을 대표한다.

이들은 자신들이 외적으로 율법을 잘 지키며 순종하기 때문에 하나님이 받아 주신다고 생각하는 종교인들이다. 장남은 자신이 착한 아들이라고 생각했다. 그는 동생과 같은 수치스러운 죄를 짓지 않았기에 의로운 자라고 생각하였다. 공적으로 수치스런 죄가 드러나지 않게 처신하고 자신의 평판을 잘 지켰기 때문에 하나님에게 착한 아들이 되었다고 보는 자들은 큰형과 같은 자들이다.

소위 잘났다고 생각하는 '형님들'도 죄인들이다. 그들의 죄는 은폐성이 강하여 잘 드러나지 않는다. 자신들의 평판과 체면에 극도의 신경을 쓰기 때문에 죄를 지으면서도 조심한다. 그러나 탕자들은 그런데 신경을 쓰지 않기에 죄가 금방 드러난다. 탕자들은 '형님들'에 비하면 자기 관리가 서툰 자들이다.

장남은 자신이 아버지께 전적으로 순종한다고 생각했다. 그래서 그는 아버지로부터 특별 대우를 받아야 한다고 여겼다. 그러나 이것은 자기 동생의 허랑방탕한 죄악에 못지 않는 죄악이었다. 맏아들은 아버지의 후하심과 친절하심에 분노하였다. 그는 방탕한 자식에 대해서 아버지가 보이는 애정을 보고 반항하였다.

소위 '착한' 사람들이 하나님의 은혜를 싫어한다. 맏아들은 '착한 사람'이었다. 그러나 그는 하나님의 은혜가 너무 가볍고 싸구려라고 생각하였다. 하나님이 긍휼을 베풀기 보다는 엄한 재판관이 되어 죄인들을 대하기를 원하는 자들은 은혜 구원을 좋아하지 않는다. 자기 의가 들어설 자리가 없고 자신의 착한 삶이 인정을 받지 못한다고 느끼기 때문이다. 그러나 "긍휼을 행하지 아니하는 자에게는 긍휼 없는 심판이 있으리라"(약 2:13)고 하였다.

나를 기다리시는 하늘 아버지

본 비유의 끝은 요나서의 마지막을 연상시킨다. 요나 선지자는 화를 낸 상태였고 하나님은 그를 계속 설득하셨다. 그런데 요나서의 마지막에는 요나 선지자의 반응이 나타나 있지 않다.

본 비유에서도 큰 형의 마지막 반응은 감추어져 있다. 큰 아들은 여전히 문 밖의 어두운 곳에 서 있다. 아버지도 여전히 양 팔을 벌리며 큰 아들의 긍정적 반응을 기다린다. 집 안으로 들어와서 아버지와 함께 동생의 귀가를 기뻐하자는 초청은 아직도 열려져 있다.

작은아들은 자신이 스스로를 구원할 수 없음을 깨닫고 집으로 돌아와서 아버지의 용서를 구하였다. 그는 속죄의 의미에서 종으로 살려고 했지만 아버지의 뜻밖의 용서에 감복되었다. 그래서 그는 저항 없이 아버지가 베푼 잔치에 참석했다.

반면, 맏아들은 자신을 의인의 입장에 놓고 아버지를 판단하고 동생을 멸시했다. 그는 끝까지 종의 위치에서 아버지를 고용주로 간주하며 살기를 고집했다. 맏아들의 이러한 상태가 바뀌지 않은 채 본 비유의 막이 내린다. 작은아들을 기다렸던 아버지는 이제 양 손을 펼치고 큰아들을 기다리고 있다. 큰아들이 어떻게 해야 하는지는 청중인 나 자신에게 물어 보아야 한다.

아버지는 탕자의 귀가를 기다렸다. 아버지는 법을 잘 지키는 도덕적인 사람들도 아버지가 베푸는 은혜의 잔치석으로 들어오기를 기다리신다. 놀라운 것은 집을 떠나 먼 나라로 갔던 탕자들은 흔히 귀향한다. 그러나 아버지와 가까이 있는 종교적인 사람들은 잔치가 열리는 집 안으로 들어오기를 꺼린다. 멀리서 돌아온 탕자는 아버지의 넘치는 은혜를 체험한다. 그렇지만 아버지와 가까이 있던 맏아들은 아직도 바깥 어두운 곳에서 잔치의 기쁨을 놓치고 있다.

아버지는 이제 맏아들의 귀가를 기다린다. 작은 아들의 귀가를 날마다 애타게 기다렸던 아버지였다. 아버지는 지금은 바로 집 밖에 있는 또 하나의 탕자를 애타게 기다린다. 작은 아들의 귀가를 멀리서 알아보고 측은히 여기며 달려가 목을 끌어 안았던 아버지가 동일한 심정으로 큰 아들을 바라본다.

본 비유는 맏아들이 은혜의 잔치가 열리는 집안으로 돌아올 기미가 조금이라도 있는지를 살피며 아들의 얼굴을 응시하는 아버지의 간절한 모습으로 막이 내린다. 맏아들을 향한 아버지의 간곡한 호소가 긴 여운을 남기며 청중의 마음을 두드린다. 나는 과연 하늘 아버지의 은혜의 잔치석으로 나아갈 마음이 있는가?

　본 비유는 예수님이 자신을 속죄 제물로 바치기 위해 예루살렘으로 점차 접근해 가던 길에서 주신 것이다(눅 9:51). 하나님은 이미 십자가에서 우리와 화해하시고 우리들을 기다리신다. 은혜의 구원은 모든 종류의 탕자들을 위한 것이다. 십자가의 용서는 모든 죄인들을 위해 거저 주는 하늘 아버지의 선물이다.

　하나님은 돌아오는 탕자들을 양 손으로 반기신다. 잔치는 탕자들을 위한 것이다. 하늘 아버지가 베푸시는 잔치는 집을 나간 탕자와 집에 남은 탕자가 모두 즐기고도 남음이 있는 풍성한 구원의 식탁이다. 당신은 이 은혜의 식탁으로 나아간 적이 있는가? 하늘 아버지는 오늘도 당신을 기다리신다.

8편

부자와 나사로

눅 16:19-31

"한 부자가 있어 자색 옷과 고운 베옷을 입고 날마다 호화롭게 즐기더라 그런데 나사로라 이름하는 한 거지가 헌데 투성이로 그의 대문 앞에 버려진 채 그 부자의 상에서 떨어지는 것으로 배불리려 하매 심지어 개들이 와서 그 헌데를 핥더라 이에 그 거지가 죽어 천사들에게 받들려 아브라함의 품에 들어가고 부자도 죽어 장사되매 그가 음부에서 고통중에 눈을 들어 멀리 아브라함과 그의 품에 있는 나사로를 보고 불러 이르되 아버지 아브라함이여 나를 긍휼히 여기사 나사로를 보내어 그 손가락 끝에 물을 찍어 내혀를 서늘하게 하소서… 내 형제 다섯이 있으니 그들에게 증언하여 그들로 이 고통 받는 곳에 오지 않게 하소서 아브라함이 이르되 그들에게 모세와 선지자가 있으니 그들에게 들을지니라… 이르되 모세와 선지자들에게 듣지 아니하면 비록 죽은 자 가운데서 살아나는 자가 있을지라도 권함을 받지 아니하리라 하였다 하시니라."

무엇에 대한 비유인가?

본 비유의 주제는 재물 사용에 대한 것이다. 현 세상에서 재물을 어떻게 사용하는지가 내세의 운명에 영향을 준다는 교훈인데 천국과 지옥에 대한 묘사가 우리 나라의 통속적인 개념과 유사한 부분이 있어 오해되기 쉽다.

본 비유는 문자적으로 이해할 수 있는 소지가 적지 않다. 부자와 나사로가 실존하는 인물처럼 묘사되었다. 거지에게는 나사로라는 이름까지 있다. 아브라함도 다른 사람이 아닌 역사적인 인물로서의 아브라함 자신이다. 지옥의 묘사는 토속 종교에서 흔히 말하는 것들이다. 즉 구렁텅이가 있어서 다른 곳으로 갈 수 없고 물이 없어 갈증이 심하며 뜨거운 불 속이다.

그러나 지나치게 문자적으로 이해하는 것은 곤란하다. 본 비유는 당시의 유태인들에게 익숙한 천국과 지옥에 대한 전통적인 개념을 사용한 것이기 때문이다. 예를 들면 유태인들은 죽으면 아브라함의 품에 안긴다고 생각하였다. 유태인들은 내세의 운명에 관해서 아브라함이 가진 능력에 큰 비중을 두었다.

한 유대 전승에 의하면, 할례를 받지 않은 자들은 모두 지옥으로 간다. 그런데 실수로 할례 받은 유태인이 지옥에 떨어지는 일이 없도록 하기 위해서 아브라함이 지옥문 앞에 앉아서 확인을 한다고 한다. 그리고 설사 지옥에서 일정 기간 동안 형벌을 받도록 언도된 유태인이라도 아브라함이 천국으로 데려갈 수 있다고 믿었다. 이것이 본 비유에서 부자가 아브라함의 이름을 부르며 도움을 호소한 배경이다 (24절).

또 다른 유대 문서에 의하면 "낙원은 물이 많지만 지옥은 뜨겁고 메마르다"고 하였다. 더운 중동 지방에서는 실감이 나는 상상이었을 것이다. 이것이 부자가 불꽃 속에서 목말라하는 배경이다(24절). 이런 묘사는 한국의 전승적 지옥관과 유사하다.

그러나 본 비유에서 사용된 천국과 지옥에 대한 묘사는 실제적인 것이 아니다. 사실로 말한다면 죽은 자들은 아브라함의 품이 아닌, 하나님의 품에 안긴다. 천국과 지옥 사이에 큰 구렁텅이가 있지만 양편에 있는 사람들이 서로 볼 수 있으며 대화를 주고받을 수 있는 것처럼 묘사된 것도 사실이 아니다. 또한 지옥에 있는 사람이 아브라함에게 말을 할 수 있거나 천국에 있는 사람이 지옥을 방문할 일도 물론 없다. 이러한 서술들은 그림 언어의 일부에 지나지 않는다.

그렇지만 본 비유에는 사후의 인간이 어떤 형태로 존재하는지에 대한 암시가 있으며 본 스토리가 전제하는 진실이 있다. 즉, 천국과 지옥 사이는 왕래가 불가능하다는 것과(26절), 지상에서 어떻게 사는지에 따라 사후의 운명에 영향을 받는다는 것이다. 또한 사후의 축복과 저주가 유예 기간이 없이 즉시 시작된다는 것이다.

사후에는 지상에서의 모든 상황이 달라질 수 있다

부자는 자색옷과 고운 베옷을 입고 살았다. 그의 옷은 왕의 복장이나 제사장의 예복을 연상시킨다(잠 31:22). 그는 좋은 음식을 먹으면서 날마다 호화롭게 인생을 즐기면서 살았다(19절). 반면에 거지 나사로는 부자의 상에서 떨어지는 음식 부스러기로 연명하였다(21절). 이 부스러기는 손가락에 묻힌 쏘스 기름을 닦기 위해 사용한 조각빵이다. 이것들을 식탁 아래로 버리면 나중에 쓸어 내어 개나 거지에게 던졌다.

부자는 더 이상 바랄 수 없는 최고의 안락한 삶이었고, 나사로는 더 이상 내려갈 수 없는 바닥 인생이었다. 부자에게는 그를 존경하고 알아주는 친구들이 많았지만 나사로에게는 그를 불쌍히 여기는 친구가 한 사람도 없었다. 개들까지도 그의 헌데를 핥으려고 달려들었다 (21절). 그는 개만도 못한 삶을 살았다.

그러나 때가 되어 부자도 거지도 모두 죽었다. 부자는 "죽어 장사되었다"(22절)고 하였다. 그런데 나사로의 장례에 대해서는 아무런 언급이 없다. 그냥 "그 거지가 죽어"(22절)라고 하였다. 그렇다. 거지는 그냥 죽는다. 그것으로서 끝이다. 그러나 부자에게는 반드시 장례식이 있어야 한다. 있어도 큰 장례식이어야 한다. 부자는 죽어서도 티를 내어야 하기 때문이다. 부자의 장례식은 많은 사람들이 모이고 거액의 비용을 들인 장관이었다. 모든 사람들이 그 부자의 장례식을 부러워하였다.

그러나 부자와 거지 사이의 극적 대조는 그들이 죽은 이후에 왔다. 나사로는 죽어서 천사들에게 받들려 아브라함의 품에 들어갔다. 유태인들에게 아브라함과의 밀착은 최대의 영예와 특권으로 간주되었다. 아브라함의 품에 들어가는 것은 낙원에 들어가는 것과 같은 뜻이었다 (23절).

그럼 부자는 어떻게 되었을까? 그는 거창한 장례식을 거쳐 장사되었지만 음부에서 고통을 받았다(23절). 그리고 혀에 바를 물 한 방울을 위해 구걸하는 신세가 되었다. 그는 음부에서 지상에서의 나사로의 신세로 전락되었다(24절). 나사로는 자기 상에서 떨어지는 빵 한 조각을 위해서 구걸을 했었지만, 부자는 이제 타는 듯한 갈증으로 나사로의 손가락 끝에 묻은 물 한 방울을 바라고 살게 되었다. 그는 "내

혀를 서늘하게 하소서"(24절)라고 애원하였다.

이러한 상황은 실재의 사실을 보도하는 것이 아니다. 그러나 이 비유가 담고 있는 진실이 있다. 그것은 인간의 사후에는 지상에서의 모든 차등이 역전될 수 있다는 사실이다.

"나중된 자로서 먼저 될 자도 있고 먼저 된 자로서 나중 될 자도 있느니라" 눅 13:30

음부(陰府)는 어떤 곳인가?

'음부'는 헬라어로 하데스(Hades)라고 부른다. 유감스럽게도 하데스를 '음부'라고 번역한 우리 나라 말의 어감이 나쁘기 때문에 최근 번역들에서는 대개 '지옥'으로 통일한 듯하다. 그러나 지옥은 모든 악인들이 가는 곳인 반면, '하데스'는 형벌에 대한 언급이 없이 죽은 자들이 가서 머무는 처소를 가리킬 때에도 사용되었다. 예로써, 사도행전 2:27, 31에서 '하데스'는 예수님의 죽으심과 관련해서 언급되었다. 그러나 본문에서는 죽은 자들이 받는 '형벌의 장소'를 의미한다.

신약에서 부활 이후의 형벌과 지옥(Hell)을 말할 때에는 게헨나(Gehenna)가 더 일반적으로 사용되었으나 누가복음 16장의 본문에서는 게헨나가 사용되지 않았다. 이것은 죽은 부자가 부활 이후에 오는 게헨나의 형벌을 받을 때까지 아무 처벌이 없이 산 것이 아님을 시사한다. 부자가 간 '하데스'는 형벌의 장소였다.

사후의 형벌은 언제부터 받는가? 죽는 날부터 받는다. 천국에 들어가는 자와 음부로 떨어지는 자들은 모두 죽음 이후에도 의식이 있다. 부자는 음부에서 즉시 벌을 받기 시작했다. 심판의 결과는 죽을 때에 결정이 된다. 죽은 이후부터는 유예 기간이 없이 심판의 결과를 즉시 체험하기 시작한다. 그리고 마지막 부활 때에 다시 공적으로 심판의 결과와 영원한 지옥의 운명이 온 우주에 알려지고 재확인될 것이다.

하데스(음부)는 자비가 없는 곳이다.

부자는 하데스에서 아브라함에게 자비를 청하였다. 그는 아브라함이 나사로를 시켜 자기 혀에 물 한 방울만이라도 떨어뜨려 달라고 간청하였다. 그러나 아무런 자비를 받지 못하였다. 하데스는 최소한의 자비마저도 거절되는 곳이다. 부자는 지상에서 나사로에게 자비를 보이지 않았다. 부자는 나사로의 이름까지 알았지만 지상에서 나사로를 돕기 위해 최소한의 친절도 베풀지 않았다.

"긍휼을 행하지 아니하는 자에게는 긍휼 없는 심판이 있으리라" 약 2:13

하데스는 고통의 장소이다.

부자는 무서운 괴로움을 당하였다. 그는 고통을 호소하며 도움을 애원했지만 아무도 그를 돕지 않았다. 그에게는 동정하는 친구도 없었고 자기 편이 되어 줄 이웃도 없었다. 하데스는 혼자 당하는 곳이다. 부자는 홀로 자신의 타오르는 갈증을 무한정 견뎌야 했다. 하데스는 세상에서 가장 철저한 고독을 체험하는 장소이다. 부자는 하나님을 두려워하지 않고 자신의 재물을 탐닉하면서도 이웃을 돕지 않았다. 그는 자신의 몰인정에 대한 보복을 당하였다(16:25). 하데스는 되갚음의 장소이다.

하데스(Hades)에는 회개가 없다.

부자는 극심한 고통 중에 있었다. 그러나 고통 자체가 누구도 회개케 하지 않는다. 하데스의 불길은 영적 통찰을 가져오지 않는다. 부자는 아직도 자신을 아브라함의 자녀로 보았다. 그는 하데스에 있으면서도 아브라함에게 청하면 응답을 받을 것으로 알았다. 그래서 아브라함을 통해 나사로를 심부름꾼으로 사용하려고 하였다. 그는 지상에서의 계급 체제가 무덤 너머에서도 통할 줄로 생각하였다. 부자가 사람들의 인정을 받고 사회적 지위를 즐기며 종들을 거느리고 살 수 있었던 유일한 까닭은 재물이 있었기 때문이었다. 그러나 이제 그에게는 아무것도 없었다.

"그가 죽으매 가져가는 것이 없고 그의 영광이 그를 따라 내려가지 못함이로다" 시 49:17

부자가 지상에서 가지고 온 것은 전무(全無)하였다. 그럼에도 부자는 나사로에 대한 태도에서 지상에서의 관계를 그대로 유지하려고 하였다. 그러나 사후의 나사로는 아브라함의 품에 있는 귀한 존재였다.

"아브라함이 이르되 얘 너는 살았을 때에 좋은 것을 받았고 나사로는 고난을 받았으니 이것을 기억하라 이제 그는 여기서 위로를 받고 너는 괴로움을 받느니라" 눅 16:25

나사로에 대한 부자의 생각과 태도는 하데스에서도 바뀌지 않았다 24, 27절). 아브라함이 방금 나사로의 달라진 위치를 지적하며 "이것을 기억하라"고까지 말했는데도 부자는 나사로를 마치 자기 종처럼 부릴 수 있기라도 하듯이 땅으로 보내라고 하였다.

  부자는 자신의 현실을 직시하지 않았다. 자기 손에 가진 것이 아무 것도 없으면서 여전히 자기 신분이 땅에서처럼 귀하고 사회적 인정을 받는 것으로 착각하였다. 그가 세상에서 높임을 받은 것은 순전히 재물의 소유가 많았기 때문이었다. 그러나 이제는 자신이 더 이상 재물의 소유자가 아니었다. 자기 재물은 이미 다른 사람들의 수중에 넘어갔다.

  "그들의 재물은 남에게 남겨 두고 떠나는 것을 보게 되리라" 시 49:10

  부자는 아브라함을 아버지라고 불렀다(24절). 그러나 그는 아브라함처럼 하나님의 약속을 믿고 순종의 삶을 산 자가 아니었다. 그는 자비를 베풀지 않았고 자신의 육적 연락에만 시간과 재물을 허비하였다. 그는 하데스로 가서 형벌을 받았다. 그러나 그가 받는 형벌이 그의 성품을 바꾸게 하지 않았다. 하데스에서는 회개할 수 없다. 하데스에 가서 형벌을 받는 자들에게는 회개의 기회가 없다. 하데스와 지옥은 기회의 종식처다.

  죽음 이후에는 회개도 할 수 없고 자신의 운명도 바꿀 수 없다. 부자는 자신이 하데스에서 못 빠져 나올 것을 알았다. 나사로는 하데스에 있는 부자를 구출하러 갈 수 없고 부자는 하데스의 불길로부터 도피할 수 없다(16:26). 그는 자신이 받는 형벌에 대해 이의를 제기치 않았다. 그는 자신의 잘못을 깨달았지만 때가 너무 늦었다. 회개는 하데스가 아닌 지상에서 해야 한다. 하나님의 용서도 지옥이 아닌 지상에서만 받아야 한다.

부자가 왜 음부에 갔는가?

　부자는 나사로를 이름까지 알고 있었다. 그래서 나사로의 얼굴도 멀리서 보고 식별할 수 있었다(23절). 부자는 자기 집의 대문을 드나들 때마다 나사로를 보았을 테지만 무관심하였다. 그는 동족에 대한 무관심 뿐만 아니라 하나님과의 관계에서도 무감각하였다. 그는 호의호식을 하면서 동족에게 긍휼과 자선을 베풀라는 계명을 무시하였다 (신 15:4-11; 출 22:26,27; 신 24:19).
　그는 생전에 이미 자신과 이웃, 그리고 하나님과 자신 사이에 커다란 구렁을 파놓고 있었다. 나사로는 비록 부자의 문전에 있었지만 두 사람 사이의 관계의 측면에서 보면 넓은 구렁이 둘 사이에 놓여 있었다. 이 관계는 사후에도 연속되었다.
　나사로가 아브라함의 품에서 위로를 받은 까닭은 그가 지상에서 거지로 살았기 때문이 아니었다. 또한 부자가 재산이 많았기 때문에 음부로 내려간 것도 아니었다.
　부자가 살인, 간음, 도적질, 기타 악행을 범했다는 언급이 없다. 단지 먹고 마시고 즐겼을 뿐이었다. 그가 다른 사람을 크게 해쳤다는 시사도 없다. 그는 자신이 넉넉히 행할 수 있고 또 행해야 하는 하나님의 선한 뜻을 적극적으로 행하지 않았다. 이 같은 부자의 생활 자세는 그가 하나님을 두려워하지 않고 맘몬신을 섬긴 자였음을 증명한다. 그는 하나님과 가난한 이웃을 무시하며 순전히 자기 중심의 육적 삶을 살았다. 부자는 재물을 우상으로 섬겼다. 우상숭배자는 누구나 하데스의 심판을 받는다.

크리스천은 재물을 어떻게 사용해야 할까?

첫째, 재물이 자기 것이 아님을 알아야 한다.

모든 재물이 하나님의 것이다. 내 손과 머리로 벌었다 하여도 내가 가진 물질이 내것이 아니다. 이 세상의 주인이신 하나님은 세상 안에 있는 모든 것들의 주인이시다. 이 세상 자체가 하나님의 소유물이다. 그러므로 내 손에 있고 내 이름으로 되어 있다고 해서 내것이 아니다.

"삼림의 짐승들과 뭇 산의 가축이 다 내 것이며 산의 모든 새들도 내가 아는 것이며 들의 짐승도 내 것임이로다. 내가 가령 주려도 네게 이르지 아니할 것은 세계와 거기에 충만한 것이 내 것임이로다" 시 50:10-12

둘째, 죽을 때에는 남은 재산을 모두 세상에 놓고 가야 한다는 사실을 기억해야 한다.

"그가 모태에서 벌거벗고 나왔은즉 그가 나온 대로 돌아가고 수고하여 얻은 것을 아무것도 자기 손에 가지고 가지 못하리니" 전 5:15

관 속에 넣는다고 해서 자기 물건이 되지도 않는다. 다른 사람이 파 가거나 썩어 없어진다. 인간은 재물을 가지고 이 세상을 떠날 수 없다. 이 세상에서 획득한 모든 것을 두고 떠나야 한다. 재물은 사후에 가지고 가는 품목이 아니다. 재물로 얻은 높은 신분도 가지고 가는 품목이 아니다. 재물과 함께 오는 영화도 가지고 가는 품목이 아니다. 사람이 죽은 후에는 재물로 샀던 자동차도, 보석도, 큰 집도, 화려한 사치품이나 골동품도, 값비싼 명품도 모두 가지고 가지 못한다.

죽은 자들은 빈 손으로 간다. 우리는 빈 손으로 다시 돌아가야 한다는 말의 의미를 새롭게 깨달아야 한다. 기회가 있을 때에 재물을 주님을 위해 사용해야 한다. 내일 무슨 일이 일어날지 모르기 때문이다(약 4:13).

"내일 일을 너희가 알지 못하는도다 너희 생명이 무엇이냐 너희는 잠깐 보이다가 없어지는 안개니라… 그러므로 선을 행할 줄 알고도 행하지 아니하면 죄니라" 약 4:14-17

마리아는 예수님이 베다니에 오셨을 때 지극히 비싼 향유를 부어 드렸다(요 12:3). 그 때 가룟 유다가 마리아를 보고 향유를 낭비한다고 비난하자 주님은 말리시면서 "나는 항상 있지 아니하리라"(요 12:8)고 하셨다. 세상에 기회는 항상 있는 것이 아니다. 주님을 위해서 선을 행할 기회를 놓쳐서는 안 된다. 만약 마리아가 그 때 주님께 향유를 붓지 못했다면 영원히 그 기회를 잃었을 것이다.

그러나 주님의 복음과 하나님의 사랑을 위하여 재물을 쓰면 복음의 향기가 된다(막 14:9). 작은 자선이라도 받는 자들에게는 짙은 향기로 전달된다. 그리스도를 위한 진실된 헌신은 자신에게도 축복이 된다. 그리스도를 위해서 행하는 선행은 아무리 작은 것이라도 잊혀지지 않기 때문이다.

"누구든지 너희가 그리스도에게 속한 자라 하여 물 한 그릇이라도 주면 내가 진실로 너희에게 이르노니 그가 결코 상을 잃지 않으리라" 막 9:41

"그러므로 우리는 기회 있는 대로 모든 이에게 착한 일을 하되 더욱 믿

음의 가정들에게 할지니라" 갈 6:10

"그러므로 내 사랑하는 형제들아 견실하며 흔들리지 말고 항상 주의 일에 더욱 힘쓰는 자들이 되라 이는 너희 수고가 주 안에서 헛되지 않을 줄 앎이라" 고전 15:58

셋째, "주는 것이 받는 것보다 복이 있다"(행 20:35)는 주님의 말씀을 기억해야 한다.

이 말은 사도 바울이 에베소에서 장로들을 모아놓고 고별 메시지를 전하면서 준 교훈이었다. 그는 그들에게 자기 자신의 모본을 따라 "수고하여 약한 사람들을 도우라"(행 20:35)고 하면서 예수님의 말씀을 상기시켰다. 그러니까 크리스천들은 돈을 벌 때에 남을 돕기 위해서 벌어야 한다. 재물은 나누어 주기 위한 것이지 자기가 마음대로 쓰려고 버는 것이 아니다.

록펠러의 재물 사용

미국에서 오일의 독점으로 세계 최대의 거부가 되었던 록펠레 가문은 현재 3대째 재산을 늘려 나가고 있다. 미국 사회에서 록펠러 재산의 혜택과 영향을 받지 않은 곳은 없다고 해도 과언이 아니다. 록펠러 원조는 독실한 침례교 교인이었다. 그는 교회의 촛불을 켜는 일도 하였고 주일학교 교사도 하였다. 그는 한 때 전세계의 오일을 92%나 점유하였다. 그럼에도 그는 자기가 개인적으로 쓴 돈을 평생 동안 장부에 꼬박꼬박 기록하였고 아들에게도 그렇게 하도록 하여 가문의 전통이 되게 하였다.

그가 다녔던 침례교 교회의 담임목사는 재물에 대해서 록펠러에게 자주 교훈하였다.
"할 수 있는 한, 돈을 많이 버십시오. 그리고 할 수 있는 한, 많이 나누어 주십시오."
이것이 록펠러의 재물 철학이 되었다. 그는 자기 아들이 혼자 그의 회사를 운영할 수 있는 능력이 있다고 판단했을 때 엄청난 돈을 넘겨주면서 이런 권면을 하였다.
"돈을 나누어 주는 일을 두려워하지 말라. 하나님이 너의 마음을 움직이시는 대로 후하게 주어라."
나중에 록펠러의 오일 산업이 더욱 번창하자 그의 목사가 또 권고하였다.
"당신의 돈이 눈사태처럼 쏟아지고 있소. 그러니 눈사태보다 더 빠른 속도로 돈을 나누어 주어야 해요. 그렇지 않으면 당신이 그 눈사태에 깔려 죽고 당신의 가족과 그 후손들의 후손들까지 화를 입게 될 것이오."

록펠러에게 도움을 요청하는 편지만 한 달에 4-5만 장에 달하였다. 그는 육아원, 아동병원 등을 비롯하여 많은 자선헌금을 하였다. 그는 후하게 주었다. 그러면서도 낭비는 혐오하였다. 그리고 나중에 자기 회사에 이름만 걸어 놓고 일찍 은퇴하였다. 그는 모든 것을 다 내려놓고 모두 다 주었다.
어떤 논평가는 말하기를 "그는 그 큰 재산과 권력과 영예를 다 내려놓고도 행복할 수 있는 사람이었다"고 했다. 록펠러는 왜 은퇴를 하고서도 자기 이름만은 회장직에 걸어두었느냐는 질문을 받고 이렇게 대답하였다.

"만약 회사가 잘못되어 직원들이 감옥으로 가야할 일이 생기면 내가 대신 가기 위해서지요."

록펠러는 자신이 돈을 버는 데에 하나님의 소명을 받았다고 믿었다. 그리고 하나님이 그에게 돈을 버는 은사를 주셨다고 확신하였다.

그는 특별히 머리가 좋거나 지적인 사람은 아니었다. 그는 고등학교도 제대로 나오지 못하였다. 그의 가정은 가난해서 학교를 일찍 중단하고 가족들을 위해 일해야 했다. 그는 처음에는 어느 작은 회사의 장부 보조원으로 들어갔다. 그런데 자기보다 경험이 많은 사람들이 숫자가 정확하지 않은 데 놀랐다. 그러나 그에게 숫자는 신성한 것이었다.

그는 철저하게 일하면서 작은 것에까지 충실하였다. 그는 확고한 신념으로 돈을 벌기 시작했다. 육류상과 곡물상을 하다가 더 큰 것을 찾아 마침내 오일 산업에 손을 대어 거부가 되기 시작했다. 그런데 그는 주기 위해서 버는 자였다.

그의 아들인 록펠러 주니어는 아버지와 성격이 달랐지만 신앙적인 면에서는 아버지로부터 깊은 영향을 받았고, 모친의 철저한 신앙 훈련을 받으면서 자랐다. 그가 어렸을 때에는 모친이 자녀들을 모아 놓고 주일마다 지난 한 주간의 일에서 회개하고 용서를 빌어야 할 일들을 말하게 하였다.

록펠러 주니어는 "많이 맡은 자에게는 많이 달라 할 것이니라"(눅 12:48)는 주님의 말씀을 기억하고 자신이 물려받은 엄청난 재산에 대해 커다란 책임감을 느꼈다. 그리고 "낙타가 바늘귀로 들어가는 것이 부자가 하나님의 나라에 들어가는 것보다 더 쉬우니라"(마 19:24)

는 예수님의 말씀을 늘 마음에 담고 살았다고 한다.

그런데 최근에 록펠러 원조의 손자인 데이빗 록펠러가 자서전을 출간하고 나서 미국의 한 T.V에서 인터뷰를 하였다. 그는 2002년 현재 87세인데도 자기 부친을 닮아 날마다 성실하게 일한다. 그의 모토는 "정직하게 벌고 현명하게 사용하라"는 것이다. 그는 자기 부친이 대부분의 시간을 남에게 돈을 주는데 사용했다고 말했다.

그는 돈이 많아서 좋겠다는 기자의 말에 재산이 크면 사회에 책임도 크다고 대답했다. 그는 돈을 버는 것은 하나님이 주신 은사라는 록펠러 원조의 말을 인용하면서 부자는 하나님 앞에서 책임이 있다고 시사하였다. 그는 지금도 사회에 유익한 여러 사업과 자선 기관에 엄청난 돈을 희사한다.

이것이 예수님의 비유에 나오는 부자와 다른 점이다. 성경의 부자는 자신의 재산을 하나님 앞에서 책임 있게 사용하지 않았다. 그래서 그 대가의 형벌을 받았다. 주님은 "주는 것이 받는 것보다 복이 있다"(행 20:35)고 하셨다. 하나님에게서 받은 은사로 돈을 벌고, 다시 하나님이 원하시는 곳에 돌려드리는 것은 진실된 경건이다. 하나님의 선한 뜻을 따르는 일이기 때문이다.

재물은 없는 사람을 생각하고 동정적으로 사용하지 않으면 하나님의 진노를 부른다. 부자는 나누어 주는 경건이 없으면 불경한 자로 간주된다. 본 비유의 부자는 부자라서 음부로 간 것이 아니었다. 단순히 나사로가 가난했기 때문에 천국에 들어간 것이 아니듯이 부자가 부유했기 때문에 음부로 들어간 것은 아니다. 부자는 하나님을 무시하고 가난한 자들에게 무정하며 자비가 없었기 때문에 하나님의 진노를 받았다. 자기 재물을 바르게 사용하지 못하면 죽어서 심판을 받는다.

음부에는 보통 죄인들도 간다

부자는 세상에서 살고 있는 다섯 형제에 대한 염려를 하였다.

"내 형제 다섯이 있으니 그들에게 증언하게 하여 그들로 이 고통 받는 곳에 오지 않게 하소서" 28절

부자는 자기 형제들의 현재의 삶이 옳지 못하기 때문에 죽으면 자기가 있는 하데스로 올 것을 알았다. 그는 형제들이 자기가 받는 고통을 받기를 원치 않았다. 그래서 아브라함에게 나사로를 보내어 증언하게 해 달라고 청하였다.

부자에게는 인간적인 형제애가 있었다. 보통 사람들이 혈족에 대해 갖는 관심이다. 죄인들도 좋아하는 자들을 사랑한다고 했다(눅 6:32). 음부에 떨어진 자라고 모두 흉악한 악당들은 아니다. 나름대로의 인간미가 있고 사랑의 관심이 있다. 그러나 그런 것이 하데스로 가는 길을 막아주지 못한다.

인간적으로 보면 하데스로 가는 자들이라고 다 나쁘지 않다. 하데스나 지옥은 보통 죄인들도 가는 곳이다. 부자는 나사로를 돕지 않았다. 그러나 그는 친구들에게 호의도 베풀고 유태인이었기에 매주 안식일 날 회당에 충실히 나갔을 것이다. 당시의 부자들은 회당에 헌금도 많이 하였다(막 12:41). 그래서 사람들은 그를 그리 나쁘게 평하지 않았을 것이다.

장례식에 가면 고인의 덕을 열거하며 칭찬하는 것을 들을 수 있다. 사회적으로 명망이 있는 자들일수록 칭송거리가 많다. 그런데 문제는 죽은 사람이 어디에 가 있느냐는 것이다. 아무리 좋은 일을 많이 하고 사회에 공을 세우며 가족을 잘 돌보았다고 하여도 죽은 후에 지옥에 가 있다면 얼마나 기막힌 일이겠는가? 사람들은 장례식 때에 고인에 대해 좋게 말하려고 노력한다. 그러나 죽은 사람이 과연 어디에 있느냐에 따라 조사(弔詞)의 진실성이 판명될 것이다.

우리 나라의 옛 풍습에 고인의 덕행을 적어 관속에 넣는 일이 있었다. 유명한 사람들에게는 많은 사람들이 보고 읽을 수 있도록 공적비도 세워 주고, 효자들에게는 효자문을, 절개가 곧은 여자들에게는 열녀문을 세워 주었다.

서양에도 마찬가지이다. 지금은 별로 그러지 않지만 영국의 무덤들을 방문해 보면 19세기 때만 해도 비석에 고인의 경력과 함께 덕성이나 자기 동네 및 사회에 끼친 좋은 영향과 모범을 열거해 놓고 그 아래에는 "그리스도 안에서 고히 잠들다", "영원한 안식을 누린다", 혹은 "예수께서 재림하실 때에 성도의 부활을 할 것이다" 등의 비문을 적어 놓았다.

그런데 만약 천국으로 가지 못한 죽은 영혼이 자신에 대해서 칭찬한 여러 말들을 읽는다면 어떤 반응을 보일까? 아마 자신의 덕행이나 선행이 아무 소용이 없고 자신의 좋은 성품이라는 것도 모두 무익하다고 항의할 것이다. 그리고 자신을 위한 공적비나 효자문이나 열녀문을 모두 거두고 자기 관 속에 넣어둔 덕행문도 다 지우라고 할 것이다.

본문에 나오는 부자가 자기의 장례식을 보고 있었다고 해도 꼭같은 반응을 보였을 것이다.

부자는 자신의 장례식에 많은 조객이 참석하여 서로 수근거리며 고개를 끄덕이고 자기에 대한 칭찬을 아끼지 않는 말들을 들었을 것이다.

"이 어른 분명히 천사들의 호의를 받으면서 아브라함의 품에 안겼을 겁니다. 그렇게 생각지 않습니까?"
"물론이지요. 이런 분이 아브라함의 품으로 들어가지 않으면 누가 가겠습니까?"
부자의 영은 힘주어 말한다.
"아니오. 천사들이 나를 데리고 아브라함에게 가지 않았소. 나는 지금 지옥에 와 있소."
조객들은 부자의 유가족들에게 좋은 말로 위로하였을 것이다.
"너무 슬퍼 마세요. 주인 어른께서는 좋은 데 계실 테니까요. 이제 언젠가 다시 만나셔서 반가운 해후를 하실 겁니다."
죽은 영이 이 말을 듣고 반대한다.
"아니요. 모르는 소리요. 나 좋은 데 있지 않소. 내 가족들과 형제들은 절대로 나 있는 곳에 오면 안 돼요. 난 지금 목이 타서 죽을 지경이오. 여기는 물 한 방울 주는 자가 없어요."

부자에 대한 조문(弔文)이 읽혀진다.
"고인은 우리들을 위해서 회당 건축을 위해 거액의 헌금을 하셨습니다. 주께서 그의 선행을 기억하실 줄로 믿습니다. 고인은 친구들 사이에 의리가 있고 후한 대접을 아끼지 않았습니다. 고인은 훌륭한 남편이자 좋은 아빠였습니다. 그는 가정과 사회에 좋은 모범이 됩니다. 무슨 일에든지 헌신적이었고 인품과 덕망이 있는 분이었습니다. 그는 믿음이 깊었으며 사람을 차별하지 않고 도와 주는 분이었습니다. 우리는 고인의 덕행을 잊지 말고 그를 오래오래 추모해야 할 것입니다."

부자의 영은 항변한다.

"아니오. 모두 사실이 아니오. 내가 바친 건축 헌금은 탈세와 노임 착취와 투기와 뇌물로 번 돈이오. 자선 단체에 준 기부금도 내 이름을 내려고 한 일이오. 자녀 교육에도 관심이 없었고 아내를 무시하고 내 마음대로 살았소.

그리고 나는 남이 알면 멸시하고 손가락질할 일들을 비밀리에 많이 행하였소. 그러니 제발 모범적인 가장이니, 믿음이 좋다느니, 하나님을 헌신적으로 섬겼느니 따위의 말들을 마시오. 난 지금 선한 사람들이 가는 곳에 있지 않소. 나는 지옥에 있단 말이오. 아브라함에게 애원을 해도 물 한 방울 받지 못하는 고통을 겪고 있소."

부자의 영은 소리쳐 부인하지만 누구도 그의 말을 듣는 자가 없다. 조객들은 계속해서 자기를 칭찬하고 틀림없이 자기가 천국에 갔다고 확신하며 서로 염려 없다고 자위하면서 돌아간다. 그들을 향해 자기처럼 살아서는 안 된다고 아무리 외쳐도 듣는 이가 없다. 그는 답답하기 이를 데 없다. 그가 겪는 지옥의 고통이 더 깊어질 뿐이다.

물론 이것은 하나의 가상적 상상이다. 실제로 그런 일이 일어나지도 않는다. 그러나 많은 사람들이 부자와 같은 자가 천국에 들어간다고 믿고 산다. 그러나 지옥이나 음부는 '보통 죄인'들이 얼마든지 들어가는 곳이다. 성경의 부자는 '보통 죄인'이었다. 세상에 그와 같이 사는 자들이 적지 않다. 하나님을 믿거나 두려워하지 않고 자기의 재산을 마음대로 쓰고 살다가 음부에 떨어질 수 있는 자들을 향해 본문은 큰 경고를 하고 있다.

누구의 경고를 들어야 하는가?

우리들로 하여금 하데스로 가는 길을 멈추게 하는 것은 무엇일까? 오직 하나님의 말씀을 경청하는 것이다(눅 16:29,31). 부자는 아브라함에게 두 가지 부탁을 하였다. 처음에는 나사로를 시켜 손가락 끝에 물을 찍어 자기 혀에 묻혀 달라고 애원하였다.

그는 아브라함에게 어떤 크고 어려운 부탁을 한 것이 아니었다. 손가락 끝에 물을 적신들 그 양이 얼마나 되겠는가! 부자는 극히 작은 최소치의 호의를 간청했지만 거절당하였다(24-25절). 이것이 본절의 요점이다. 그는 정말 자기가 있는 하데스는 누구도 와서는 안 될 곳임을 통감하였다. 그래서 그는 자기 형제들을 생각하게 되었다. 그는 자신이 세상에 살았을 적에 하데스가 어떤 곳이라는 것을 미리 알았더라면 나사로에게 잘 했을 것이라고 후회하면서 자기 형제들이 이 사실을 안다면 회개할 것이라고 확신하였다. 그래서 아브라함에게 두 번째 요청을 하였다.

"그러면 아버지여 구하노니 나사로를 내 아버지 집에 보내소서 내 형제 다섯이 있으니 그들에게 증언하게 하여 그들로 이 고통 받는 곳에 오지 않게 하소서" 눅 16:28

불행하게도 부자의 두 번째 요청도 거절되었다. 아브라함의 거절 이유는 부자의 형제들에게 모세와 선지자들의 증언이 있다는 것이었다(29절). 모세와 선지자들은 무엇을 증언하는가?

가난한 자들을 위한 구제 명령이 율법의 한 가르침이다. 모세는 율법에서 자선을 명시했고, 선지자들은 그 자비의 이행을 이스라엘 백성들에게 촉구했다. 율법과 선지자들은 하나님의 자비의 성품을 가난한 이웃과의 관계에서 드러내어야 한다고 강조하였다(눅 6:36). 물론 이 말은 누구든지 거지에게 돈을 주거나 자선 사업을 하면 구원을 받고 천국에 들어간다는 뜻이 아니다.

하나님을 먼저 믿어야 하고 구원을 받아 하나님의 자녀가 된 자들은 아버지 하나님의 성품을 닮아 자비를 베푸는 사람들이 되어야 한다는 것이다.

"그는 은혜를 모르는 자와 악한 자에게도 인자하시니라 너희 아버지의 자비로우심 같이 너희도 자비로운 자가 되라" 마 6:35-36

부자는 아브라함을 아버지라고 부르면서도 아브라함을 닮은 자가 아니었다. 아브라함은 하나님의 말씀을 믿고 의로운 자가 되었다(창 15:4-6). 그러나 부자는 하나님의 말씀을 믿지 않았고 자기 마음대로 살았으며 심지어 하데스에 갇혀서 고통을 받으면서도 하나님의 말씀을 백안시하였다. 그는 아브라함이 지적하는 모세와 선지자들의 말씀을 그의 형제들이 들어야 한다는 말을 아예 무시하고 "그렇지 아니하니이다"(30절)라고 강경하게 반대하였다. 그는 자신의 확신을 아브라함에게 강요하는 자였다.

"이르되 그렇지 아니하니이다 아버지 아브라함이여 만일 죽은 자에게서 그들에게 가는 자가 있으면 회개하리이다" 눅 16:30

부자는 지상에서 이런 식으로 다른 사람에게 자신의 뜻을 주장하고 남의 말을 무시하는 오만한 자세로 산 사람이었다. 나쁜 버릇은 하데스에서도 없어지지 않는다.

기적만으로는 사람이 변화되지 않는다

단순히 죽었던 자가 살아나서 증언한다고 해서 사람이 회개를 할 수 있을까? 부자는 그렇게 확신하였다. 이것은 부자의 주장만이 아니다. 많은 사람들이 그럴 것이라고 생각한다. 그러나 죽은 자의 증언은 지옥의 실체에 대한 증언에 그칠 뿐이다. 회개는 하나님의 말씀에 근거해야 한다. 죄인이 하나님께로 마음을 돌리는 회개는 성경 말씀의 진리에 바탕한 성령의 역사에 의한 것이다. 어느 개인의 체험이나 기적적인 현상의 증언만으로 죄인이 회개할 수 없다.

그런 증언은 객관적으로 증명될 수도 없고 많은 오해를 일으키기 쉽다. 오히려 그릇된 사후관으로 계속 어둠에 머물게 될 위험이 크다. 회개는 복음을 들어야 한다. 죽은 영혼이 성령에 의해서 깨어나야 한다. 자신이 죄인임을 고백하고 주 예수 그리스도의 복음을 믿고 하나님께 마음을 돌려야 한다. 이것은 죽은 자가 다시 살아나서 사후의 세상에 대한 증언을 한다고 되는 일이 아니다. 단순히 지옥불을 피하기 위해서 거지에게 동전 몇 닢 던지는 것은 아무 의미가 없다.

그래서 하나님은 그런 방법을 사용하시지 않고 모세와 선지자들을 보내셨다. 그리고 마침내 구약 성경이 예고하며 기다렸던 예수님을 구원자로 세상에 보내시고 복음을 통해 그를 믿는 자마다 모두 구원을 받게 하셨다. 하나님의 계시의 총체인 성경의 가르침을 수용하지 않으면 누구도 지옥불을 면치 못한다.

바리새인들은 예수님께 하늘의 징조를 구하였다(마 12:38; 16:1;

눅 11:16; 요 6:30). 그러나 그들은 예수님의 많은 표적들을 보고도 믿지 않았다. 그들에게는 사실상 죽었다가 다시 살아난 마리아와 마르다의 오라버니였던 나사로(본 비유에 나오는 나사로와 동명이인)가 있었다. 그러나 그들이 나사로 때문에 회개하고 예수님을 믿은 것이 아니었다. 대제사장들은 오히려 나사로를 죽이려고 하였다(요 12:10).

그런데 그들이 나사로를 죽이려고 한 까닭은 "나사로 때문에 많은 유대인이 가서 예수를 믿음이러라"(요 12:11; 12:45)고 했다. 그럼 이 말은 아브라함이 부자에게 한 말과 모순되지 않는가? 아브라함은 부자에게 "비록 죽은 자 가운데서 살아나는 자가 있을지라도 권함을 받지 아니하리라"(31절)고 하였다. 언뜻 들으면 서로 엇갈린 주장을 하는 듯하다.

그러나 아브라함은 초자연적인 기적들을 부인하거나 기적이 믿음이나 회개에 아무 영향을 주지 않는다고 말한 것이 아니었다. 아브라함은 자신이 백세가 되었고, 불임이었던 사라가 90세에 이르렀을 때에 하나님의 약속대로 아들을 낳는 기적을 체험한 자였다. 그가 이삭을 낳은 기적으로 하나님을 더욱 신뢰한 것은 말할 나위도 없다. 초자연적인 하나님의 참된 기적들은 믿음을 새롭게 일으키고 하나님에 대한 신뢰를 더 다져준다.

그러나 하나님의 말씀에 기반하지 않으면 어떤 기적도 그 자체로서 사람을 변화시키거나 하나님께 마음을 돌리게 하지 못한다. 그래서 아브라함은 "모세와 선지자들에게 듣지 아니하면"(31절)이라고 조건을 붙였다. 요한복음에 나오는 나사로의 부활을 보고 예수님을 믿은 유태인들은 공백 상태에서 다시 살아난 나사로만 보고 믿은 것이 아니었다. 그들은 예수님의 복음을 먼저 들었던 자들이었다. 마르다와 마리아에게 문상을 온 많은 유태인들이 있었고(요 11:19) 예수님이 마르다와 대화하시면서 복음을 전하시는 것도 무리가 다 들었다(요 11:20-27). 그리고 나사로를 살리신 현장에도 많은 유태인들이 예수님의 기도를 듣고 있었다(요 11:42).

예수님은 복음을 먼저 전하시고 이에 대한 표적으로서 기적을 행하셨다. 많은 무리들이 예수님의 표적을 보고 기적에 의한 병고침을 받았다. 그럼에도 예수님을 주와 그리스도로 믿는 자들은 많지 않았다. 복음을 먼저 믿어야 하나님의 기적들이 믿음 생활에 도움이 된다. 주 예수 그리스도를 믿지 않으면 초자연적인 현상들에 의해서 삶이 바뀔 수 없다. 아브라함이 부자에게 "모세와 선지자들에게 듣지 아니하면 비록 죽은 자 가운데서 살아나는 자가 있을지라도 권함을 받지 아니하리라"고 한 의미가 바로 이것이다.

초자연적 현상은 신자들의 믿음을 더 세워주고 불신자들의 영적 어둠에 한 줄기 빛이 될 수 있다. 그러나 그 자체가 사람을 회개케 하고 각종 악에서 구해 주며 하나님을 바르게 믿게 하는 보증은 아니다. 인간은 예수를 믿는 믿음이 없이도 영적 세계나 사후의 실체를 믿고 확신할 수 있다. 세상에는 내세를 믿는 타종교도 많다. 부자 역시 하나님을 믿지 않으면서도 유태교가 말하는 천국과 지옥, 회개와 심판을 다 믿었다. 그러나 그는 음부에 있었다. 그의 형제들이 나사로의 증언을 듣는다고 해도 회개하지 않을 것은 이미 주어진 하나님의 말씀을 믿지 않기 때문이었다. 죄인들은 오직 성경 말씀으로 갱신되어야 한다.

비록 천국과 지옥을 다녀온 자라도 하나님의 계시의 말씀인 성경보다 더 잘 증언할 수 없다. 그럼에도 죽은 자의 기적적 증언을 통해 형제들의 마음과 삶을 하나님께로 돌릴 것이라고 확신하는 것은 하나님의 계시의 말씀을 뒷전에 두겠다는 시사이다. 기적적이고 초자연적인 증언이 하나님께 마음을 돌리게 한다는 보장이 없다. 성경만이 인간의 양심과 판단에 호소하는 하나님의 최선의 방책이다. 부자는 성경보다 나사로의 사후 증언이 더 효과적이라고 주장하였다. 그러나 그는 자기 형제들이 나사로와 같은 사람을 좀 돕기만 하면 지옥을 면한다는 정도로 생각하였다.

그러나 하데스로 가지 않는 구원의 길은 성경 말씀을 신뢰하는 길밖에 없다. 모세와 선지자들이 증언한 예수님 자신이 최대의 표적이다. 그는 길과 진리며 부활과 생명이다(요 11:25; 14:6). 구약 성경은 한결같이 예수 그리스도를 구원자로 가리키고 있었다. 부자가 만약 모세와 선지자들의 말을 들었더라면 예수님을 믿고 주님의 교훈에 따라 하나님과 이웃 사랑을 하면서 살았을 것이다. 구약 성경 전체가 예수님에 대한 증언이기 때문이다.

> "이에 모세와 모든 선지자의 글로 시작하여 모든 성경에 쓴 바 자기에 관한 것을 자세히 설명하시니라" 눅 24:27

하나님은 죽은 자들을 부활시켜 세상에 증인으로 내보내시지 않는다. 이미 예수님의 부활로 확실하고 충분하게 증거하셨다. 성경이 최대의 권위이다. 죄인이 하나님의 말씀에 귀와 마음을 닫으면 어떤 인간의 말에도 설득되지 않는다.

재물을 맡은 것은 특권이며 신성한 소명이다

　재물은 하나님의 나라를 위해서 잘 사용하면 매우 큰 도움을 준다. 다른 성도로부터 꼭 필요한 물질적인 도움을 받아본 적이 있는가? 병원비가 없어 고통 받는 자식의 병을 치료할 수 없었을 때, 학비가 부족하여 사랑하는 자녀를 학교에 진학시킬 수 없었을 때, 생활비가 떨어져 가족이 허덕일 때에, 빚을 갚지 못해 갖은 수모와 고통을 당할 때에, 하나님의 일을 하면서 돈이 없어 사역을 중단해야 할 때에 다른 성도로부터 물질적인 도움을 받아 본 자라면 그 재물의 힘이 얼마나 크다는 것을 체험했을 것이다.
　돈 자체의 위력을 말하는 것이 아니다. 다른 성도의 자비의 손길을 통해서 받는 물질로 인해 화급한 문제가 풀려 하나님께 감사하게 하는 위력이 너무도 크다는 것이다. 도와 준 성도에게 절실한 고마움을 느끼며 그의 선행이 계속되도록 하나님께 기도하는 힘이 크다는 것이다. 그래서 자신도 주 예수의 이름으로 남을 도울 수 있게 되기를 간절히 기도하는 힘이 생긴다. 그런 때에 우리는 하나님의 사랑과 능력을 깊이 느낀다.　재물을 나누어 주는 것은 하나님의 자비를 나누어 주는 것이다. 이것은 은혜를 입은 자들로 하여금 하나님을 찬양케 하는 신성한 사역이다.
　주는 자가 되기 위해서 재물을 벌어야 한다. 이런 의미에서 재물을 많이 벌려고 하는 것은 많이 주기 위해서다. 다른 목적은 모두 육적인 동기에서 나온 것이다. 하나님은 그런 돈을 축복하지 않으신다. 그러나 그리스도의 이름으로 하늘 아버지가 허락하시고 맡겨 주신 재물을 다른 사람의 필요를 위해 전달하는 것은 커다란 특권이며 신성한 의무이다.

모든 은사가 다 하나님이 주신 선물이다. 돈 버는 일도 마찬가지이다. 어떤 이들은 돈버는 은사가 많다. 그런데 돈을 잘 버는 자는 잘 써야 한다. 미국의 강철왕이었던 카네기는 부자로 죽는 것은 수치스런 일이라고 하였다. 나누어 주지 않고 부자로 죽는 것은 자신의 할 일을 다 하지 못했다는 뜻이다. 다른 사람을 부요하게 하기 위해서 가난해질 수 있는 자라야 예수 그리스도를 닮는 자이다.

"우리 주 예수 그리스도의 은혜를 너희가 알거니와 부요하신 이로서 너희를 위하여 가난하게 되심은 그의 가난함으로 말미암아 너희를 부요하게 하려 하심이라" 고후 8:9

주님은 가난한 자들에게 베푸는 자선을 주님 자신이 받는 것으로 간주하셨다(마 10:42; 25:34-40,45). 하나님이 부자가 나사로에게 행하지 않은 자선을 기억하시고 벌하셨듯이, 주님의 이름으로 주의 작은 형제들에게 베푸는 자선도 기억하시고 상주신다. 이것이 하나님의 공의이다. 하나님을 위해 사용된 재물은 결코 잊혀지지 않는다.

우리는 무엇이든지 주님으로부터 받는 모든 선한 것들을 주님의 뜻대로 돌려주는 삶을 살아야 한다. 우리는 빈손으로 가는 것을 배워야 한다. 세상에 살면서 하나님이 주시는 온갖 좋은 것들은 남을 위해 모두 사용하고, 깨끗한 빈손으로 주님께 가야 한다. 지옥에서는 선을 행할 기회가 없다. 세상에 사는 동안 책임 있는 선을 행해야 한다. 지혜롭게 재물을 사용해야 한다. 재물을 잘 사용하면 주는 자와 받는 자에게 커다란 축복이 온다. 하나님이 매우 기뻐하시는 일이기 때문이다.

부자가 돈을 버는 것은 자신의 사역이다. 돈 버는 은사를 가진 성도로서 장사나 사업을 하는 것은 자신의 소명이다. 그러므로 다른 소명처럼 하나님 앞에서 책임을 져야 한다. 돈은 벌기만 잘 하면 되는 것이 아니고 하나님의 뜻대로 바르게 사용해야 한다. 그런 자들은 칭찬을 받고 자기의 상을 받는다.

크리스천에게는 성경의 재물관이 있어야 한다

나는 내가 가진 재물을 통해서 누구를 섬기는가? 나의 마음이 어디에 있는가? 주님은 우리들의 보물이 있는 곳에 우리들의 마음도 있다고 하셨다(눅 12:34). 우리는 돈과 하나님을 동시에 섬길 수 없다(눅 16:13). 주님은 다른 한 부자의 비유에서 재물을 하나님을 위해 선용하지 않고 쌓아두는 어리석은 부자에게 "오늘 밤에 네 영혼을 도로 찾으리니 그러면 네 준비한 것이 누구의 것이 되겠느냐?"(눅 12:20)고 물으셨다. 아마 그 부자는 자기의 재산이 다른 데로 가지 않고 자식들에게로 넘어갈 것이라고 대답했을지 모른다. 그러나 자식에게 넘어간 돈은 이미 내 돈이 아니다. 나는 내가 맡았던 하나님의 재물에 대해서 져야 할 책임이 있다.

당신은 모세와 선지자가 가리키는 예수 그리스도를 믿는가? 오직 그리스도를 자신의 주와 하나님으로 믿어야 천국에 들어간다. 음부에는 누가 들어가는가? 하나님을 두려워하지 않고 모세와 선지자를 무시하며 자기를 위해서는 마음대로 재물을 풍풍 쓰면서 자비를 베풀지 않는 인색한 자들이 들어간다.

재물 자체가 나빠서가 아니다. 부자로 친다면 믿음의 족장들이 모두 거부였다. 하나님은 거부 중의 거부이시다. 그러나 하나님은 얼마나 후하고 자비하신가? 부자는 자신의 재물 사용에서 하나님을 믿지 않고 산다는 사실을 드러내었다. 그는 하나님을 불신했기 때문에 음부로 들어갔다. 돈이 많아서가 아니고 단순히 거지에게 자선을 하지 않아서가 아니다.

부자가 나사로에게 보인 자비가 없는 태도는 그가 하나님과 가진 관계를 대변하는 것이었다. 그가 나사로를 무시한 것은 하나님과의 관계가 어긋난 관계였기 때문이었다. 그는 모세도 선지자의 메시지에도 관심이 없었다. 그는 하나님의 말씀을 듣지 않았다. 성경을 믿지 않았기 때문이다. 그는 자기 돈을 믿은 자였다. 돈이 그를 찌르고 돈이 그의 운명을 망하게 하였다. 그에게 돈은 독이 되었고 일만 악의 뿌리가 되었다(딤전 6:10).

필자는 미국 선교 단체에서 7 년간 총무로 봉사한 적이 있었다. 그래서 미국 교인들과 접촉이 많았고 미국 각 주를 다니면서 그들의 교회와 집을 방문한 경우도 적지 않다. 그래서 그들이 교회적으로 또는 개인적으로 어떻게 남을 돕는지를 잘 아는 편이다.

미국 동부에 있는 어떤 성도의 집을 방문했던 기억이 지금도 생생하다. 두 여형제들이 작은 집에서 살고 있었다. 이들은 나이가 많은 편이었는데 타이어 공장의 여공들이었다. 나는 그들이 근무하는 공장에 가 보고 퍽 놀랐다. 여공들이 육중한 기계를 조작하면서 하루 종일 서서 타이어를 생산하고 있었기 때문이다. 미국이라고 해서 공해가 없는 것도 아니고 노동조건이 이상적인 것도 아니다. 타이어 공장이기에 고무 냄새로 숨이 막힐 듯하였고 온갖 장비들이 내는 시끄러운 소리와 각종 생산 활동으로 공원들이 구슬땀을 흘리면서 분주하게 일하고 있었다.

그런데 그 두 여성도들은 그처럼 애써 번 돈을 자기들의 생활비 일부만 제외하고는 모두 선교비로 보냈다. 그들은 본인이 봉사하던 선교회에도 헌금하였는데 매달 약 15불씩을 한국의 혼혈아들을 위해 오랜 기간을 후원하였다.

본인은 영국에서 오래 살았다. 영국인들과의 친척 관계도 있고 해서 그들의 유서를 볼 수 있는 기회가 있었다. 한 사람은 넉넉한 편이 아니었는데도 거의 20군데의 기독교 단체와 개인들에게 선물금을 나누어 주라고 유서에 남겼다. 그 금액들은 실로 작은 것이었다. 그러나 유족들은 너무도 당연하게 여기고 수혜자들에게 정확하게 전달하였다. 이들은 자식들에게 재산을 다 넘겨버리는 경우가 극히 드물다. 이런 일은 크리스천이 아닌 사람들에게도 몸에 배여 있는 좋은 전통 문화이다.

크리스천들은 재물에 대한 목적이 뚜렷한 사람들이다. 하나님은 크리스천들에게 재물을 하나님의 나라를 위해 사용하고 어려운 자들을 도우면서 하나님의 자비를 드러내라고 가르치셨다. 만약 자식이 이 목적을 제대로 수행할 처지가 아니라면 재산을 물려주어서는 안 된다. 더구나 모든 재산을 다 넘기는 것은 옳지 않다. 다른 자비의 대상들에게 나누어 주는 분량이 있어야 한다. 자식에게도 형편에 따라 부모의 도움을 주어야 할 경우가 있을 것이다. 그러나 자식 중심으로 재산이 분배되는 것은 하나님의 재물관과 맞지 않다. 재물은 하나님의 일을 중심으로 분배되어야 한다.

록펠러의 재산이 3대째 이상 유지될 수 있었던 것은 록펠러 원조가 자식들에게 남을 위해 재물을 나누어 주는 원칙을 철저히 가르쳤기 때문이었다. 하나님의 재물을 복음을 위해서 사용하지 않거나 하나님의 자비를 드러내지 않는 자식들에게 재산을 넘기는 것은 커다란 낭비이다. 하나님은 이 같은 일에 대해 반드시 책임을 물으실 때가 있을 것이다.

자식들은 다 성장하여 정상적인 경제 활동을 하고 있으면서도 부모들이 자기들에게 재산을 남기지 않았다고 불평해서는 안 된다. 부모가 복음 사업을 위해 남은 재산을 바쳤다면 그런 훌륭한 부모의 복음 정신을 자신들도 이어받아서 기독교 가문의 좋은 전통이 되게 하여야 한다. 그리고 크리스천은 돈을 움켜쥐고 있다가 죽을 때에 가서 나누어 줄 생각을 말고 평소에 복음을 위해 자비를 베푸는 일을 게을리하지 말아야 한다. 주님이 언제 우리를 불러 가실지 모르기 때문이다.

하나님은 재산을 쌓아놓고 "평안히 쉬고 먹고 마시고 즐거워하자"(눅 12:19)고 말한 부자를 향해 "어리석은 자"라고 하셨다. 자신의 영혼이 불려 가면 어디로 갈 것인지를 생각하고 살아야 한다. 재물은 하나님의 구원 사역을 위해서 사용되어야 할 매우 중요한 재화이다. 이 일에 신실하지 않은 자들에게는 심판이 있다. 나는 돈으로 하나님의 자비를 드러내는가? 나는 자신을 위하여 재물을 쌓아두지 않기 때문에 하나님께 대하여 부요한 자인가?(눅 12:21). 당신은 재물을 하나님이 의도하시고 명하신대로 선한 목적을 위해 사용하고 있는가? 돈이 많고 적고가 문제가 아니다. 반드시 재산이 많은 부자에게만 청지기 소명이 있는 것도 아니다. 우리 모두에게 작은 물질이라도 하나님을 위해서 선하게 사용해야 할 책임이 있다.

본 비유의 부자는 하나님 앞에서 재물의 청지기직을 잘못 이행한 가장 불행한 실례이다. 재물을 낭비하거나, 하나님의 나라를 위해서 재물을 선용하지 않는 것은 매우 심각한 일이다. 재물 낭비는 불의하며 죄악된 일이다(눅 15:21; 16:1).

그러나 재물의 선용은 하나님 나라를 크게 발전시키는 데 매우 중요한 역할을 한다. 물론 돈이 하나님 나라를 세우지 않는다. 돈이 곧 선교도 아니다. 그러나 우리는 물질이 없으면 하나님 나라를 위한 많은 사역들이 커다란 장애를 받는다는 사실을 잘 알고 있다. 주님은 재물이 복음 사역의 한 필수적인 수단이 되게 하셨다. 이것이 주께서 재물에 대한 여러 교훈들을 주신 중요한 이유의 하나이다. 그래서 주님은 우리들의 재물 사용에 대해 상과 벌을 주신다고 하셨다.

부자 교인들을 위해 기도해 주어야 한다

우리는 재물을 많이 맡은 자들을 위해 기도하며 격려해야 한다. 큰 재물이 있는 자들에게는 가난한 자들이 모르는 유혹과 시험이 많다. 많은 재산가들이 사업을 진행시키며 재물을 유지하기 위해 여러 가지 어려움을 겪으면서 부심한다. 돈이 많다고 남을 욕하거나 정죄를 해서는 안 된다. 부자들에게도 하나님이 신령한 소명을 주셨다. 그들이 자신들의 청지기 소명을 잘 감당할 수 있어야 하나님 나라가 발전할 수 있다.

그러므로 교회와 개별 신자들은 공동체의 일원으로서 재물을 맡은 부자 교인들을 위해 반드시 기도해 주고 나쁜 유혹에 빠지지 않도록 진심과 사랑으로 권면하며 선한 청지기에 대한 주님의 약속들을 상기시켜야 한다.

우리는 무조건 돈이 있기 때문에 장로가 되고 여러 감투를 쓴다고 말하지 말고 하나님이 맡기신 재물을 주의 뜻대로 잘 사용하는 일에 신실하기 때문에 장로도 되고 위원장도 되었다고 말할 수 있어야 한다. 그런 건전한 풍토가 되려면 교인들이 부자 교인들에 대한 부정적인 편견을 내려놓고 먼저 그들의 영혼이 주 예수 그리스도에 대한 간절한 사랑과 하나님 나라의 발전을 위한 희생의 삶이 되도록 주께 간곡히 기도하는 일부터 시작해야 할 것이다.

한편 부자 교인들은 재물에 대한 예수님의 교훈을 심각하게 받아야 한다. 예수님의 비유는 음부로 내려가는 불행한 부자가 있어서는 안 된다는 것을 가르친다. 우리 주변에도 부자의 다섯 형제들에 해당하는 사람들이 있을 것이다. 그들에게 복음을 전해야 하고 물질 사용에 대한 주님의 가르침을 알려야 한다. 어쩌면 나 자신이 하나님을 무시하고 사는 부자의 한 형제일지 모른다. 그렇다면 예수님이 본 비유를 주신 목적을 생각해 보라. 주님은 당신이 마음을 돌이켜 주 예수를 믿기를 기다리신다.

주님은 당신이 하데스로 내려가는 것을 원치 않으신다. 주님은 당신을 위해 가난해지셨다. 하나님은 당신을 위해 모든 것을 다 내려놓으셨다. 십자가에서 주님은 당신의 모든 죄를 지고 최선의 자비를 베푸셨다. 그런데 당신은 어떤 자비를 베풀고 있는가? 당신의 나사로에게 마땅히 행했어야 할 자비를 행하지 않았다면 그 죄를 회개하라. 그러면 주님은 당신을 넉넉히 용서하신다. 그리고 나사로를 향한 당신의 자비의 손이 다 비어질 때에 주님은 당신을 음부가 아닌, 주님의 영원하신 품으로 인도하실 것이다.

9편

강도의 구원
누가복음 23:26-43

"그들이 예수를 끌고 갈 때에 시몬이라는 구레네 사람이 시골에서 오는 것을 붙들어 그에게 십자가를 지워 예수를 따르게 하더라… 또 다른 두 행악자도 사형을 받게 되어 예수와 함께 끌려 가니라. 해골이라 하는 곳에 이르러 거기서 예수를 십자가에 못 박고 두 행악자도 그렇게 하니 하나는 우편에, 하나는 좌편에 있더라… 달린 행악자 중 하나는 비방하여 이르되 네가 그리스도가 아니냐 너와 우리를 구원하라 하되 하나는 그 사람을 꾸짖어 이르되 네가 동일한 정죄를 받고서도 하나님을 두려워하지 아니하느냐 우리는 우리가 행한 일에 상당한 보응을 받는 것이니 이에 당연하거니와 이 사람이 행한 것은 옳지 않은 것이 없느니라 하고 이르되 예수여 당신의 나라에 임하실 때에 나를 기억하소서 하니 예수께서 이르시되 내가 진실로 네게 이르노니 오늘 네가 나와 함께 낙원에 있으리라 하시니라"

갈보리에는 세 개의 십자가가 세워졌다

첫째, 반항의 십자가이다.

"달린 행악자 중 하나가 비방하여 이르되 네가 그리스도가 아니냐 너와 우리를 구원하라 하되" 눅 23:39

이 강도는 사형을 받으면서도 예수님을 저주하고 악담하였다. 그는 여인들의 울음 소리와 마리아의 애끓는 모정의 슬픔을 눈 아래로 내려다보고서도 마음이 닫혀 있었다. 그는 거친 입으로 악담을 예수께 퍼부었다. 그는 죽는 시각까지 악의와 저주를 자기 입에서 제거할 수 없었다. 이 강도는 구원의 주님과 너무도 가까이 있었지만 영적인 관계에서 보면 가장 먼 거리에 있었다.

진정한 의미에서 예수님에 대한 나의 생각이 예수님과 나 사이의 거리를 결정한다. 예수님을 욕하고 조롱했던 강도는 예수님과 가장 멀리 떨어진 자였다. 그는 예수님과 비록 같은 십자가 형을 받고 골고다에서 나란히 못박힌 자였지만 예수님과 아무런 관계를 맺지 못하였다. 그는 자신의 생을 마감하는 최후의 장소에서 최선의 기회를 스스로 걷어찬 자였다.

무엇이 그로 하여금 그처럼 악의에 찬 인간으로 만들었을까?
끔찍한 십자가 형벌을 받고 죽어가는 사람으로서 옆에 매달린 다른 사람을 모욕하고 희롱할 만큼 이 강도의 마음은 굳어 있었다. 세상에는 너무도 억울한 일을 당하고 사는 자들이 많다. 자신의 힘으로 어떻게 할 수 없는 상황에서 몸과 마음을 짓밟힌 자들이 있다. 누구에게도 말할 수 없는 피해를 입고 원통하게 사는 자들도 있다. 자신의 잘못이 아닌 일로 평생을 죄수처럼 살아야 하는 자들도 있다. 다른 인간들의 악행으로 인해 짓밟힌 자신의 인생을 어디에도 호소하지도 못하고 옥죄는 가슴을 안고 살아야 하는 자들도 있다.

이 세상은 유난히 나 자신에게 가혹한 곳일 수 있다. 태어날 때부터 보기 흉한 불구의 몸으로 남의 시선을 두려워하는 자들도 있고, 뜻밖의 일을 당하여 졸지에 거리로 나앉는 사람들도 있다. 누명을 쓰고 감옥에 들어가기도 하고, 불의의 사고를 맞아 한숨과 슬픔으로 나날을 보내기도 한다.

이 세상의 불행을 어찌 다 말할 수 있겠는가? 당해 보지 않은 사람들은 그들이 겪는 고통을 이해할 수 없다. 예수님에게 욕설을 퍼부었던 강도도 분명 다른 사람들로부터 피해를 입었거나 혹은 어두운 환경의 영향을 받았을 것이다.

그런데 인간의 불행은 마음에 쓴 뿌리를 내린다. 세상을 보는 눈이 비관적이며 적대적이다. 남을 신뢰하거나 타인에게 자비를 베푸는 일이 쉽지 않다. 자존심이 떨어져서 원만한 인간 관계를 지속하기가 어렵고 조그만 일에도 마음에 상처를 받으며 정신적 안정을 잃는다. 원통한 나머지 극단적인 생각을 자주 하게 되고 보복심이 깊이 깔리며 자신을 탓하기도 한다. 그리고 어떤 계기가 되면 십자가의 강도처럼 포악한 일을 저지를 수 있다.

십자가의 강도는 나와 상관이 없을지 모른다. 그러나 인생의 거친 대접을 경험한 자들의 입장에서 보면 이 행악자와 함께 예수에게 욕설과 야유를 퍼붓고 싶을지도 모른다. 혹시 당신은 세상에 대고 마구 분을 내뿜고 싶지 않은가? 하나님을 원망하며 반항하고 싶지 않은가?

물론 모든 사람들이 불행을 당했을 때 동일한 반응을 보이는 것은 아니다. 자신이 당한 불행이 오히려 긍정적인 삶을 위한 거름과 교훈이 되기도 한다. 하지만 인간의 불행은 아무리 좋은 방향으로 사용되어도 불행의 문제를 근본적으로 해결하지는 못한다.

그러나 우리는 십자가 죽음을 겪는 또 다른 강도와 예수님과의 관계에서 전혀 다른 삶의 모습을 본다. 불행한 인생이라도 예수님의 십자가를 바라보는 자에게는 참된 소망의 지평이 열리고 오늘의 고난을 초월하는 밝은 내일이 약속된다.

둘째, 회개의 십자가이다.

예수님의 다른 한 편에 달렸던 강도는 예수님에 대해서 알고 있었다.

그는 다른 사람들을 통해서 소문으로 예수님을 알았거나 아니면 직접 예수님의 메시지를 들을 기회가 있었을지도 모른다. 적어도 그는 "당신의 나라"(눅 23:42)에 대해서 알고 있었다. 그러나 그것이 그로 하여금 착한 사람이 되게 하거나 주님을 믿게 하지는 못하였다. 그는 행악자였다. 그는 자신이 받는 극형이 당연하다고 스스로 인정할 만큼 악한 자였다(눅 23:41).

그런데 그는 십자가에서 변화되었다.

그는 "아버지여 저들을 사하여 주옵소서"(눅 23:34)라는 예수님의 기도를 들었다. 아마 그는 이 기도를 듣고서 예수님에 대하여 들은 모든 말들이 다 사실이라고 확신했을지 모른다. 더구나 하나님이 자신을 가장 혹독한 죽음으로 죽게 하는 순간인데도 예수님은 하나님을 자기 "아버지"라고 부르며 남을 위해 기도하셨다(눅 23:34). 그는 분명 자신의 행위와 예수님의 행위가 너무도 다르다는 것을 깨달았을 것이다(눅 23:40,41).

이 강도는 갑자기 태도를 바꾸어 예수님을 계속 욕하던 다른 강도를 꾸짖으며 예수님의 행위가 다 옳다고 변호하였다(눅 24:40-41). 그는 예수님께 제일 마지막으로 선한 말을 한 자였다. 흔히 우리들이 하는 말에 내가 죽겠는데 어찌 남을 생각할 수 있느냐고 한다. 나부터 살고 보아야 한다는 것이다. 그러나 이 강도의 경우는 그렇지 않았다. 그는 자신이 죽어가면서도 예수님께 선한 말을 하였고, 그를 비호하였다.

셋째, 구속의 십자가이다.

"예수여 당신의 나라에 임하실 때에 나를 기억하소서" 눅 23:42

1) 강도는 구원하는 믿음의 기도를 하였다.

행악자는 예수님의 나라와 그의 주권을 믿었다. 그는 자신의 죄를 인정하였다. 그리고 예수님에게는 죄가 없음을 주장하였다. 그는 예수님의 나라를 믿은 자였다. 그는 예수님의 나라에 들어가기를 원한 자였다. 그는 적어도 예수님과 그의 나라가 십자가의 죽음을 넘어 세워지는 새로운 왕국임을 믿었다. 그는 지상 왕국이 아닌 천상적인 하나님의 새 나라에 들어가기를 갈망하였다.

2) 강도는 예수님께 직접 기도하며 자신의 영혼을 맡겼다.

다 같이 십자가에 매달려 죽어가는 자에게 기도를 하고 자신의 구원을 맡기는 것은 우매한 짓이 아닌가? 그러나 하나님은 십자가의 수치와 십자가 형벌의 어리석은 것으로 믿는 자들을 구원하시기를 기뻐하셨다(고전 1:21). 예수님이 달리신 십자가는 '구속의 십자가'이기 때문이다.

"십가가의 도가 멸망하는 자들에게는 미련한 것이요 구원을 받는 우리에게는 하나님의 능력이라" 고전 1:18

3) 십자가의 강도는 예수님의 부활을 믿었다.

누구든지 예수를 주님으로 시인하며 그의 부활을 믿고 주의 이름을 부르는 자는 구원을 받는다(롬 10:9,13). 그는 자신도 예수님의 구원을 받으면 죽은 후에 부활될 것을 믿었다. 그러기에 그는 예수님이 그의 왕권을 가지고 십자가의 죽음을 넘어 다시 오실 것을 기대하며 그때 자신을 기억해 달라고 주님께 호소하였다(눅 23:42) 이것이 구원하는 믿음의 기도이다.

당신도 이 같은 강도의 기도를 주님께 드릴 수 있겠는가? 만일 당신이 그런 기도를 예수님께 한 적이 없다면 당신이 하나님을 떠난 죄인임을 고백하라. 예수님이 하나님의 아들이시며 내 죄를 대신 지고 십자가에서 형벌을 받으신 사실을 진심으로 믿으라. 주 예수께서 부활하셨기에 그를 믿는 자들은 하나님의 정죄를 받지 않는다. 그리고 새 생명으로 다시 태어난다. 이것은 하나님의 약속이다. 이 약속을 믿고 당신의 삶에 예수님을 주와 그리스도로 영접하라(행 2:36). 그리하면 당신은 주님의 부활 생명을 즉각 받게 된다. 당신은 죄의 권세로부터 해방되고 어둠의 왕국에서 빛의 나라로 옮겨진다. 당신은 하나님의 용서를 받고 죄인이 아닌 의로운 자의 신분으로 하나님을 섬기며 영원한 구원을 누리게 된다.

4) 강도의 기도는 예수님에게도 큰 의미가 있었다.

강도는 자신이 죽어가면서도 함께 죽어가는 예수님을 구주로 믿고 자신을 의탁하였다. 그의 믿음은 문자대로 목숨을 건 것이었다. 예수님의 찢기운 가슴 위에 행악자의 기도가 한 송이 향기로운 꽃잎처럼 떨어졌다. 용서와 구원을 원하는 한 악인의 기도가 하늘 아버지의 버림을 받는 예수님의 귀에 밝은 종소리로 울려왔다. 극심한 갈증과 혹독한 매질로 무참히 일그러진 예수님의 참혹한 얼굴에 한 줄기 서광이 스쳐갔다. 하나님의 나라에 들어가기를 소원하는 한 죄인의 최후의 호소가 예수님의 피맺힌 십자가 위에 승리의 깃발을 달았다. 모든 것이 어둠과 절망으로 무너진 해골의 언덕 위에서 새 생명이 피어났기 때문이다.

5) 강도의 구원은 즉각적이었다.

강도는 아직 성경도 잘 모르고 복음에 대해 깊이 알지도 못했을 것이다. 그러나 그는 진심으로 예수님이 자기를 구원하실 수 있는 분으로 신뢰하였다. 그의 구원은 즉각적이었다.

"예수께서 이르시되 내가 진실로 네게 이르노니 오늘 네가 나와 함께 낙원에 있으리라" 눅 23:43

예수님은 그에게 "오늘" 당장 주님과 함께 낙원에 있게 될 것이라고 약속하셨다. 여러 해 이후도 아니고 조금 기다린 이후도 아니다. "오늘" 당장이었다. 그의 구원은 즉각적이고 온전한 것이었다. 그는 모든 악행에 대한 용서를 받았다. 세상 법은 그를 십자가에 매달았지만 주님은 그의 죄를 모두 용서하셨다. 죄인은 낙원에 들어갈 수 없다. 오직 모든 죄가 그리스도의 십자가 피로써 덮여진 자만이 낙원에 들어간다. 이 강도는 그리스도의 십자가 피로써 모든 죄가 씻겨진 자였다. 그러므로 그는 주님으로부터 낙원에 들어간다는 약속을 받았다.

6) 강도의 믿음은 다른 사람들과 너무도 대조적이다.

예수님이 매달리신 버림받은 십자가 아래에서 백성들은 구경을 하고 대제사장들과 서기관들과 장로들은(마 27:41;눅 23:35) 비웃었다. 로마 군인들도 희롱하였고(눅 23:36), 지나가는 행인들도 예수님을 모욕하였다(마 27:39).

주님은 3년 반 동안 지상에서 가르쳤지만 정작 그가 갈보리의 십자가에 달렸을 때에는 아무도 그의 가르침을 믿지 않았다. 그의 부활을 믿고 주님의 십자가 아래에서 할렐루야를 외친 자가 있었는가? 주님이 사망을 정복하고 하나님 나라의 왕권을 쥐고 임하실 것을 누가 믿었는가? 도대체 누가 과연 십자가에서 끔찍한 죽음을 맞이하는 인간 예수에게 자신의 영혼을 맡길 수 있었겠는가?

십자가에 매달린 예수님의 영혼에 누가 기쁨과 격려의 선행을 할 수 있을 것인가? 누가 그에게 한 마디 따뜻한 말을 건네 주며 동정의 말 한 마디라도 할 수 있었는가? 오직 저주를 받은 십자가의 한 강도만이 예수님을 말씀대로 믿었다. 이것이 주님을 기쁘시게 하였음에 틀림없다. 주님은 그에게 즉각적인 구원을 약속하셨기 때문이다. 이것이 복음이다. 당신도 이 강도처럼 주님의 이름을 불러 보았는가? 그랬다면 당신의 구원도 이 강도가 받은 구원만큼 즉각적이고 확실한 것이다.

강도의 구원은 예외적이고 부끄러운 구원인가?

어떤 이들은 십자가의 강도가 받은 구원은 예외적이라고 생각한다. 예외는 보편적인 실례가 될 수 없다. 그러므로 강도의 구원을 일반적인 실례로 들어서는 안 된다는 것이다. 이런 주장은 강도처럼 죽을 때에 막차로 구원받을 가능성이 있으니까 당장 예수님을 믿지 않아도 된다는 식으로 생각하는 자들을 염두에 둔 말이다. 혹은 평생을 나쁜 짓만 하다가 죽을 때에 겨우 예수님을 믿는다면 주님을 위해 봉사할 시간이 전혀 없이 천국에 들어가는 것이므로 쑥스러운 일이라는 의미에서 부끄러운 구원이라고 말하기도 한다.

그러나 예수님은 강도에게 그런 식의 유감을 보이시지 않았다. 예수님은 이 강도의 믿음을 기뻐하시고 즉석에서 구원을 약속하셨다. 예수님은 강도가 죽을 때에 가서야 겨우 믿는다고 해서 부끄러운 구원을 주시지 않았다. 예수님은 강도에게 봉사의 삶이 없었다고 해서 인색한 구원을 주시지 않았다. 예수님은 고통 중에 신음하는 강도가 편안한 마음으로 극치의 소망을 안고 하나님 아버지의 품으로 들어갈 수 있는 온전한 구원을 약속하셨다.

하나님의 용서를 받기가 결코 어려운 것이 아니다. 강도가 어떻게 용서를 받았는가? 예수님을 구원자로 믿었기 때문이었다. 강도가 어떻게 구원을 약속 받았는가? 예수님이 하나님 나라의 왕이신 것을 믿었기 때문이었다. 물론 회개를 해야 구원을 받는다. 그런데 회개가 어려운 것이 아니다.

회개란 무엇인가? 울고불고 해야만 회개인가? 다시는 죄를 짓지 말고 완전히 죄로부터 등을 돌리고 살아야만 구원을 받는가? 죄인이 실재로 하나님의 뜻을 온전히 순종하며 도덕적으로 의롭게 된 이후에라야 구원을 받는가? 이런 의미의 회개라면 구원은 오직 믿음으로 말미암아 처음부터 받을 수 있는 하나님의 은혜가 아니다. 예수님을 비록 자신의 구속주로 믿어도 다 살아본 이후에 가서야 구원 여부가 판정이 나는 것이라면 구원은 나의 순종과 도덕 생활에 달린 것이다.

그러나 회개란 근본적으로 하나님에게서 떠났던 마음을 돌려 십자가에 달리신 구주 예수를 바라보는 것이다. 회개를 도덕적인 문제에 한정시키고 회개의 여부를 감정적이고 주관적이며 외면적인 형태의 모습에 기준을 두면 구원의 확신이란 있을 수 없다. 내가 그런 식으로 회개를 했기 때문에 하나님이 나를 구원하신 것이 아니다. 내가 하나님의 뜻을 잘 헤아려서 순종을 했기 때문에 구원을 받는 것도 아니다. 나를 구원하는 것은 나의 회개도 나의 믿음도 나의 순종도 아니다. 나의 회개나 믿음이나 순종 자체에 무슨 구원의 능력이 있는 것이 아니다. 내가 구원을 받는 것은 예수님의 대속이 있기 때문이다.

나의 회개와 나의 믿음과 내가 지고가는 나의 순종의 십자가가 나를 구원하는 것이 아니다. 주님의 믿음과, 주님의 순종과, 주님의 대속의 십자가가 나를 구원한다. 강도의 십자가가 그를 구원한 것이 아니었다. 예수님의 십자가가 그를 구원하였다. 강도가 회개하고 십자가에서 울고불고하면서 가슴을 치고 다시는 죄를 짓지 않겠다고 결심을 했기 때문에 구원을 받은 것이 아니다.

그는 사실상 돌이킨다고 해도 다시 죄를 짓지 않는다는 것을 증명할 기회가 없는 자였다. 혹자는 그가 만일 살았더라면 아주 새 사람으로 살면서 자신의 구원에 합당한 삶을 살다가 마침내 구원을 받게 되었을 것이라고 말한다. 그것을 누가 알 수 있겠는가? 누가 그의 온전한 삶을 보장할 수 있겠는가? 왜 우리는 예수님이 십자가의 강도에게 즉각적으로 주신 무조건적인 구원의 확신을 문자 그대로 받아들이지 못하는가?

십자가의 강도는 어떻게 구원을 받았는가?

단순한 믿음으로 구원을 받았다. 그는 예수님이 구주이심을 단순히 믿고 구원을 약속받았다. 그렇다면 구원은 결코 어려운 것이 아니다. 예수 그리스도를 참 마음으로 믿는 자는 누구나 즉시 영원한 구원을 받는다.

"사람이 마음으로 믿어 의롭다 하심을 받고 입으로 시인하여 구원을 받는다" 롬 10:10

"누구든지 주의 이름을 부르는 자는 구원을 받으리라" 롬 10:13

이것은 단순한 믿음을 가리킨다. 예수 그리스도에 대한 단순한 신뢰에 의해서 누구나 하나님의 자녀가 된다. 십자가의 강도가 과연 어떻게 해서 구원을 받았는가? 평소에 예수님이 하셨던 말씀을 묵상했기 때문이었을까? 평소에 예수님의 구원에 대해서 많이 듣고 생각해 보았기 때문이었을까? 어떤 사람들은 그가 갑자기 예수를 믿게 된 것이 아니고 평소에 예수님에 대한 이야기를 많이 듣고 생각해 보았기 때문에 믿을 수 있었다고 설명한다. 이것은 믿음이란 순간적으로 받을 수 없다는 주장이다. 구원은 그렇게 쉽게 받는 것이 아니라는 이야기이다.

복음을 더러 유치하게 소개하고 저급한 수준에서 무책임하게 믿게 하는 일이 있을 수 있다고 본다. 그렇다고 해서 단순한 믿음으로 받을 수 있는 구원을 어렵게 만드는 일은 무리한 반응이다. 복음을 보호하고 정확하게 전달한다는 것이 도가 지나쳐서 필요 이상으로 구원의 문을 좁히면 사람들은 구원이 극소수의 영적 엘리트들만이 들어갈 수 있는 것으로 오해한다.

그러나 구원은 결코 특정된 극소수의 사람들만이 받는 것도 아니고 그렇게 어렵게 받아야 하는 것도 아니다. 구원이란 힘을 들이고 애를 쓰고 해서 겨우 끝에 가서야 판결이 나는 문제가 아니다. 복음을 장시간에 걸쳐서 철저하게 듣고 나서 비로소 믿게 되는 것도 아니다.

누구도 처음 예수님을 믿을 때에 복음에 대한 교리들을 다 파악하거나 다 이해하는 것이 아니다. 구원이란 십자가에서 내 죄를 대속하신 예수님을 주님으로 받아들이는 단순한 믿음을 보이는 자들에게 하나님이 값없이 내려주시는 측량할 수 없는 자비의 선물이다.

강도의 구원은 순간적이었다. 강도와 예수님 사이에서 주고 받은 말이 많았던 것이 아니었다. 강도도 예수님도 많은 이야기를 주고 받을 수 있는 상황이 아니었다. 말로 형언할 수 없는 육신의 고통을 받으면서 죽어가는 자에게 무슨 논의를 하며 긴 설명을 할 수 있었겠는가?

예수님이 강도의 호소를 들으신 후에 그에게 끝까지 기다려 보아야 구원 여부를 확정 할 수 있다고 말씀하셨는가? 혹은 강도에게 비록 낙원의 약속을 하셨지만 구원의 확신은 본인이 거룩한 삶을 살 때에만 가질 수 있으며 그렇지 못하면 구원받은 것이 아니라고 하셨는가? 예수님은 강도에게 그런 식으로 구원을 선포하시지 않았다. 예수님은 강도가 주님을 마음으로 참되게 믿고 자기 입으로 구주가 되심을 고백했을 때 즉시 낙원으로 들어가는 구원을 선포하셨다.

십자가의 강도는 구원의 증인이다

예수님은 강도에게 낙원에 대한 즉각적인 약속으로 그의 구원을 보장하셨다. 강도는 "오늘" 주님과 함께 낙원에 들어갈 것이었다. 그는 비록 지상 생활에서 부끄러운 삶을 살았고 사람들의 입에 악인으로 오르내렸을지라도 자신의 임종의 시간에 예수님의 입술로부터 가장 부러운 축복의 말씀을 들은 자였다. 그는 십자가의 수치와 형벌에도 불구하고 예수님과 함께 곧 낙원으로 들어갈 자였다. 그는 평생토록 악행에 젖은 자였다. 그럼에도 그는 단순한 믿음에 의해서 구원을 약속받았다. 그는 예수님의 지상 생애 동안에 구원을 받은 제일 마지막 사람이었다. 그러나 그의 구원은 예수님의 복음이 과연 "그를 믿는 자마다 멸망하지 않고 영생을 얻게 하려 하심이니라"(요 3:16)는 약속에 대한 가장 힘있는 증거이다.

십자가의 강도는 구원의 방법을 보여준 자였다.
첫째, 자신이 죄인임을 고백하고 인정하였다(눅 23:40).
둘째, 예수님이 구주임을 믿었다(눅 23:41).
셋째, 예수님이 부활하신 후 하나님 나라의 왕으로 다시 오실 것을 믿었다(눅 23:42).
넷째, 자신을 예수님께 의탁하였다(눅 23:42).
강도는 십자가에 들리운 예수를 믿었다. 강도는 자신의 선행을 보이거나 증명할 기회조차 없었다. 그는 단순히 주 예수 그리스도를 믿었다. 그는 진심으로 예수님과 그의 나라를 믿고 십자가에 달리신 예수님을 구주로 바라본 자였다. 우리들도 동일한 방법으로 구원을 받고 동일한 구원의 약속을 주님으로부터 받는다. 물론 구원의 목적이 있다. 하나님이 우리를 불러 자녀로 삼으시는 목적의 하나는 거룩한 백성들이 되게 하는 것이다 (참조. 엡 1:4; 살전 4:7; 딛 2:11-14). 그러나 우리들이 구원을 받는 시점은 이 어두운 세상에 하나님의 아들로 오셔서 십자가에서 내 죄를 대속하신 주 예수를 믿는 순간에 이루어지는 일이다.

"모세가 광야에서 뱀을 든 것 같이 인자도 들려야 하리니 이는 그를 믿는 자마다 영생을 얻게 하려 하심이니라" 요 3:14-15

그렇다면 구원받지 못할 자가 누구인가?
예수님께 구원을 호소한 강도는 처음에는 다른 강도와 함께 예수님을 욕하였다.

"성전을 헐고 사흘에 짓는 자여 네가 만일 하나님의 아들이어든 자기를 구원하고 십자가에서 내려오라…그가 남은 구원하였으되 자기는 구원할 수 없도다. 그가 이스라엘의 왕이로다. 지금 십자가에서 내려올지어다. 그리하면 우리가 믿겠노라 그가 하나님을 신뢰하니 하나님이 원하시면 이제 그를 구원하실지라 그의 말이 나는 하나님의 아들이라 하였도다 하며 함께 십자가에 못 박힌 강도들도 이와 같이 욕하더라" 마 27:40-44; 막 15:32

예수님께 믿음을 표현했던 강도는 조금 전만 하여도 다른 강도와 함께 예수님께 욕설을 퍼부었던 악인이었다. 믿음에 이르는 경로는 사람마다 다를 수 있다. 어떤 이는 언제 믿었는지도 모른다. 어릴 때부터 교회 생활을 한 자는 자신이 거듭난 때를 기억하지 못한다. 어떤 이는 오랜 세월 동안 복음을 들었으나 아무 감동이 없이 살다가 어느 날 갑자기 깨닫고 자신을 예수께 의탁한다.

  중요한 것은 믿음에 이르는 과정이 아니고 성령의 역사에 대한 긍정적인 나의 반응이다. 하나님이 내 영혼을 구하시려고 복음을 깨닫게 하실 때에 이를 겸손히 받아들이고 십자가의 예수님을 바라보아야 한다. 즉, 하나님 앞에서 자신이 죄인이며 구주가 필요하다는 것을 인정하는 것이다. 예수님이 하나님의 아들이며 그리스도의 새 왕국에서 주가 되심을 믿는 것이다. 예수 그리스도가 내 죄를 위해 십자가에서 처형된 사실을 믿고 예수님의 속죄의 피에 의지하여 하나님께로 나아가는 것이다. 이것이 단순한 믿음이다. 이것이 구원하는 믿음이다. 한 마디로 이것이 예수님을 믿고 구원을 받는 것이다. 하나님은 이러한 믿음의 기도를 항상 들어주시고 기쁘게 구원해 주신다.

  예수님은 강도에게 그 날 당장 천국을 보장하셨다. 그런데 그 강도의 상태는 어떠했는가? 그에게 칭찬할 것이 있었는가? 그가 언제 회당에 가서 하나님의 말씀을 듣고 경배를 했을 것 같은가? 그는 종교적인 행위를 하거나 무슨 선행을 자주 할 수 있는 처지가 아니었다. 그는 악한 생각을 품고 악행을 저지르던 자였다. 그래도 그는 불과 몇 초의 믿음으로 즉각적인 구원을 받았다. 십자가의 강도는 결코 예외적인 구원을 받은 자가 아니다. 그는 그리스도의 복음으로 순간적인 구원을 받게 된 가장 선명한 실례이다.

당신은 십자가 강도를 생각하고 감사한 적이 있는가?

당신은 십자가의 강도가 갈보리에서 형벌을 당하신 주님에게 용기를 주고 격려를 한 사실을 아는가? 당신이 주 예수 그리스도의 구원을 믿고 당신의 죄를 인정하며 주님께 자비와 용서를 호소하면 주님이 한없이 기뻐하신다(눅 15:7, 10; 15:32; 히 11:5,6).

당신이 만약 그렇게 할 수 있다면 십자가의 강도를 닮은 것이다. 십자가의 강도를 주님이 구원하시고 낙원으로 인도하셨다면 주님은 당신에게도 똑같은 구원의 은혜를 베풀 수 있다. 당신은 십자가의 강도를 나의 사랑하는 형제라고 부를 수 있어야 한다.

십자가의 강도는 예수님을 믿었다. 그는 예수님의 구속을 믿었다. 그는 예수님의 대속의 피흘림을 깨닫고 더 이상 예수님을 향해 십자가에서 내려오라고 조롱하지 않았다. 십자가에 매달린 예수님이어야 우리의 구주가 되신다. 십자가에서 예수님이 내려오시지 않아야 죄인들이 하나님의 용서를 받는다.

강도는 주님의 나라가 임할 때를 믿었다. 그가 만약 예수님이 십자가 죽음을 거쳐 부활하실 것을 믿을 수 없었다면 예수님의 나라가 영광으로 임할 것도 믿을 수 없었을 것이다. 강도는 예수님의 부활과 예수님의 나라를 믿었다. 그는 또한 예수님의 왕권과 예수님의 십자가 대속을 모두 믿었다.

그 누구도 예수님을 구주로 영접할 수 없었던 곳에서 강도는 예수님의 이름을 불렀다. 죄인으로 형벌을 받는 중에서도 주 예수의 이름을 부를 수 있다. 강도는 조금 전에만 해도 예수님을 모욕하던 자였다. 그러나 주님은 누구든지 주 예수의 구원을 믿고 구하는 자들에게 과거의 죄를 묻지 않으시고 즉석에서 구원을 선포하신다.

"누구든지 주의 이름을 부르는 자는 구원을 받으리라" 롬 10:13

강도는 하나님이 자기 아들에게 준 선물이었다. 예수님의 사역의 결과는 무엇인가? 예수님은 갈릴리 해변에서부터 예루살렘에 이르기까지 모든 죄인들을 향해 "나를 따르라"고 초대하셨다. 그러나 갈보리로 가는 길에는 누구도 그를 하나님이 보내신 구주로 믿고 따르는 자가 없었다. 골고다로 끌려가는 예수님을 멀리서 좇거나 구경하는 사람들은 많았어도 그의 나라와 부활을 믿고 십자가를 넘어 다시 오시는 주님과 그의 나라를 바라는 자는 아무도 없었다.

예수님은 두 명의 강도들과 함께 골고다의 십자가에 달리셨다. 그의 곁에는 죽는 데까지라도 따라가며 그와 함께 죽기를 불사하겠다던 제자들은 한 명도 없었다(마 26:35). 예수님의 사역이 실패한 것인가? 사람들은 모두 그렇게 생각했다. 그의 제자들도 마찬가지였다. 엠마오 도상에서 예수님의 제자들이 한 말은 모든 제자들의 심경을 반영한다.

"우리는 이 사람이 이스라엘을 속량할 자라고 바랐노라" 눅 24:21

물론 예수님은 자신의 사역이 실패라고는 믿지 않으셨다. 주님은 십자가의 승리를 믿으셨다. 그리고 제자들의 회복도 믿으셨다(눅 22:32). 그러나 하늘 아버지는 아들의 그러한 확신에 대한 확인으로서 가장 믿을 수 없는 지점에서 가장 확실한 증거를 보여주셨다.

이것은 십자가의 강도가 예수님을 구주로 믿은 놀라운 사건이었다. 예수님은 하늘 아버지의 뜻에 따라 십자가의 무서운 형벌을 받으셨다. 그런데 이러한 대속의 죽음이 결코 헛된 것이 아니라는 사실과 그것이 곧 세상 죄인들을 구속하는 길임을 확인해 주는 자비의 증거로써 강도의 회심이 상상할 수 없는 십자가의 처형장에서 일어나게 하셨다.

주님이 기억하는 사람이 되어야 한다

예수님의 십자가 곁에는 낙원의 약속을 받지 못한 다른 강도도 있었다. 그는 그 날 회개한 다른 강도처럼 예수님과 함께 낙원에 들어가지 못하였다. 예수께 자비를 구하지 않는 자에게는 자비가 내리지 않는다. 그뿐만 아니라 그는 예수님이 재림하실 때에 그를 기억하지 않으실 것이었다. 주님이 기억하지 않는 자들은 모두 멸망한다. 천국은 오직 주님이 기억하는 자들만 들어간다. 주님이 모르는 자들이 어찌 하나님의 자녀일 수 있으며 주님이 기억하지 않는 자들이 어찌 주님과 함께 살 수 있겠는가?

"그 때에 내가 그들에게 밝히 말하되 내가 너희를 도무지 알지 못하니 불법을 행하는 자들아 내게서 떠나가라 하리라" 마 7:23

이 말씀은 예수님을 믿는 크리스천들을 향해서 하신 말씀이 아니고 거짓 성도들을 보고 한 말씀이다. 구원을 받은 자들을 주님이 기억하지 못하시고 배척하신다는 뜻이 아니다. 그러나 주님을 밀어내면 부정적으로 기억된다.

빌라도를 생각해 보라. 그도 자기 눈 앞에 구주 예수를 세워 놓고 있었던 자였다. 그는 예수님의 무죄까지 확신하였다. 그럼에도 자기 손을 씻고 무리들의 압력에 굴복하여 예수님을 십자가에 내어주었다. 그런데 그는 2천 년이 지난 지금까지 전 세계의 복음주의 교회들에서 그의 이름이 기억되고 있다. "본디오 빌라도에게 고난을 받으사 십자가에 못박혀 죽으시고…"라고 수천만 명의 교인들이 전세계적으로 주일마다 사도신경을 외운다.

빌라도는 예수님의 피에 대하여 무죄하다는 제스추어로서 손을 씻었다. 그는 로마의 법정에서 사라졌다. 그러나 그가 역사에서 사라진 것이 아니다. 그의 이름은 예수님 편에 끝까지 서지 못하고 세상을 따라 주님을 부인한 자들의 대명사로서 지금까지 메아리치고 있다.

당신은 주님이 기억하는 자인가? 당신은 인생의 불행을 이기고 싶은가? 당신의 구겨진 삶을 펴고 싶지 않은가? 새 생명의 삶이 우리 모두를 기다린다. 예수님의 십자가 곁에 두 개의 다른 십자가가 세워져 있었다. 어느 편에 세워진 십자가를 원하는가? 어떤 강도의 십자가를 원하는가? 당신이 주님을 구주로 신뢰하면 "오늘" 구원을 받는다. 그 때부터 당신의 인생은 달라진다. 전적으로 달라진다. 당신은 주님이 기억하는 귀한 존재가 되기 때문이다.

예수님은 세상의 구주로 오셨다. 그를 믿는 자는 죽어도 산다고 하였다(요 11:25). 예수님은 부활이요 생명이다(요 11:25). 하나님은 예수님의 십자가로 모든 죄인들을 구원하는 방편으로 삼으셨다. 로마의 잔혹한 십자가는 구원의 제단이 되었다. 십자가에서 죄인들의 죄값이 갚아졌다. 당신은 하나님의 용서와 구원을 믿는가? 주 예수의 이름을 부르라. 주님의 부활 생명을 구하라. 주께서는 죄인의 간구하는 기도를 들으신다.

예수님이 언제 십자가 강도의 기도를 들으셨는가?

예수님이 어떤 형편에 놓여 있었는지를 먼저 상기해 보라.

예수님은 아버지로부터 끊어지는 무서운 십자가를 앞에 두고 겟세마네 동산에서 밤새도록 기도하셨다. 주님은 겟세마네 동산에서 홀로 피땀이 흐르는 간절한 기도를 올리셨다. 주님은 이 곳에서 "내 마음이 매우 고민하여 죽게 되었다"(마 26:38)고 토로하셨다. 그럼에도 제자들은 깊은 잠에 빠져 있었다. 예수님은 가장 힘든 기도 시간에 제자들의 지원을 전혀 받지 못하였고 이어서 유다의 배신으로 체포되었다.

예수님은 체포된 후 물 한 모금 마시지 못하고 안나스 대제사장에게로 끌려가셨다. 예수님은 안나스의 관저에서 심문과 구타를 당하였고 결박된 채 그 해의 대제사장인 가야바에게로 이송되었다. 예수님은 다시 빌라도에게 끌려가서 심문을 당하였고 이어서 헤롯에게 보내진 후 야비한 희롱과 모욕을 당하였다. 예수님은 또다시 빌라도에게 반송되어 살점이 떨어져 나오는 무서운 채찍질을 당하였다. 로마 군인들은 예수님의 머리에 가시나무로 관을 엮어 씌우고 그의 얼굴에 침 뱉고 갈대로 머리를 치며 주먹질을 하였다.

주님은 겟세마네 동산에서부터 한숨도 자지 못하고 이리저리 끌려다니면서 고난을 당하셨다.

어찌 십자가를 지고 갈 여력이 남아 있었겠는가? 그래서 시몬이라는 사람에게 예수님의 십자가를 억지로 지워 가게 하지 않았던가!(마 27:32)

주님은 골고다에 이르기까지 사람으로서 견딜 수 없는 육체적 정신적 고초를 겪으셨다. 그뿐인가? 주님은 십자가에 사지가 못박혀 달린 채 피를 흘렸고 형틀의 구조상 호흡을 제대로 하지 못하며 타는 듯한 갈증으로 혀가 입천장에 말라붙었다.

"나는 물 같이 쏟아졌으며 내 모든 뼈는 어그러졌으며 내 마음은 밀랍 같아서 내 속에서 녹았으며 내 힘이 말라 질그릇 조각 같고 내 혀가 입천장에 붙었나이다" 시 22:15

예수님은 곤혹의 십자가 위에서 강도의 기도를 들으셨다. 그럼에도 주님은 강도의 기도를 기쁘게 응답하셨다.

주님의 귀는 들을 수 없는 귀였다. 주님의 귀는 심한 매질과 출혈로 닫혀 있었다. 그러나 예수님은 들을 수 없는 귀로 들으셨다. 죄인이 예수님의 구원을 믿고 기도할 때에 주님의 귀는 언제나 열려 있다.

주님의 입은 열릴 수 없는 입이었다. 주님의 입술은 극도의 갈증으로 타 있었다. 혀가 입천장에 붙어 있었다. 그래도 죄인이 간구하는 믿음의 기도에 주님의 입이 열리고 구원이 선포되었다.

주님의 눈은 볼 수 없는 눈이었다. 주님의 눈은 구타로 인해 심히 부었고 가시 면류관으로 찢겨진 머리에서 핏물이 주님의 시야를 가렸다. 그래도 죄인이 예수님의 사랑에 호소하며 주님의 나라에 들어가기를 원할 때 주님의 눈은 뜨이고 죄인의 얼굴을 자비와 용서의 시선으로 바라보신다.

강도의 삶은 악행에 대한 형벌로 종식되는 무너진 인생이었다. 그의 삶은 실패며 수치였다. 그의 마지막 인생의 종착지는 누구도 가기를 원치 않는 혐오와 공포의 골고다였다. 그의 십자가 아래에는 그를 위해 우는 자도 없고 그를 조금이라도 동정하는 자가 없었다. 그를 받아 주거나 인정하거나 친구가 되어 줄 자가 아무도 없었다. 그는 저주를 받은 자였다. 그러나 그는 이 절망의 장소에서 구주를 발견하였다.

그의 최후의 몇 시간은 그의 험악한 인생살이에서 가장 가치 있는 것을 발견하는 때였다. 과거는 어두웠어도 죽음의 문턱을 넘어가는 십자가의 집행대는 그에게 영원한 생명을 찾게 하는 구원의 장소였다.

그렇다면 사망을 이기시고 부활하셔서 지금 하나님 우편 보좌에서 만유의 주(主)로 계신 예수님이 어찌 우리 죄인들의 기도를 듣고 응답하지 못하시겠는가? 누구든지 주 예수의 십자가 구원을 믿고 자신을 주님께 의탁하는 기도를 할 수 있다. 주님은 이런 기도를 항상 기쁨으로 받으신다. 강도의 기도는 고난의 십자가 위에서 세상 죄를 위한 속죄양이 되신 예수님께 커다란 의미를 주었다. 적어도 한 사람의 죄인이 십자가에 달리신 예수님을 진실로 믿었기 때문이다.

강도의 구원은 우리들의 구원을 확신케 한다

십자가에 매달려 있던 강도가 구원을 받았다는 사실은 예수님의 구원이 얼마나 확실한 것인지를 예시한다. 예수님의 구원을 받을 수 없는 절망적인 상황은 우리에게 없다. 예수님이 베푸시는 구원은 죽음의 십자가를 넘어오는 영원한 구원이다. 하나님은 이 사실을 강도가 받은 구원으로 확실히 보여 주셨다. 강도가 받은 구원은 결코 예외가 아니다. 구원에는 예외가 없다. 모두 주 예수 그리스도를 믿는 단순한 믿음으로 구원을 받기 때문이다.

- 내가 인생의 심연에 빠졌을 때 십자가의 강도를 기억하라.
- 내가 큰 죄를 지었을 때 십자가의 강도를 생각하라.
- 내가 절망에 빠져 앞이 전혀 보이지 않을 때에 십자가의 강도가

드린 기도를 떠올려 보라.
● 그리고 예수께서 어떻게 그에게 말씀하셨는지를 상기하라.

주님은 지금 하나님 우편에 계신다. 주님은 십자가 위에서 죽음의 고통을 받으시면서도 한 강도의 호소를 듣고 그의 죄를 용서하며 그의 고난을 낙원의 영광으로 바꾸어 주셨다. 당신은 주 예수 그리스도의 십자가가 당신을 위한 것임을 믿는가? 주님은 당신을 위해 십자가에 매달리셨고 지금도 당신을 위해 하늘 아버지 앞에 대제사장으로서 서 계신다(히 7:25). 십자가의 강도를 구원하신 주님이시라면 당신도 넉넉히 구원하실 수 있다. 주님은 그의 나라가 임할 때에 당신을 기억하기를 원하신다. 주님께 강도의 기도를 드리지 않겠는가?

"예수여 당신의 나라에 임하실 때에 나를 기억하소서"

10편

제 3의 동반자
눅 24:13-35

"그 날에 그들 중 둘이 예루살렘에서 이십오 리 되는 엠마오라 하는 마을로 가면서 이 모든 된 일을 서로 이야기하더라 그들이 서로 이야기하며 문의할 때에 예수께서 가까이 이르러 그들과 동행하시나 그들의 눈이 가리어져서 그인 줄 알아보지 못하거늘…이에 모세와 모든 선지자의 글로 시작하여 모든 성경에 쓴 바 자기에 관한 것을 자세히 설명하시니라…그들과 함께 음식 잡수실 때에 떡을 가지사 축사하시고 떼어 그들에게 주시니 그들의 눈이 밝아져 그인 줄 알아보더니 예수는 그들에게 보이지 아니하시는지라 그들이 서로 말하되 길에서 우리에게 말씀하시고 우리에게 성경을 풀어 주실 때에 우리 속에서 마음이 뜨겁지 아니하더냐 하고 곧 그 때로 일어나 예루살렘에 돌아가 보니 열한 제자 및 그들과 함께 한 자들이 모여 있어 말하기를 주께서 과연 살아나시고 시몬에게 보이셨다 하는지라 두 사람도 길에서 된 일과 예수께서 떡을 떼심으로 자기들에게 알려지신 것을 말하더라"

본문은 엠마오로 가던 예수님의 두 제자들에게 일어난 사건이다. 두 제자들은 가장 침울한 날들을 보내고 있었다. 그들은 예루살렘에서 예수님의 십자가 죽음을 보고 깊은 절망과 허탈에 빠졌다. 그들은 예루살렘을 떠났다. 그들의 마음은 온통 예수님에게 일어난 어처구니 없는 십자가 처형에 관한 것으로 가득 채워졌다.

두 제자들은 어디에 있다가 왔는가?

그들은 예루살렘에서 오는 중이었다. 그들은 며칠 전만 하여도 예루살렘까지 예수님을 따라갔었다. 그들은 그 곳에서 예수님이 이스라엘의 하나님이신 여호와의 이름으로 왕권을 행사하며 로마 정권을 뒤엎을 것으로 기대하였다. 그러나 그들이 따랐던 예수님은 힘없이 체포된 후 십자가 죽음으로 끝내고 말았다. 그들은 너무도 큰 충격과 황폐감에 휩싸여 더 이상 예루살렘에 머물 수 없었다. 그들은 기대와 희망의 장소가 좌절과 패배의 장소로 뒤바뀐 곳에 더 이상 체류할 필요가 없었다.

제자들은 며칠 전만 해도 예수님을 즐겁게 따랐었다. 그들은 예수님을 따라다니는 일을 자랑스럽게 여겼고 그의 제자가 된 것을 당당하게 여겼었다. 그러나 끔찍한 십자가 앞에서 모든 자랑과 긍지가 사라졌다. 그들은 깨어진 꿈을 엠마오 길의 한 동행자에게 푸념처럼 털어놓았다.

"우리는 이 사람이 이스라엘을 속량할 자라고 바랐노라" 눅 24:21

예루살렘은 더 이상 예수님의 제자들에게 희망의 장소가 아니었다. 예수님을 십자가에서 처형시킨 이후의 예루살렘은 제자들에게는 폐허의 땅이었다. 엠마오로 가던 제자들은 속히 예루살렘을 잊고 싶었다. 그들은 흩어진 꿈을 안고 무거운 걸음으로 엠마오로 향하였다.

제자들이 있다가 떠나 온 '어제의 예루살렘'은 너무도 괴롭고 수치스런 장소였다. 그들은 얼굴을 드러내고 다닐 수가 없었다. 모든 사람들이 그들에게 손가락질을 하였다. 그들의 랍비와 구속주가 어디 있느냐고 조롱하였다. 자기들의 주님을 십자가에 처형시킨 무리들은 제자들을 살기찬 눈으로 쫓고 있었다. 제자들은 숨거나 도주하는 수밖에 없었다.

예루살렘은 제자들의 자존심을 땅바닥에 곤두박질하는 곳이 되었다. 그러나 그들의 예루살렘은 그들만 머물렀던 곳이 아니었다. 주님께서 먼저 예루살렘에 가셨다. 주께서 하나님의 나라를 세우시려고 갈보리로 가셨다. 갈보리로 향하는 십자가 길은 배척과 조소와 수치의 길이었다. 사람들은 예수님께 아무런 격려도 하지 않았다. 그의 제자들마저도 무거운 십자가를 지고 비틀거리는 예수님을 혼자 두고 모두 도망하였다.

그런데 제자들이 당한 수치와 좌절은 예수님이 당한 고통과 모멸에 비하면 아무것도 아니었다. 사실상 그들은 아무것도 좌절할 것이 없어야 했다. 그들이 만약 주님이 여러 번 예고하셨던 십자가 수난과 대속의 죽음으로 성취되는 구원을 믿었더라면 오히려 담대하고 기뻐할 수 있었을 것이었다. 그러나 그들은 구원의 십자가를 깨닫지 못했기 때문에 예루살렘에서 일어난 일을 철저한 비극과 실패작으로 간주하였다(24:18-20). 그리고 자신들의 무너진 자존심을 절대로 회복할 수 없다고 믿었다.

그렇다면 이런 제자들의 실의와 고통은 누구 때문인가?

분명 본인들 잘못이다. 그럼 두 제자들에게는 정말 희망도 회복도 없는 것일까? 남의 잘못으로 인해서 내가 피해를 입는 경우라면 사람들의 동정을 받을 수 있고 보상도 기대할 수 있다. 그러나 나 자신의 실수나 오행(誤行)으로 받는 고통에 대해서는 남들이 나의 불행을 보고 오히려 고소하게 여긴다.

그럼 주님은 어떻게 생각하실까?

주님은 두 제자들에게 가까이 다가가셨다(24:15). 부활하신 주님은 슬픔과 절망의 걸음을 걷는 두 제자들과 동행하셨다. 주님이 왜 그들을 만나러 가셨을까? 그들의 배신을 꾸짖기 위해서였을까? 그들의 슬픔과 좌절이 자업 자득(自業自得)이라고 따끔하게 지적하기 위해서였을까?

주님은 그런 목적으로 구태여 두 제자들을 찾아가시지 않았다. 주님이 글로바와 또 다른 제자를 찾아 가신 것은 우리들에게 매우 큰 격려가 된다.

첫째, 주님은 우리들이 겪는 여러 가지 힘든 사건에서 동행 하시기를 원하신다.

엠마오의 두 제자들은 자기들의 인생에서 가장 당황스럽고 답답한 체험을 하고 있었다. 두 제자들은 친한 사이였다. 그들은 모든 것을 버리고 예수님을 추종했었다. 그러나 이제 그들에게는 아무런 소망이 없었다. 그들은 같은 목적지를 향하여 함께 길을 가고 있었지만 피차 아무런 도움이 되지 못하였다. 두 사람 중에서 누가 누구를 위로하거나 힘을 내게 할 처지가 아니었다. 두 사람 모두 동일한 운명에 처해 있었기 때문이었다.

그들은 서로 십자가 사건에 대해 의견을 물었다(24:15). 그러나 그들은 "미련하고… 마음에 더디 믿는 자들"(24:25)이었다. 아무리 이야기를 주고받고 물어도 해답이 없기는 마찬가지였다. 두 제자들은 해결책이 없는 길을 가고 있었다. 서로 주고받는 이야기들은 피차의 침체감을 가중시킬 뿐이었다.

그런데 두 제자들의 길에 또 한 사람의 동반자가 나타났다. 그는 두 사람의 대화에 깊은 관심을 보였다. 이 제 3의 동반자는 예수님이었다. 예수님이 두 제자들에게 가까이 오시고 그들이 주고받는 이야기에 개입하셨다. 두 제자들은 처음에는 예수님의 정체를 알지 못하였다. 그들은 자신들이 겪는 고통스런 비극의 사건을 예루살렘에서 새로 온 동행자가 모른다는 사실에 매우 실망하였다. 그러나 실상은 그렇지 않았다. 이 제 3의 동행자는 두 제자들이 그 때까지 무슨 이야기를 나누고 있었는지를 다 아셨다(24:17).

이것은 우리들에게 큰 위로가 된다. 주님은 나의 엠마오 길에서 내가 토설하는 모든 이야기에 귀를 기울이신다. 그분은 나의 속사정을 다 알고 계신다. 그리고 나를 끝까지 동행하신다.

우리들이 스스로의 잘못 때문에 넋두리를 하고 있을 때에라도 주님은 가까이 오신다. 주님은 우리들의 실수와 우행의 결과로 초래된 슬픔과 손실에 대해 극히 동정적이시다. 주님은 우리 자신들의 죄와 그 결과에 대한 고통을 안타까워하신다.

단순히 이해를 해 주거나 관용적인 태도로 넘어가는 정도가 아니다. 주님은 직접 찾아오셔서 동행하신다. 나의 탄식과 신음 소리에 귀를 기울이시고 한 마디도 빠짐 없이 다 경청하신다. 그리고 깊은 관심으로 나의 대화 속에 들어오신다. 나와 함께 신세 타령을 하시려는 것이 아니다. 예수님은 그런 동반자가 아니시다. 예수님은 자기를 배신하고 너무도 일찍 예루살렘을 떠나버린 비겁한 두 제자들에게 원망도 힐책도 하시지 않았다. 오직 조용히 다가가셔서 함께 고통의 길을 걸으시면서 대화하셨다.

둘째, 주님은 우리들의 우둔한 마음을 주님의 말씀으로 비쳐주신다. 예수님은 단순히 나의 한탄을 들어주시고 동정하시는 분으로 그치지 않는다. 나의 절망을 새 소망으로 전환시키시고, 내 슬픔을 기쁨으로 변환시키시며, 나의 힘없는 몰골을 힘찬 모습으로 변모시키신다. 주님은 무너진 자녀들을 다시 일으켜 세워주기를 원하신다(히 12:12-13; 단 10:10). 이를 위해 부활 영광으로 승천하실 시간에 허탈한 마음으로 길을 걷는 두 제자들을 찾아 나섰다: 주님은 빈무덤으로 찾아갔던 여제자들을 만나주셨고, 베드로를 만나셨으며(눅 24:34), 엠마오로 가던 두 제자들에게 자신을 나타내셨다. 잠시 나타나셨다가 사라지신 것이 아니고 동행하시면서 그들의 넋두리를 다 들어주셨다. 불신과 회의에 젖은 제자들의 어리석은 이야기들을 끝까지 다 들어주셨다. 그리고 그들에게 십자가 수난의 의미를 성경 말씀으로 자세히 장시간에 걸쳐 설명해 주셨다.

예수님은 우리들에게 십자가의 의미를 깨닫게 해 주기 위해서 못 갈 길이 없으시다.

예수님은 단 두 명의 제자들을 위해서 노상 수양회를 여신 셈이었다. 그런데 그들이 깨달을 때까지 "모세와 모든 선지자의 글로 시작하여 모든 성경에 쓴 바 자기에 관한 것을 자세히 설명"(24:27)하셨다. "미련하고 더디 믿는" 자들에게 주님이 보이신 이 무한한 인내와 친절을 생각해 보라. 이것이 하나님의 "영원한 자비"(사 54:8)이다.

죽음을 이기고 부활하신 주님이 배반한 두 제자들을 상대하여 십자가를 설명하시는 헌신을 생각해 보라. 이것이 우리들을 향한 "하나님의 열심"(사 37:32)이며 우리들을 끝까지 포기하지 않는 주님의 불절의 사랑이다(요 13:1).

그렇다면 우리 모두에게도 커다란 격려가 되지 않는가? 우리들이 아무리 하나님의 말씀을 더디 믿고 우둔하여도 주께서 언제나 우리 곁에 오셔서 구원의 진리를 친절하게 가르쳐 주실 수 있다. 주님은 성령을 통해서 지금도 동일한 여호와의 열심과 끝없는 사랑으로 우리들의 엠마오 길에 동행하시면서 우리들을 가르치시기를 기뻐하신다.

낙담의 치유책은 예수님이 살아 계시다는 것을 발견하는 것이다

제자들은 예수님이 다시 살아나신 것을 몰랐다.

"그들의 눈이 가리어져 그인 줄 알아보지 못하거늘" 눅 24:16

왜 두 제자들의 눈이 가리어졌는가? 어찌하여 부활하신 주님을 알아보지 못했을까? 주님의 모습이 완연히 변모됐기 때문일까? 아니다. 주님은 새 몸으로 변화되셨지만 사람들이 못 알아볼 정도가 아니었다. 시몬도 알아보았고 예루살렘에 모여 있던 제자들도 예수님을 보고 그의 영이라고 생각하였다. 제자들이 예수님의 음성과 외모를 그대로 인식할 수 있었다는 증거이다(눅 24:34,36-37). 그러나 처음에는 제자들이 부활하신 예수님을 첫 눈에 금방 알아보고 믿은 것은 아니었다. 엠마오 제자들도 그랬었고 무덤으로 찾아갔던 여제자들의 경우도 그랬었다.

그럼 왜 늘 함께 다니고 기거했던 예수님을 제자들이 즉시 알아보지 못하였을까?

첫째, 슬픔 때문이었다.

엠마오로 가던 글로바와 또 다른 제자는 깊은 슬픔에 잠겨 있었다. "두 사람이 슬픈 빛을 띠고 머물러 서더라"(24:17)고 하였다. 극도의 슬픔은 사람의 눈을 흐리게 한다. 어떤 커다란 충격을 받으면 흔히 "앞이 캄캄하다"는 표현을 쓰지 않는가? 슬픔으로 눈물을 많이 흘리고 나면 앞이 잘 보이지 않는다. 그래서 눈이 침침하다고 생각한다. 충격은 우리의 판단을 흐리게 하고 사물을 바르게 보지 못하게 만든다. 슬픈 정신은 맑은 정신이 아니다. 슬픈 마음에는 모든 것이 어둡다. 슬픈 자에게는 낮과 밤의 구별이 없다 .

둘째, 의심했기 때문이다.

두 제자들은 여제자들이 빈 무덤을 증언한 사실을 알고 있었다(24:22-24). 그러나 그들은 빈 무덤이 구약 성경의 그리스도에 대한 예언 성취임을 믿지 못하였고 예수님의 부활을 의심하였다. 예루살렘에 모여 있던 다른 제자들도 마찬가지였다. 예수님은 살아난 자기를 보고 유령이라고 생각하는 제자들에게 "어찌하여 마음에 의심이 일어나느냐?"(24:38)고 꾸짖으셨다.

의심하면 예수님을 보지 못한다. 비록 주님이 곁에 가까이 계셔도 보지 못한다. 예수님이 살아나셔서 약속을 지킬 것을 믿지 못하면 예수님을 반갑게 영접할 수 없다. 엠마오 제자들은 예수님을 전혀 모르는 사람으로 취급하였다.

예수님이 부활하신 날에 제자들은 철저하게 침체되어 있었다. 제자들은 예수님의 부활 사실을 몰랐기에 깊은 디프레션에 빠졌다. 그들의 얼굴은 "슬픈 빛을 띠고" 있었다(24:17). 그들은 예루살렘에서부터 11킬로를 걸었다. 오면서 줄곧 자신들의 소망이 실패한 것에 대해 서로 말하였다(24:15). 그들은 어떤 알지 못할 한 동행자였던 예수님에게도 자기들의 구슬픈 이야기를 쏟아 놓았다. 그래도 그들은 여전히 디프레션에 빠져 있었다.

주님은 오늘도 우리들의 엠마오 길에 동행하신다. 그런데 우리들은 눈이 가리어 보지 못하고 한탄과 한숨으로 날을 보낸다. 우리들의 눈이 슬픔과 의심으로 가리어졌기 때문이다.

예수님은 제자들에게 성경 말씀으로 먼저 그들의 침체와 낙담을 해결해 주셨다. 예수님이 자신의 부활을 제자들에게 깨닫게 하신 방법은 매우 중요한 교훈을 준다.

예수님은 자신의 모습을 가리키면서 "보라 내가 이렇게 살아 있지 않느냐!"라고 하시지 않았다.

주님은 먼저 성경을 설명해 주셨다. 구약은 고난 받는 메시아에 대한 예언으로 가득 차 있다. 그리고 고난 후에 메시아가 영광과 존귀의 관을 쓰실 것을 예고하였다. 그러므로 두 제자들이 만약 평소에 구약성경을 잘 배우고 경청했더라면 그토록 절망하지 않고 여제자들의 부활 증언에도 회의적이지 않았을 것이다.

주님은 성경을 풀어 주신 후에 며칠 전에 제자들에게 베푸셨던 주의 성찬을 재연하셨다. 그러자 즉시 그들의 눈이 밝아졌다. 그래서 예수님이 과연 살아나셨다는 것을 두 제자들이 확인할 수 있었다. 예수님은 두 제자들에게 성경에 기록된 그리스도의 수난과 부활을 먼저 설명해 주시고 그들이 그 의미를 깨닫게 되자 비로소 자신의 육체적인 부활을 보여 주셨다.

제자들의 마음이 언제 뜨거워졌는가?

"그들이 서로 말하되 길에서 우리에게 말씀하시고 우리에게 성경을 풀어 주실 때에 우리 속에서 마음이 뜨겁지 아니하더냐" 눅 24:32

두 제자들은 구약 성경의 페이지들 속에서 부활하신 예수님을 보게 됐을 때부터 마음이 뜨거워지고 있었다. 그들은 죽은 자들로부터 살아나신 예수님과 직접 대화를 하기 전부터 성경에서 살아 계신 예수님을 체험하였다. 우리들도 이런 순서로 부활하신 예수님을 만나야 한다.

우리들은 이 세상에서 부활하신 예수님을 육체적으로 만날 수 없다. 예수님은 하늘로 승천하셨다. 우리들은 재림 전에는 예수님을 부활하신 몸으로 뵙지 못한다. 우리는 엠마오 제자들이 처음 예수님을 만난 것처럼 성경을 통해서 예수님을 만나야 한다.

제자들은 성경을 통해서 예수님이 살아 계신 것을 깨달았다. 그들은 먼저 성경 말씀을 믿어야 했다. 예수님은 구약 성경 전체를 지으시면서 구약이 모두 주님에 대한 것임을 알려 주셨다. 성령께서 능력으로 제자들에게 임하셨고 성경 최대의 강해자께서 그들과 함께 계셨다.

그 다음 예수님이 떡을 떼실 때에 이 제3의 동행자가 과연 부활하신 주님이심이 확인되었다. 우리들의 경우도 그래야 한다. 성경의 증언을 통해서 우리는 예수님이 살아 계신 것을 안다. 우리는 주님의 부활을 믿는 믿음으로 주님과 교제해야 한다. 그러면 주님은 성령으로 우리에게 말씀하시고 주님의 살아 계심을 확인시켜 주신다. 이것이 우리들이 성경을 읽는 방법이어야 한다. 즉, 예수님이 우리 곁에 교사로 계시고 성령께서 우리 마음을 비추어 주시는 것이다. 그러면 우리들의 마음도 뜨거워진다.

두 제자들은 발길을 돌려 예루살렘으로 되돌아갔다.

엠마오로 가는 길은 절망, 침체, 우울, 슬픔과 같은 온갖 부정적인 것들이었다. 두 제자들은 무딘 마음으로 출발했었다. 그들은 십자가의 의미에 대해 아무것도 깨닫지 못하였다. 그들의 마음은 얼어붙어 있었다. 그들의 마음이 따뜻하게 녹을 수 있도록 누구도 격려나 위로가 되는 말을 해 주지 않았다.

그러나 부활하신 주님을 만난 이후부터는 마음이 뜨거워졌다. 그들이 예루살렘을 나올 때에는 여제자들의 부활 증언에 회의적이었다. 그러나 돌아가는 길은 충만한 믿음과 확신에 찬 것이었다. 그들의 마음은 무딘 마음이 아니고 밝게 조명된 따뜻한 마음이었다.

그들이 예루살렘에서 엠마오를 향해 걸어갔었던 11킬로는 침체 일로였다. 그러나 예루살렘으로 되돌아가는 길은 기쁨과 감격의 일색이었다. 그들은 차가운 가슴과 침체된 얼굴로 출발했지만 이제는 뜨거운 마음과 밝은 얼굴로 오던 길을 되돌아갔다.

주님은 제자들의 과거를 묻지 않으셨다

우리는 본 스토리에서 주님이 행하시지 않은 한 가지 일을 주목하게 된다. 그것은 주님이 엠마오로 가던 제자들에게 "어디서 오고 있느냐?"고 묻지 않으셨다는 점이다. 주님은 그들이 어디서 오는지를 아셨다. 주님의 관심은 그들이 지나온 '어제의 길'이 아니고 그들이 앞으로 가야할 '오늘의 길'이었다.

두 제자들이 지나온 곳은 수치와 절망을 체험한 장소였다. 우리들은 과거의 수치와 실책에 붙잡혀 자신을 원망하거나 다른 사람을 탓하기 쉽다. 우리 모두에게 크건 작건 실족의 체험이 있고 그에 따른 부끄러운 결과가 있다. 그러나 주님은 우리들의 과거를 파헤치며 따지는데 관심을 두시지 않는다. 주님은 우리의 창피스런 과거를 다 알고 계신다. 그래서 어디서 오는 중이냐고 묻지 않으신다. 예수님은 나의 앞길에 관심을 두신다. 나의 수치와 고통이 서린 '어제의 사건'들이 아닌, 오늘의 '새 길'에 주님의 시선이 부어진다.

주님은 내가 지나온 과거의 고초와 실망과 실패들에 대해 마음을 두시지 않는다. 주님이 이미 다 아신다. 주님은 나의 마음을 뜨겁게 변화시켜 주시고 주님이 살아 계시다는 확신으로 '새 길'을 가게 하신다. 주님은 내게 환멸과 절망을 안겨 주었던 '어제의 예루살렘'을 향해 내가 새로운 걸음으로 되돌아가기를 원하신다.

당신은 이제 주님과 함께 예루살렘으로 돌아가야 한다. 당신은 예루살렘을 두려워할 필요가 없다. 당신이 주님과 함께 가는 예루살렘은 '어제의 예루살렘'이 아니기 때문이다. 그 곳은 하나님의 영광스런 구속의 역사가 새롭게 펼쳐지는 '새 예루살렘'이다. 당신에게는 '어제'가 아닌, '오늘' 어디로 갈 것인지가 중요하다.

주님은 당신을 아끼고 사랑하신다. 주님은 당신의 어리석은 과거를 파헤치며 다시 상처를 내기를 원치 않으신다. 주님은 당신이 걷는 절망과 좌절의 엠마오 길을 따라오셨다. 다시는 당신이 그 길을 따라 살지 않게 하기 위해서였다.

이제 주님은 당신이 그리스도의 부활을 믿고 예루살렘을 향해 뜨거운 마음으로 동행하라고 하신다. 주님은 살아 계신다. 제 3의 동행자는 새 생명을 주시는 당신의 주님이시다.

이제 주님은 당신이 그리스도의 부활을 믿고 예루살렘을 향해 뜨거운 마음으로 동행하라고 하신다. 주님은 살아 계신다. 제 3의 동행자는 새 생명을 주시는 당신의 주님이시다.

엠마오로 가던 두 제자들은 자신들의 자존심이 땅에 떨어진 예루살렘을 속히 벗어나고 싶었던 자들이었다. 그러나 예루살렘은 십자가의 의미를 깨달으면 속히 되돌아가고픈 곳이다. 그 곳에서 주님이 나를 용서하신다고 하나님과 온 우주 앞에서 죽음으로 선포하셨다. 그 곳에서 주님은 나의 구속을 위해 모든 피를 흘리시고 나 대신 지옥을 체험하셨다. 그 곳에서 하나님은 자기 아들의 속죄 희생을 받으시고 "다 이루었다"는 예수님의 외침에 "아멘"이라고 응답하셨다. 그 곳은 나를 향한 예수 그리스도의 용서와 사랑이 온 천하에서 입증된 곳이며 나의 진정한 가치를 알려준 계시의 장소이다.

나는 하나님의 지극한 사랑의 대상이다. 왜 나를 그처럼 사랑하시는지 나는 알지 못한다. 십자가의 사랑은 영원한 신비이다. 그러나 확실한 것은 내가 십자가의 사랑으로 구속될 만큼 하나님의 눈에 귀한 존재라는 사실이다. 십자가는 나의 존재 가치에 대해서 무한한 가치를 부여해 준다. 십자가는 당신이 속히 달려가서 감사와 감격과 기쁨과 경배로 끌어안아야 할 곳이다. 당신은 십자가 앞에서 주 예수를 경배하는 한, 살아갈 가치가 있다. 주님은 당신의 가치를 알려 주고 당신에게 무너진 자존심을 회복시키기 위해서 당신의 엠마오 길을 돌이키게 하신다. 이를 위해서 주님은 오늘 당신에게 생명의 말씀으로 가까이 다가오신다.

엠마오의 두 제자들은 슬픈 얼굴을 한 자들이었다. 자신들의 한을 어디에 풀어놓고 싶은 자들이었다. 모든 것을 걸었던 자신들의 구원자가 십자가에 달리는 비참한 종말을 목격한 자들이었다.

그들도 십자가의 형벌을 받은 것과 마찬가지였다. 그들의 인생은 더 이상 바랄 것이 없었다. 그들은 무존재였다. 그들에게 자존심이란 찾아볼 수 없었다. 그러나 부활하신 주님이 그들에게 구원의 진리를 소상하게 설명하셨다. 그 결과 그들은 낙심과 절망의 예루살렘 길을 기쁨과 새소망으로 되돌아갔다.

우리에게 이 같은 하나님이 계신다. 나의 존재에 대한 참된 긍지와 자존심을 갖게 해 주는 구주 하나님이 우리를 보고 말씀하신다.

"그러므로 피곤한 손과 연약한 무릎을 일으켜 세우라" 히 12:12

11편

부스러기로 사는 자

마태복음 15:21-28

"예수께서 거기서 나가사 두로와 시돈 지방으로 들어가시니 가나안 여자 하나가 그 지경에서 나와서 소리 질러 이르되 주 다윗의 자손이여 나를 불쌍히 여기소서 내 딸이 흉악하게 귀신 들렸나이다 하되 예수는 한 말씀도 대답하지 아니하시니…여자가 와서 예수께 절하며 이르되 주여 저를 도우소서 대답하여 이르시되 자녀의 떡을 취하여 개들에게 던짐이 마땅하지 아니하니라 여자가 이르되 주여 옳소이다마는 개들도 제 주인이 상에서 떨어지는 부스러기를 먹나이다 하니 이에 예수께서 대답하여 이르시되 여자여 네 믿음이 크도다 네 소원대로 되리라 하시니 그 때로부터 그의 딸이 나으니라"

기도에 아무런 응답이 없다고 느낀 적이 있는가? 기도를 했음에도 원하고 바라던 응답이 없으면 실망하게 된다. 그런데 그 실망의 깊이는 내가 얼마나 응답을 원했는지에 비례한다. "그저 주시면 받고 안 주셔도 그만이다"라고 생각했다면 실망할 것도 없을 것이다.

만약 내일 교회 야유회를 가는데 비가 오지 않기를 기도했다고 치자. 그런데 그만 비가 왔다면 어떨까? 실망할 것이다. 그렇지만 그것 때문에 하나님을 원망하고 하나님이 우리 교회를 버리셨다고 느낄 사람은 아무도 없을 것이다. 그러나 내 아이가 중병에 들었는데 새벽 기도를 열심히 나갔다고 치자. 그럼에도 아이가 나을 것이라는 하나님의 약속이나 격려가 없다면 어느 정도로 실망할까? 더구나 아이가 끝내 낫지 못하고 죽었다면 너무도 허탈하고 서러울 것이다.

그럴 때에 "하나님이 나를 버리셨는가?"라는 회의가 들어오기 쉽다. 내가 아무리 기도를 하여도 하나님의 응답이 전혀 없는 듯한 때가 있다. 너무도 힘들고 안타까운 일인데 해결의 기미가 보이지 않는다. 하나님이 입을 다무시고 온통 나를 외면하시는 듯한 때가 있다.

시편 기자는 여러 번 그런 고통스런 체험을 하였다.

"여호와여 어찌하여 멀리 서시며 어찌하여 환난 때에 숨으시나이까?" 시 10:1

"여호와여 어느 때까지니이까 나를 영원히 잊으시나이까 주의 얼굴을 나에게서 어느 때까지 숨기시겠나이까?" 시 13:1

주님은 가나안 여인의 애타는 호소를 묵살하셨다

우리가 만약 기도하는 자의 기본 원칙을 따진다면 본문의 가나안 여인의 간구에는 아무런 하자가 없다고 보아야 한다.

"주 다윗의 자손이여"(예수님을 바르게 불렀다. 곧 예수님에 대한 믿음이 있었다. 참조. 28절.)

"나를 불쌍히 여기소서"(자신의 필요를 절감하고 도움을 호소하였다.)

"내 딸이 흉악하게 귀신 들렸나이다"(자신의 딸이 흉악한 귀신에 사로잡혔음을 인정하였다.)

그럼에도 예수님은 한 말씀도 대답하지 아니하셨다. 어떻게 된 일일까? 주님은 그에게로 나아오는 모든 병자들을 고치셨다(마 8:16; 9:35; 14:35-36). 주님은 지금까지 도움을 청하는 자들을 거절한 일이 없었는데 이번만큼은 "한 말씀도 대답" 하지 않으셨다. 이것은 평소의 예수님의 모습이 아니다.

우리는 민수기의 축도를 기억할 것이다.

"여호와는 네게 복을 주시고 너를 지키시기를 원하며 여호와는 그의 얼굴을 네게 비추사 은혜 베푸시기를 원하며 여호와는 그 얼굴을 네게로 향하여 드사 평강 주시기를 원하노라" 민 6:25-26

이 축도는 하나님이 이스라엘 백성들에게 주도록 모세에게 지시하신 것이었다. 그런데 왜 주님이 가나안 여인으로부터 얼굴을 돌리시고 한 말씀도 아니하시는 것일까?(마 15:23). 하나님의 얼굴에 이해할 수 없는 어두운 측면이 있다. 왜 그 가련한 가나안 여인의 이 절실한 고통을 외면하실까? 그녀가 단순히 이방인이었기 때문일까?

첫째, 예수님의 침묵은 가나안 여인의 믿음의 시련이었다.

가나안 여인은 있는 힘을 다하여 소리를 질렀다. 자기를 불쌍히 여겨 달라고 호소했다(15:22). 예수님은 그녀의 호소를 다 듣고 계셨다. 그럼에도 아무 응답을 하시지 않았다.

당신은 주님 앞에서 통곡하며 부르짖어 본 적이 있는가? 나 좀 살려 달라고 애타게 주님을 불러 보았는가? 그럼에도 아무런 응답을 받지 못한 적이 있는가?

그런데 여기서 우리들이 주목해야 할 것이 있다. 그것은 가나안 여인이 다음과 같은 생각을 하고 자기 집으로 돌아가지 않은 것이다. "이렇게 다 들리도록 호소를 하는데도 아무 응답이 없으니까 틀렸구나. 내 딸이 안 낫는 것이 하나님의 뜻인가 보다. 그럼 순종해야지. 주님, 좋습니다. 저는 더 이상 이 문제를 놓고 호소하지 않겠습니다."

우리들은 물론 하나님의 뜻을 살펴서 행동해야 하지만 쉽사리 하나님의 숨은 의도를 판단해서는 안 된다. 순종한다고 해서 무조건 "네, 네" 하면 매우 성숙한 신앙의 자세로 보일지 모른다. 그러나 가나안 여인은 그리 쉽게 포기하지 않았다. 그녀는 예수께 더 가까이 다가가서 큰 절을 하며 "주여 저를 도우소서"(15:25)라고 다시 간청하였다.

둘째, 주님의 테스트는 때로는 가혹하게 들린다.

"자녀의 떡을 취하여 개들에게 던짐이 마땅하지 아니하니라" 마 15:24

가나안 여인이 두 번째 주님께 와서 도움을 호소했을 때 받은 응답이 무엇이었는가? 그녀는 이제 예수님의 발 아래 엎드려 호소했다. 그녀는 예수님의 얼굴을 보면서 말하였다. 그런데 예수님이 주신 응답은 냉혹한 것이었다. 가나안 여인은 조금도 격려를 받지 못하였다. 그래도 그녀는 돌아서지 않았다. 그녀는 처음에는 예수님의 무리 뒤에서 소리를 질렀다. 그 때 예수님의 응답을 전혀 받지 못하였다. 물론 그 때에도 예수님의 반응이 "노"라고 생각하고 금방 발길을 집으로 돌릴 수 있었을 것이다.

그러나 이번에는 너무도 확실하게 "노"라고 하신 셈이었다. 그냥 "노"가 아니고 언뜻 들으면 모욕적인 거절이라고 할 수 있다. 당시의 이방인들에 대한 호칭인 "개들"이라는 말을 예수님이 그대로 사용하셨고 또한 이방인들에게 은혜를 베푸는 것이 "마땅하지 않다"고 아예 잘라서 말씀하셨다. 이 이상 더 분명한 거절이 없을 것이다.

그런데 가나안 여인은 여전히 돌아가지 않았다. 어떤 면에서 이번만은 예수님이 돕지 않겠다는 뜻이 너무도 분명하니까 더 이상 예수님에게 매달리지 말고 조용히 물러나는 것이 미덕이고 순종이라고 볼 수 있을지 모른다. 그러나 그녀는 그런 순종에는 관심이 없었다. 그녀의 관심은 냉혹하기 짝이 없는 듯한 예수님에게 계속 소망을 거는 것이었다.

주님은 우리들이 쉽게 포기하지 않고 주님으로부터 무엇을 간절히 바라는 것을 기뻐하신다. 때때로 우리에게 격려가 되지 않는 부정적인 대답이 있어도 꾸준한 믿음으로 주님께 거듭 나아가는 것을 주님은 기뻐하신다. 주님은 우리들이 어느 정도로 주님을 신뢰하며 얼마나 절실하게 주님의 도움을 원하는지를 시험하신다. 그래서 주님은 과부와 재판장의 비유에서 "항상 기도하고 낙심하지 말아야 할 것을"(눅 18:1) 가르치셨다.

셋째, 예수님의 부정적인 대답에는 긍정적인 미래의 메시지가 담겨 있었다.

먼저 우리는 예수님의 대답이 지닌 배경을 이해해야 한다. "자녀"라고 한 것은 예수님의 제자들을 가리킨다. 마가복음에는 "자녀로 먼저 배불리 먹게 할지니…"라는 말이 첨가되어 있다(막 7:27). "먼저" 배부르게 한다는 말을 유의해야 한다. 예수님은 시돈 땅으로 피신하셨다. 주님은 헤롯당에게 체포되기를 원치 않으셨다(눅 12:32). 주님의 사역이 너무 빨리 중단되지 않도록 조심하신 것이었다. 그래서 제자들에게도 헤롯당을 조심하라고 하셨다(막 8:15). 예수님은 보다 조용하고 안전한 곳으로 가서 제자들을 가르치기를 원하셨다. 가나안 여인의 사건은 이러한 배경을 안고 있다.

예수님의 대답은 구원의 역사에서 단계가 있음을 시사한다. 예수님은 구원의 프로그램을 먼저 언급하신 후에 이방인들이 어떻게 구원을 받게 되는지를 밝히셨다. 즉, 하나님의 구속의 섭리 가운데 유태인들을 먼저 부르시는 우선 순위가 있음을 분명히 드러내신 것이다.

> "이 복음은 모든 믿는 자에게 구원을 주시는 하나님의 능력이 됨이라 먼저는 유대인에게요 그리고 헬라인에게로라" 롬 1:16

> "오직 성령이 너희에게 임하시면 너희가 권능을 받고 예루살렘과 온 유대와 사마리아와 땅 끝까지 이르러 내 증인이 되리라 하시니라" 행 1:8

예수님의 말씀은 이런 것이었다.

"나는 구속 역사가 진행되고 있는 현재의 시점에서는 아직 이방인들에게 보내지지 않았다. 그러나 미래의 정한 때에 나는 그들을 도울 것이다. 지금은 나를 따르고 있는 내 제자들의 필요를 먼저 채워주어야 한다."

현재로서는 예수님이 유태인들에게 보내졌다는 말씀이다. 그러나 주님이 죽으시고 부활하신 이후에는 주님의 사도들을 통해서 이방인 선교가 일어날 것이었다. 그러나 복음은 "먼저 유대인에게요"(롬 1:16), "예루살렘"(행 1:8)에서부터 시작되어 전세계로 퍼지는 것이 하나님의 선교 계획이었다.

가나안 여인은 이러한 하나님의 구속 계획에 아무런 이의를 제기하지 않았다. 그녀는 '자녀'에게 먼저 떡을 주는 것이 옳다고 동의했다. 단지 그녀가 매달린 것은 예수님의 자비였다. 그녀는 세 번째 예수님께 다시 이렇게 호소했다.

"개들도 제 주인의 상에서 떨어지는 부스러기를 먹나이다" 마 16:27

참 믿음은 맹목적이 아니다. 참 믿음은 하나님께 자신의 이유를 댄다. 하나님의 약속을 증거물로 제시하기도 하고, 혹은 하나님의 속성을 놓고 청원을 하기도 한다. 가나안 여인은 예수님께 "주여 옳소이다마는…"하고 이의를 붙였다. 즉, "그러나…"가 따라 나왔다. 이것은 건방지거나 교만한 것이 아니다. 가나안 여인은 아버지가 자녀들을 먹일 때라도 개에게 부스러기 한두 개 정도는 던져 줄 만큼의 충분한 자비가 있지 않느냐고 예수님께 말한 것이었다. 즉 개들도 자녀들을 먹이는 밥상에서 주인이 부스러기를 떨어뜨려 주기 때문에 산다는 사실이었다. 다시 말해서 개들에 대한 주인의 배려가 있지 않느냐는 지적이었다. 그러니까 가나안 여인은 예수님의 배려와 자비에 호소한 것이었다. 예수님은 이러한 설득을 듣고 기뻐하셨다.

믿음은 비록 하나님이 우리들의 믿음을 테스트 하기 위해서 "노"라고 하여도 하나님의 자비에 매달린다. 그런 믿음에 대해서 하나님은 보상해 주신다. 예수님은 가나안 여인의 딸을 구해 주셨다.

주님은 때때로 나를 밀어내실 때가 있다.

그러나 이것은 나를 배척하기 때문이 아니고 나의 유익을 위해서다. 가나안 여인은 하나님의 구속의 진행 과정에서 보면 우선권이 없었다(24절, 참조. 요 12:20-23). 그러나 그녀는 하나님의 자비의 대상인 점에서는 유태인들과 조금도 차이가 없었다(갈 3:28).

주님의 대답은 냉혹하게 들려도 언제나 자비를 머금고 있다. 예수님은 가나안 여인의 호소를 한 마디로 일축하고 아예 상대하지 않으신 것이 아니었다. 예수님은 제자들이 가나안 여인의 곤경을 풀어주기를 원했을 때 그들의 제안을 받아들이셨다. 그래서 가나안 여인이 주님과 직접 대면하는 허락을 받게 되었다(25절).

문제는 가나안 여인이 처음에 주님으로부터 받은 응답이 '예스'가 아니고 "노"라는 사실이다.

우리는 때때로 주님이 가혹하시다고 느껴질 때가 있다. 너무도 내 문제가 안 풀려서 주께 날마다 매달리는데도 주님이 나의 기도를 외면하신다고 생각될 때 우리는 주님을 무심하신 분으로 여긴다. 내게 일어나는 온갖 "흉악한"(22절) 일들이 있는데도 주님이 도와 주시지 않을 때, 우리는 주님의 가혹성을 느낀다.

그럼 정말 주님이 가혹하실까? 아니다! 가나안 여인에게 주신 주님의 말씀 속에는 가혹의 포장으로 감추어진 자비의 선물이 들어 있었다. 포장은 풀어져야만 실체가 드러난다. 그 때까지는 주님의 말씀은 가혹하게 들릴 수 있다.

주님은 가나안 여인을 '개'로 지칭하셨다. 하지만 주님이 그녀에게

개 취급을 하신 것이 아니고 유태인들이 이방인들을 보고 부르는 경멸어를 주님 자신의 선한 목적을 위해 그대로 사용하셨을 뿐이다. 개로 취급되는 이방인을 놓고서 주님이 드러내실 것이 있었기 때문이다. 그것은 어떤 것들이었을까?

예수님이 가나안 여인을 "개"로 부른 배면의 교훈들

첫째, 개 취급을 받는 이방인의 믿음이 이스라엘 백성들보다 훨씬 낫다는 사실이었다.

아마 주님이 유태인들을 보고서 '개들'이라고 하셨다면 당장 돌멩이질을 받았을 것이다. 그러나 가나안 여인은 하나님의 구원의 섭리를 그대로 받아들였다. "여자가 이르되 주여 옳소이다마는"(27절). 가나안 여인은 주님의 그 가혹한 말에 담긴 하나님의 구원의 순서를 그대로 인정하였다. 이것이야말로 하나님을 하나님으로 인정하는 믿음이다. 내가 동의하기 싫고 수용하기 어려운 말씀이라도 하나님의 절대적인 주권과 구원의 지혜를 인정하는 것이 중요하다.

이스라엘 백성들은 예수 그리스도를 통해서 하나님이 이루시려는 구원의 방법에 동의할 수 없었다. 오히려 예수님의 말씀을 밀어내고 그를 박해하였다. 예수님이 이방인 지역인 시돈 땅으로 가신 까닭도 유태인들과 헤롯당의 반대 때문이었다(마 15:21).

그런데 주님은 가나안 여인을 보고 "네 믿음이 크도다"(28절)라고 하셨다. 이러한 주님의 공적 선언은 이스라엘 백성들과 그의 제자들의 믿음을 촉구하는 메시지였다. 주님은 여러 번 제자들의 작은 믿음을 한탄하셨다. 베드로가 물 위를 걸어서 예수께로 가다가 바람을 보고 무서워 빠져 갈 때에 주님은 "믿음이 작은 자여 왜 의심하였느냐" (마 14:31)라고 하셨고, 제자들이 바리새인과 사두개인의 가르침에 대한 예수님의 경고를 오해했을 때에도 "믿음이 작은 자들아"(마 16:8) 라고 한탄하셨다.

제자들은 예수님과 늘 함께 있으면서도 그들이 '개들' 이라고 경멸하는 이름 모를 한 이방인 여인의 믿음조차 없었다. 이스라엘 백성은 하나님의 기나긴 구원의 역사를 체험하고서도 일개 이방인 여인의 믿음을 따를 수 없었다. 그들은 이 여인처럼 예수님의 능력도 믿지 않았고 자비도 원치 않았다. 그들은 믿음을 지니고 예수께로 나아오지 않았다. 그러므로 그들은 이방인 여인이 받는 은혜를 받을 수 없었다. "이스라엘 집의 잃어버린 양"에게로 보냄을 받은 예수님이 그들 가운데 머무셨음에도 그들의 딸들은 계속 "흉악한" 귀신에 사로잡혀 있었다.

둘째, 예수님의 자비를 받을 수 없는 상황에서 자비를 받는 자가 있다는 사실이다.

가나안 여인은 이방인이었다. 하나님의 구속 계획의 단계에서 볼 때에 아직 이방 선교의 문이 열린 때가 아니었으므로 그녀는 복음의 혜택을 받을 처지가 아니었다. 예수님은 당시로서는 "이스라엘 집의 잃어버린 양 외에는 다른 데로 보내심을 받지 아니하였다"(마 15: 24). 그럼에도 예수님은 가나안 여인에게 "네 소원대로 되리라"(마 15:28)고 하셨다. 그럼 조금 전에 주님이 하신 말씀은 어떻게 된 것일까? 주님이 하나님의 구원 스케줄을 어기신 것일까?

주님은 율법주의적인 원칙에 묶인 분이 아니다. 우리들이 만약 하나님을 기계적인 분으로 보거나 엄격한 율법의 조문에 얽매인 분으로 보면 이럴 때 크게 오해한다. 즉, 예수님은 아버지의 구원 계획에 순종하지 않고 일개 이방 여인의 호소에 마음이 약해져서 넘어간 셈이 된다. 또한 하나님은 철저한 구원 스케줄을 만세 전부터 세워 두시고서 때가 되기 전에 이방인 여인의 딸을 낫게 해 주셨으니까 역시 자신의 구속 계획을 따르지 않았다는 말이 된다.

그러나 하나님은 인격체지 기계가 아니시다. 인격채 사이에는 상호 관계가 있다. 상대방의 반응에 따라 원칙이 새롭게 적용되기도 하고 혹은 원칙에 담긴 미래적인 측면이 하나의 예시로 미리 드러날 수도 있다. 이것은 원칙 위반이 아니고 원칙의 은혜로운 사전(事前) 적용이다.

예수님은 가나안 여인의 사건을 통해 구원의 후속 순위에 속하는 이방인에 대한 하나님의 계획을 보다 선명하고 실채적으로 앞당겨 이해할 수 있는 계기가 되게 하셨다. 즉 예수님에 대한 믿음만 있으면 유태인이든 이방인이든 앞으로는 차별 없이 누구나 구원을 받게 된다는 가르침이었다.

하나님은 율법주의자가 아니시다. 구원의 순서에서 나중이었던 가나안 여인도 주 예수 그리스도에 대한 깊은 신뢰와 꾸준한 믿음으로 은혜를 입었다. 그렇다면 이제 이방인과 유태인의 차등 순위가 없어진 신약 시대의 우리들은 주님의 은혜를 입기 위해 얼마나 더 주께로 나아가야 하겠는가?

셋째, 가나안 여인은 부스러기의 은혜를 바랐다.

내가 아무리 불리한 여건에 있어도 가나안 여인처럼 하나님의 자비를 구하면 된다. 비록 부스러기의 작은 자비라도 내 딸을 사로잡고 있는 흉악한 귀신을 내쫓기에 충분하다고 믿어야 한다. 우리는 부스러기로 얼마든지 살 수 있다. 주인 상에서 떨어지는 것이라면 작은 분량의 부스러기로도 족하다. 가나안 여인은 자신의 비천한 신분을 비관하지 않았다. 그녀의 전적인 관심은 예수님의 자비를 받는 것이었다. 처음부터 이것이 그녀의 동기며 목표였다. 그녀는 자신의 이방인 신분이나 귀신 들린 딸 때문에 조금도 위축되지 않았다. 그녀는 어떤 수모도 개의치 않았다. 하나님의 자비만 얻을 수 있다면 끝까지 버틸 각오가 되어 있었다. 그녀는 부스러기의 은혜도 개의치 않았다.

부스러기 은혜는 온전한 은혜이다. 놀랍게도 가나안 여인은 부스러기의 자비를 바랐음에도 실제로 받은 것은 부스러기 은혜가 아니었다. 예수님은 가나안 여인을 개 취급 한 것이 아니었다. 개들만 주인의 밥상에서 떨어지는 부스러기를 먹는다. 그러나 가나안 여인은 자기가 원하는 것을 다 받았다. 그것은 주인이 개에게 주는 부스러기 은혜가 아니고 아버지가 자식에게 주는 온전한 은혜였다. 가나안 여인의 딸을 짓누르고 있던 흉악한 악귀가 순식간에 떠났다(28절). 이것은 결코 부스러기의 은혜가 아니지 않는가?

하나님의 은혜에는 부스러기가 없다. 언제나 넘치는 후한 은혜이다. 하나님은 지금도 주 예수 그리스도에 대한 불절의 신뢰를 보이는 자들에게 부스러기의 은혜가 아닌, 넘치는 은혜로 임하신다. 당신은 그 같은 은혜를 원하는가? 누가 과연 그런 은혜를 받을 수 있겠는가?

주님의 어두운 얼굴 앞에서 등을 돌리는 자들이 있다. 그런 자들은 주님의 자비를 전적으로 바라지 않는 자들이다. 주님의 자비가 없으면 살 수 없다고 여기는 자들만이 모든 것을 제쳐 두고 주께로 나아간다. 가나안 여인은 그치지 않고 주님의 도움을 부르짖었다(23절). 그녀는 수모를 무릅쓰고 주님 앞에서 자신의 딸이 귀신 들린 사실을 온 세상에 알렸다. 그녀는 예수님의 가혹한 말씀을 듣고도 포기치 않았다. 그녀는 자신이 부스러기로 사는 자라고 자처하였다. 그녀는 주인의 밥상에서 떨어지는 부스러기를 받아 먹고서도 살 수 있다고 믿었다. 그녀는 이 점에서 조금도 물러서지 않았다.

믿음은 어제와 오늘의 부정적 상황에 묶이지 않는다. 믿음은 바라는 것이 있다. 믿음은 내일을 바라본다. 믿음은 침노하며 차지한다(마 11:12). 믿음은 하나님의 장애물 앞에서 주춤거리지 않는다.

주님을 포기하지 않으면 주님 앞에서 자신의 간절한 소원을 알릴 수 있는 기회가 온다. 주님은 우리들의 믿음을 달아보는 기회를 주시기를 기뻐하신다. 가나안 여인은 마침내 주님 앞에 섰다. 그녀는 일생 최대의 기회를 얻었다. 절대로 놓칠 수 없는 기회였다. 그녀는 주님께 자신이 얼마나 주님의 자비를 원하는지를 알렸다. 주님은 우리들이 절박하게 호소하는 온갖 소청에 귀를 막고 계신 분이 아니다. 주님이 귀를 막으셨다면 우리들의 간절성을 달아보기 위해서다. 그러나 주님의 가슴은 꾸준한 믿음으로 다가오는 모든 자녀들에게 열려져 있다. 하나님은 언제나 꾸준한 믿음을 보상하신다.

넷째, 주님은 처음부터 가나안 여인을 돕고 계셨다.

가혹하게 들렸던 주님의 말씀들은 가나안 여인의 믿음의 불씨가 되었다. 주께서는 그녀의 믿음이 더 타오르도록 영적 자극을 하신 것이었다. 이것이 주님의 가혹한 자비이다. 이것이 주님의 어두운 얼굴이 지닌 의미이다.

주님은 내 믿음에 불이 붙기를 원하신다. 주님은 우리가 주님께 전적으로 매달리기를 원하신다. 주님은 우리들이 다른 모든 것들을 제쳐 놓고서 주께로 나아가기를 원하신다. 주님은 우리들이 장애물 앞에서 좌절하지 않는 굳은 믿음을 보이기를 원하신다. 그런 자에게 주님은 너무도 후하게 응답하신다.

예수님의 한 마디가 나의 '흉악한'(22절) 불행을 거두어 간다.

"네 믿음이 크도다 네 소원대로 되리라" 마 15:28

이 '한 마디' 말씀에 가나안 여인의 모든 한이 풀렸다. 이 '한 마디'에 귀신 들린 가나안 여인의 딸이 순간적으로 나았다. 예수님의 "한 말씀"(마 15:23,28)에 그녀의 모든 슬픔이 사라졌다. 주님은 이 한 마디를 해 주시기 위해서 나에게 때로는 어두운 얼굴로 대하시고, 혹은 내게서 얼굴을 감추시며 내게 가슴 아픈 말씀을 하신다. 그러나 주님은 자비하시다. 주님은 나를 사랑하신다. 주님을 향한 나의 믿음과 신뢰가 봄철의 꽃송이처럼 탐스럽고 아름답게 피어나도록 주님은 때때로 나의 기도에 '한 말씀'도 응답하지 않으신다.

그러나 주님의 그 '한 말씀'이 마침내 내 귀에 들려질 날이 온다. 그 '한 말씀'은 주께서 잠시 감추셨을 뿐이다. 그러나 꾸준한 믿음에 의해 찾아질 수 있다. 주께서 그 '한 말씀'을 하실 때에는 나의 모든 숙제가 풀린다. 그 때 비로소 주님이 왜 내게 그처럼 가혹하셨는지를 깨닫게 된다.

주님은 그 '한 말씀'을 해 주시기 위해서 나를 기다리신다. 내가 내 입으로 주님의 '부스러기 은혜'라도 바란다고 고백할 때까지 나를 기다리신다. 그리고 내가 드리는 고백의 장소에서 "네 믿음이 크도다"라고 선언하신다. 그 시점에서 주님은 놀라운 일을 하신다. 주님은 가나안 여인의 귀신 들린 딸을 보시지도 않았고 안수하시지도 않았다. 그럼에도 그 순간 그녀의 딸이 깨끗이 치유되었다.

"그 때로부터 그의 딸이 나으니라" 마 15:28

하나님은 예수님을 외면하셨다

하나님이 당신을 외면하신다고 느껴질 때가 있는가? 십자가에서 예수님이 하나님께로부터 당하신 외면을 생각해 보라.

"제 구시쯤에 예수께서 크게 소리 질러 이르시되 엘리 엘리 라마 사박다니 하시니 이는 곧 나의 하나님, 나의 하나님, 어찌하여 나를 버리셨나이까 하는 뜻이라" 마 27:46

주님이 기도의 응답을 전혀 하지 않으시고 무반응으로 나오실 때에는 나를 외면하신다고 쉽게 판단하지 말고 십자가를 먼저 생각해야 한다. 하나님은 예수님을 외면하셨다. 그 때 "온 땅에 어둠이 임"하였다(마 27:45). 하나님의 모든 진노가 주님 위에 쏟아졌다. 하나님은 얼굴을 돌리시고 예수님의 부르짖는 호소에 '한 말씀'도 응답하시지 않았다. 땅은 온통 어둠에 잠겼다. 예수님은 어둠 속에서 하늘 아버지가 내리시는 심판의 무서운 침묵을 온몸으로 받으시면서 운명하셨다. 그 까닭은 무엇인가?

다시는 어둠이 없게 하기 위해서였다. 다시는 하나님의 진노의 얼굴이 그의 자녀들 위에 내리지 않게 하기 위해서였다. 예수님은 우리를 대신하여 하나님의 외면을 당하셨다. 예수님은 나를 위하여 하나님의 무서운 심판을 다 받으셨다.

하늘 아버지께서 자기 아들에게 참으로 가혹하셨다. 십자가에 달리신 아들이 "어찌하여 나를 버리시나이까?"라고 부르짖었음에도 하나님은 그를 내버려 두셨다. 하나님은 우리가 받았어야 할 죄의 심판을 모두 예수님에게 대신 내리셨다. 그러므로 하나님은 이제 나를 외면하실 이유가 없다!

하나님은 예수님의 피로써 우리에게 내릴 심판을 이미 집행하셨다. 그리고 예수님의 온전한 의를 우리에게로 옮겨 주시고 의롭다는 선언을 하셨다. 그리고 우리를 영원한 하나님의 자녀로 삼아 주셨다.

하나님은 자기 아들에게 진노하시고 무서운 침묵과 어둠으로 대하셨다. 그러므로 이제 하나님은 예수께 속한 모든 자녀들에게 밝은 얼굴로 대하신다. 이것이 민수기 6장24-26절의 축도가 내다본 구원이었다. 즉, 예수 그리스도의 십자가를 통하여 하나님의 얼굴을 우리에게로 향하여 비추사 은혜와 평강을 내려주실 구원의 날을 내다본 것이었다.

어떠한 어두운 상황에서도 하나님이 나를 외면하셨다고 생각하지 말라. 하나님은 그리스도 안에서 나를 용서하셨다. 당신이 주 예수를 가나안 여인처럼 "주 다윗의 자손"(마 15:22)으로 믿고 부른다면 당신은 결코 하나님의 배척을 당하지 않는다.

내 기도는 반드시 내가 원하는 대로 응답되지 않을 수 있다. 내 기도는 내가 원하는 때에 응답되지 않을 수 있다. 내 기도는 내가 바라는 방향과 전혀 다르게 응답될지 모른다.

그렇더라도 하나님이 나를 배척하신 것이 아니다. 가나안 여인처럼 주님을 끝까지 신뢰하며 주님의 자비에 호소하면 마침내 주님의 축복의 약속을 받는다. 그 때 "돌아가라"는 말씀을 듣게 될 것이다. 그 때까지 뒤로 물러서지 말아야 한다.

"나의 의인은 믿음으로 말미암아 살리라. 또한 뒤로 물러가면 내 마음이 그를 기뻐하지 아니하리라" 히 10:38

내가 스스로 포기하고 돌아서면 주님의 축복을 놓치고 말 것이다. 주님이 비로소 "돌아가라"고 하실 때까지 주님 앞에서 그의 자비를 구해야 한다. 그러면 반드시 주님의 축복을 받을 것이다.

"여자가 집에 돌아가 본즉 아이가 침상에 누웠고 귀신이 나갔더라" 막 7:30

12편

나귀의 호산나
마태복음 21:1-11

"…이르시되 너희는 맞은편 마을로 가라 그리하면 곧 매인 나귀와 나귀 새끼가 함께 있는 것을 보리니 풀어 내게로 끌고 오라 만일 누가 무슨 말을 하거든 주가 쓰시겠다 하라 그리하면 즉시 보내리라 하시니 이는 선지자를 통하여 하신 말씀을 이루려 하심이라 일렀으되 시온 딸에게 이르기를 네 왕이 네게 임하나니 그는 겸손하여 나귀, 곧 멍에 메는 짐승의 새끼를 탔도다 하라 하였느니라 제자들이 가서 예수께서 명하신 대로 하여 나귀와 나귀 새끼를 끌고 와서 자기들의 겉옷을 그 위에 얹으매 예수께서 그 위에 타시니 …이르되 호산나 다윗의 자손이여 찬송하리로다 주의 이름으로 오시는 이여 가장 높은 곳에서 호산나 하더라"

예수님을 따르던 무리들은 나귀를 타고 오시는 예수님을 위해 겉옷을 길에 펴고 종려나무로 환영하며 호산나를 외쳤다(마 21:8-9; 요 12:13). 무리들은 예수님이 즉위식을 위해 나귀를 타고 예루살렘으로 입성한다고 생각하였다. 그들은 예수님의 지상 왕권에만 마음을 쓰고 호산나를 불렀다.

그러나 또 다른 종류의 호산나가 있었다. 그것은 '나귀의 호산나'였다. 나귀는 묶여 있었다. 그는 시골에 묻혀 있었다. 아무도 그를 알아주지 않았다. 사람들은 그가 묶인 사실조차 몰랐다. 오직 예수님만 아셨다. 예수님은 나귀의 속박을 풀어줄 때가 있음을 아셨다. 그가 예루살렘으로 입성하는 때였다. 예수님은 그 때를 위하여 묶인 나귀를 기억하고 계셨다.

나귀는 묶여 있는 동안에는 아무런 쓸모가 없었다. 그는 풀려나야 했다. 그런데 시골 나귀는 뜻하지 않던 때에 주님의 한 마디로 완전히 풀려났다. 오늘이나 내일이나 하염없이 기다리던 그에게 뜻밖의 사람들이 나타나서 주님의 분부를 전하였다. 그는 "즉시"(마 21:3) 자유의 몸이 되었다. 그리고 "주께서 쓰시겠다"(눅 19:31,34)는 말을 들었다. 얼마나 반가운 메시지인가? 나귀는 아마 이런 생각을 했을 것이다.

"나를 쓰시겠다니요? 이 시골에 이처럼 볼품 없이 묶여 있던 나를 쓰신다니요? 정말인가요? 아니 제가 주님을 위해서 할 일이 무엇이 있겠습니까?"

주님은 나귀를 풀어 주시고 그것으로 끝내지 않으셨다. 나귀가 나귀다워지도록 영예로운 사역을 시키셨다. 그것은 예수님이 타실 등이 되는 것이었다. 그것도 예루살렘 입성을 위해서였다. 자신의 등을 타신 주님에 대해 나귀는 크나큰 자부심으로 호산나를 외쳤을 것이다.

주님은 나를 풀어 쓰기를 원하신다. 주님은 나귀의 호산나를 듣기를 원하신다. 주님은 내가 주님이 타실 나귀의 등이 되기를 원하신다. 당신은 이것을 원하는가? 이 영예를 원하는가? 이런 쓰임을 원하는가?

그런데 기억하라. 주님이 가시는 곳은 예루살렘의 왕궁이 아니었다. 주님은 예루살렘을 거쳐 십자가로 가셨다. 십자가의 길을 보지 못하고 호산나를 외치던 군중들은 모두 사라졌다. 오히려 그들은 얼마 되지 않아 "예수를 십자가에 못 박으소서"(마 27:22-23; 눅 23:21)라고 외쳤다. 호산나를 외쳤던 입들이 어느 새 예수님을 저주하였다.

당신은 어떤 호산나를 외치기를 원하는가? 예수님을 예루살렘까지만 따라가겠다고 생각하면 군중의 호산나가 된다. 그러나 예수님을 자기 등에 태운 자는 자신이 가고 싶은 곳이 아닌, 주님이 가시려는 곳으로 가야 한다. 십자가가 주님의 목적지였다. 나를 갈보리로 데리고 가기 위해서 주님은 내 등을 타신 것이다.

주님을 태우고 갈보리까지 가라. 거기서 "다 이루었다"고 외치는 주님의 선언을 들으라. 그 때 비로서 나의 모든 죄가 말끔히 다 씻겨지고 용서된 사실을 알게 될 것이다. 나의 구원이 어떤 희생과 사랑으로 이루어졌는지를 깨닫게 될 것이다. 그 때 비로소 나는 예수님의 십자가 위에서 울려 퍼지는 구원의 호산나를 듣고 할렐루야를 외칠 것이다. 이 호산나는 영원한 호산나이다. 주님의 영원한 구원을 영원토록 찬송하는 호산나이다.

당신은 기억하는가? 주님이 어느 날 죄와 어둠에 묶여 있던 당신을 풀어 주셨다. 그리고 당신을 데리고 십자가로 가셨다. 그 곳에서 십자가 구원의 의미를 깨닫게 하셨다. 그리고 자기 십자가를 지고 주님을 따르는 삶을 보이셨다. 그 때 당신은 나귀 등을 타시는 주님의 뜻이 어떠한 것인지를 깨달았다. 주님은 당신의 영혼 깊은 곳에서 주님의 구원을 깊이 깨닫는 갈보리의 호산나가 나오게 하셨다. 당신은 지금도 그 때의 호산나를 부르고 있는가?

우리는 모두 한 때 묶여 있던 나귀였다. 그러나 주님이 풀어 주시고 우리 인생의 주인을 바꾸어 주셨다. 속박과 어둠의 주인으로부터 자유와 구원의 주인으로 바꾸어 주셨다. 예수님은 내가 묶여 살던 때의 주인이 아니다. 풀려난 나귀의 새 주인은 만왕의 왕이신 예수님이시다(마 21:5). 왕 중의 왕되신 주 예수님은 나를 구원하기 위해서 예루살렘을 거쳐 갈보리까지 가셨다. 갈보리에서 주님은 하늘 아버지의 뜻에 따라 나 대신 모든 죄값을 치르셨다.

예루살렘으로 입성하는 나귀를 탄 예수님을 보고 호산나를 외치는 것은 쉬운 일이다. 그러나 수난의 십자가를 지고 저주를 받은 하나님의 속죄양을 보고 호산나를 외치는 자는 하나님의 사랑을 체험한 자들이다. 비록 내게는 주님을 위해 벗어드릴 겉옷이 없고 환영할 종려나무가 없어도 나를 너무도 사랑하사 자기 아들을 내어 주신 하늘 아버지의 지고한 사랑을 십자가에서 밝히 보고 호산나를 외칠 때 하나님은 기쁘게 들으신다.

시골에 묶여 있던 나귀는 예수님의 능력으로 속박에서 풀려났다. 그리고 예수님을 등에 태우고 다니는 영광스런 봉사의 기회를 받았다. 내게 묶인 곳이 있는가? 주님은 나를 풀어 주기를 원하신다. 어떤 종류의 속박이든지 주님은 나를 풀어 주고 하나님의 나라를 위해 내가 주님을 태우고 다니는 나귀의 등이 되기를 원하신다.

그렇다면 나귀의 호산나를 부르라. 십자가 앞에서 나를 그처럼 사랑하신 주님을 찬양하라. 그리고 나귀의 등이 되기를 원한다고 주께 구하라. 주님은 십자가 앞에서 호산나를 외치는 자들을 기뻐 받으신다.

13편

버려진 예수
마태복음 27:46

"나의 하나님, 나의 하나님, 어찌하여 나를 버리셨나이까"

서로 신뢰하고 사랑하는 관계지만 배신을 당하면 우리들의 입에서 서슴없이 나오는 말이 있다.
"나를 사랑한다면서 어찌 그럴 수 있느냐?"
그런데 내가 상대방에게 투자한 것이 많을수록 배신감이 깊어진다. 그래서 또 나오는 말이 있다.
"내가 그렇게 사랑하면서 잘 해 주었는데 이런 짓을 내게 하다니!"
이럴 때의 감정은 흔히 "억울하고 분해서 못 살겠다"는 말로 표현된다.

우리는 사랑하는 관계에 들어가면 상대방의 전적인 사랑을 기대한다. 어떤 일이 있어도 나를 배신하는 일이 없어야 하고 나에게 상처를 입혀서는 안 된다는 자기 중심적인 사랑을 기대한다. 연인들은 상대방이 나를 항상 이런 식으로 사랑해야 한다는 묵계 하에서 서로 사귄다.

이 같은 사랑의 전제는 나와 하나님과의 관계에도 적용된다. 나는 하나님을 섬기면서 하나님의 사랑을 기대한다. 하나님은 내게 상처를 입혀서는 안 되는 분으로 여긴다. 나와 사랑의 관계를 맺은 분이기 때문이다.

그런데 어느 날 하나님이 나를 배신했다고 생각하게 된다. 하나님이 나를 사랑하지 않는다는 증거가 내게 있다고 생각한다. 그 때 느끼는 실망감은 나를 허탈하게 만들고 하나님을 원망하게 한다. 하나님이 전혀 나의 기도를 들어주지 않으셨다거나 나의 어려운 처지를 전혀 도와 주지 않았다고 판단되면 하나님에 대한 원성이 높아진다. 더구나 내가 하나님을 그 동안 잘 섬겼다고 생각하면 내가 받는 상처의 깊이도 더 커진다. 그런 때에 우리들의 입에서 쉽사리 나오는 말들이 있다.

"하나님이 나를 사랑하신다면 어떻게 이런 일이 내게 일어날 수 있겠습니까?"
"하나님은 나를 사랑하지 않아요."
"하나님은 나를 버리신 거예요."
"어쩌면 그토록 기도하고 간구했는데도 이렇게 무심하실 수가 있어요. 나의 문제가 하나도 해결되지 않았단 말이예요."

당신도 이런 원망을 해 본 적이 있는가? 그런데 누구도 이런 원망을 하나님께 하면서 살기를 원치 않는다. 어떻게 해야 하나님을 원망하지 않고 살 수 있을까? 그것은 십자가에서 버림을 받은 예수님을 나 자신이 어떻게 이해하고, 어떻게 믿고 있는지를 자문해 보면 된다.

예수님은 십자가에서 버림을 당할 것을 두려워하셨다

주님은 겟세마네 동산에서 슬퍼하시면서 자신이 "고민하여 죽게"(마 26:38)되었다고 하셨다. 죽은 나사로도 살리셨던 예수님이다. 대적자들의 무서운 위협과 박해도 두려워하시지 않았던 예수님이었다. 그런데 무엇이 예수님을 이처럼 두렵게 하였는가?

그는 날이 새면 거룩하신 하나님의 무서운 진노가 자신 위에 내릴 것을 알았다. 그는 자신이 지고 가는 인류의 죄 때문에 희생제물로 취급될 것을 알았다. 하나님의 진노의 심판은 주님을 하나님으로부터 떨어져 나가게 할 것이었다. 이것은 예수님에게는 견딜 수 없는 일이었다. 바로 이러한 두려움으로 인해 예수님은 슬픔을 가누지 못하고 고민하셨으며 겟세마네 동산에서 거의 죽게 되셨다.

예수님은 하나님의 버림을 직접 체험하셨다.

"나의 하나님, 나의 하나님, 어찌하여 나를 버리셨나이까?"

왜 이런 절규를 하셨을까? 제자들이 모두 예수님을 배신했기 때문일까? 자신의 사역이 실패했다고 보았기 때문일까? 분노 때문이었을까? 아니다. 십자가에 달렸던 그 순간에 이 세상 모든 사람들의 죄가 예수님에게 옮겨졌고 하나님이 예수님을 완전히 버렸기 때문이었다. 이 순간에 예수님은 하늘 아버지의 임재를 전혀 의식할 수 없었다. 예수님은 기도할 때마다 하나님을 "아빠 아버지"라고 친숙하게 불렀다. 그러나 이제는 "아빠 아버지"의 동행을 의식하거나 아버지의 임재를 아는 기쁨이 없었다.

십자가에 달렸던 예수님의 주변은 온통 어둠이었다. 유월절에는 전반적인 일식 현상은 일어날 수 없다. 이 어둠은 자연 현상이 아니었다. 피조계 자체가 그에게 얼굴을 가렸다. 그의 제자들은 모두 그를 방치하였다. 누구도 그를 도울 수 없었다. 하나님 자신도 자기 아들로부터 얼굴을 돌리고 우주의 등불을 꺼버렸다. 그리고는 예수님을 캄캄한 어둠 속에 내버렸다. 바로 이 순간에 예수님은 "많은 사람을 위한 대속물"(막 10:45)이 되었다.

예수님은 이 순간 이전까지는 "아버지 품 속에"(요 1:18) 있었다고 말할 수 있었다. 그러나 지금은 그렇게 말할 수 없었다. 아버지의 품 속에서 내던져졌기 때문이었다. 예수님은 이 순간 이전까지는, 바리새인들의 도전을 받고서도 "내가 혼자 있는 것이 아니요 나를 보내신 이가 나와 함께 계심이라"(요 8:16)고 담대히 말할 수 있었다. 그리고 제자들에게 그들이 모두 예수님을 떠나도 "아버지께서 나와 함께 계시느니라"(요 16:32)고 고백할 수 있었다. 예수님은 이 순간 이전에는 하나님이 "아빠 아버지"였다. 그러나 이제는 하나님을 더 이상 '아빠'라고 부를 수 없었다. 아빠에 대한 친밀성과 임재성은 하나님의 두려운 진노의 심판 앞에서 감히 언급될 수 없었다. 주님은 다만 "나의 하나님, 나의 하나님, 어찌하여 나를 버리셨나이까"라고 부르짖을 뿐이었다.

예수님은 지옥의 체험을 하셨다

예수님의 절규는 예수님이 십자가에 대해서 자신이 예상했던 것 이상의 무엇이 더 있었음을 반영한다. 예수님은 자신이 십자가 처형을 당할 것을 미리 아셨다. 그럼에도 십자가에서 하나님께 "어찌하여"

나를 버리셨느냐고 질문한 것을 보면 자신이 당한 버림의 깊이가 그를 크게 당황케 했음을 시사한다.

예수님의 부르짖음은 하나님이 예수님을 지옥으로 보내는 것으로 느꼈다는 것을 의미한다. 주님은 인간들의 모든 죄에 대한 하나님의 진노가 십자가에서 자신 위에 온통 다 쏟아지는 지옥을 체험하신 것이었다.

그럼 이러한 예수님의 십자가 체험에 비추어 우리들이 때때로 갖는 하나님의 사랑에 대한 회의와 원망을 어떻게 해결해야 할 것인지를 생각해 보자.

많은 사람들이 어려움을 당하면 자신의 문제만 놓고서 하나님의 사랑이 있고 없고를 판단한다.

우리들은 자기 일이 풀리지 않거나 불행이 닥치면 하나님의 사랑을 의심하며 괴로워하는 습성이 있다. 그러나 만사가 형통하여도 나는 십자가에서 증시된 하나님의 사랑 만큼 하나님이 나를 사랑하신다는 사실을 알 수 없다.

우리는 하나님의 사랑을 쉽게 의심한다. 내 문제가 해결되지 않고 어려움이 계속되면 "하나님은 왜 나를 사랑하지 않고, 왜 나를 버리시느냐?"고 항변하며 괴로워한다. 그렇다면 하나님의 사랑은 내가 가진 문제의 크기 이상이 되지 못할 것이다. 하지만 하나님의 사랑은 나의 모든 문제들의 크기보다 무한히 크다. 그런데 이 사실을 하나님은 나의 이런저런 문제들을 해결해 줌으로써 일일이 증명하시지 않는다. 하나님은 한 번의 사랑으로 자신의 절대적인 사랑을 십자가에서 확증하셨기 때문이다.

"나는 선한 목자라 선한 목자는 양들을 위하여 자기 목숨을 버리거니

와" 요 10:11,15

"사람이 친구를 위하여 자기 목숨을 버리면 이보다 더 큰 사랑이 없나 니" 요 15:13

하나님은 자기 아들을 십자가에 못박혀 죽게 하심으로써 죄인들을 위한 절대적인 사랑을 확증하셨다. 과연 "이 보다 더 큰 사랑"이 없다. 그 까닭은 "우리가 아직 죄인 되었을 때에 그리스도께서 우리를 위하여 죽"으셨기 때문이다(롬 5:8).

당신은 자신의 일이 힘들어질 적마다 하나님이 당신을 사랑한다는 것을 일일이 증명해야 한다고 생각하는가? 하나님은 이미 십자가에서 자신의 절대적인 사랑을 보여주셨다. 당신은 자신이 하나님으로부터 바라는 것이 그런 엄청난 형태의 절대적인 사랑이 아니라고 말할는지 모른다.

그저 안 풀리는 일 조금 풀어 주시고, 좋은 배우자를 만나게 해 주시고, 안 고쳐지는 병 좀 고쳐 주시고, 안 되는 사업 좀 되게 하시고, 아이들 좋은 학교 좀 다니게 하시고, 시집 장가 잘 가게 해 달라는 정도라고 말할지 모른다. 그런 정도라면 그리 대단한 주문도 아닌데 하나님이 인색하실 필요가 없다고 여길 것이다. 그러나 당신이 하나님에게서 바라는 것이 그런 정도라면 예수님은 처음부터 십자가로 가실 필요조차 없었을 것이다.

그런 것들은 절대적인 주문이 아니기 때문이다. 예수님은 절대적 사랑을 위해 십자가로 가셨다. 하나님은 내게 절대적인 사랑을 부으시기를 원하셨다. 하나님은 또한 우리들이 하나님으로부터 절대적인 사랑을 기대하기를 원하신다. 만약 우리들이 우리의 진정한 필요를 안다면 절대적인 사랑 이하의 것에는 결코 만족할 수 없을 것이다.

우리들의 진정한 필요는 무엇인가? 그것은 곧 십자가다. 주님을 십자가에 내어주는 하늘 아버지의 절대적 사랑이 우리들의 진정한 필요이다. 우리들을 죄와 마귀와 지옥의 손아귀에서 해방시키는 그리스도의 구원이 우리들의 절대적인 필요이다.

정죄와 부패와 사망으로부터 나를 살릴 수 있는 것은 무엇인가? 그것은 하나님의 절대적인 사랑이다. 이것만이 모든 죄인들의 살 길이기 때문이다. 당신은 이 같은 사랑을 얼마나 원하는가? 내가 하나님에게 원하는 사랑이 고작 나의 문제 해결이라면 내 문제가 풀리지 않을 적마다 하나님께 매달리다가 일이 끝내 틀어지면 그만 실망하고 하나님을 원망하며 마음에 큰 상처를 입게 될 것이다.

십자가의 절대적인 사랑을 바라보라

내게 어려움이 닥칠 때마다 우리들의 시선은 자신의 처지와 현재 겪고 있는 당면한 문제에 쏠린다. 우리들은 자신의 문제들로부터 좀처럼 시선을 뗄 수 없다. 그럴 때에 주님께 간절히 도움을 구하면서 하나님의 절대적인 사랑이 영원토록 빛나는 갈보리의 십자가로 눈을 돌려보라. 그리고 하나님이 보여 주시는 절대적 사랑이 무엇인지를 생각해 보라. 만약 십자가 사랑의 절대성을 내가 깨닫지 못한다면 내가 하나님께 바라며 만족해 할 수 있는 일들은 기껏해야 나의 신변과 관련된 축복이나 심리적인 안정에 불과할 것이다. 정녕 우리들의 구원의 차원이 그 정도에 그친다면 우리들은 얼마나 작은 구원을 체험하며 사는지 모른다.

하나님의 구원은 크고 깊은 것이다. 십자가의 사랑이란 하늘 아버지의 절대적인 사랑이다. 하나님은 우리들이 무엇보다도 십자가 사랑에 감격하며 하나님을 높이고 찬양하기를 원하신다. 물론 우리들의 일상 생활 속에서 보여 주시는 은혜들에 대해 우리는 힘껏 하나님을 찬양해야 한다. 그러나 십자가의 절대적인 사랑을 이해하지 못한 감격은 오래 가지 못한다. 그리고 인생의 궂은 날을 만나면 하나님의 사랑을 의심하고 원망하기 쉽다.

하나님이 원망스럽고 그의 사랑이 의심스러울 때 당신은 어떻게 하는가? 울고 있는가? 분노하는가? 침체에 빠지는가? 아니면 포기해 버리는가? 하나님은 이 어떤 것들도 원치 않으신다. 하나님이 이런 때에 우리들에게 원하시는 것은 단 한 가지 뿐이다. 그것은 십자가를 바라보라는 것이다. 십자가가 하나님의 사랑을 확증하는 곳이기 때문이다.

- 십자가에서 하나님은 자기 아들을 버리셨다. 나를 버리지 않기 위해서였다.
- 십자가에서 하나님은 자기 아들을 죽이셨다. 마땅히 죽어야 할 나를 살리기 위해서였다.
- 십자가에서 하나님은 자기 아들을 사랑하지 않으셨다. 나를 사랑하기 위해서였다.
- 십자가에서 하나님은 자기 아들을 저주하셨다. 나를 축복하기 위해서였다.
- 십자가에서 하나님은 자기 아들이 지옥을 체험하게 하셨다. 나를 지옥으로 보내지 않기 위해서였다.
- 십자가에서 하나님은 자기 아들로 하여금 "어찌하여 나를 버리

셨나이까?"라고 부르짖게 하셨다. 우리들이 그런 절규를 하지 않게 하기 위해서였다.
- 십자가에서 왜 하나님이 자기 아들에게 이처럼 혹독한 심판을 내리고 완전히 버리셨는가? 우리들을 영원한 하나님의 자녀들로 맞이하기 위해서였다. 우리들을 영원한 정죄와 사망에서 해방시켜 그리스도의 의로 하나님 앞에 서게 하기 위해서 하나님은 자기 아들을 절망의 계곡으로 내던지고 사망의 음침한 골짜기에 갇히게 하셨다.

"그러므로 이제 우리가 그의 피로 말미암아 의롭다 하심을 받았으니 더욱 그로 말미암아 진노하심에서 구원을 받을 것이니" 롬 5:9

"하나님의 사랑이 우리에게 이렇게 나타난 바 되었으니 하나님이 자기의 독생자를 세상에 보내심은 그로 말미암아 우리를 살리려 하심이라."
요일 4:9

십자가에서 하나님은 내가 기대하고 원하던 절대적인 사랑을 주셨다는 사실을 기억해야 한다. 하나님은 우리 죄인들을 죽음에서 건져내어 영원히 살게 하기 위해서 자기 아들을 대속물로 세상에 보내셨다. 하나님은 나를 위해 자기 아들을 아끼지 않으셨다(롬 8:32). 우리에게 가장 귀한 것을 주셨다면 모든 것을 다 주신 것이다. 우리를 위해 아들의 생명을 내주셨다면 우리를 위해 안 주신 것이 무엇인가?

그런데 나는 하나님께 무엇을 드렸는가? 내가 드린 헌신과 봉사와 헌금과 찬양과 선교가 그리도 대단한 것인가? 나는 주님을 위해 무엇을 했길래 내 마음에 차는 하나님의 사랑을 기대한단 말인가? 오히려 하나님이 나에게 주님에 대한 사랑을 기대하셔야 하지 않는가?

사실상 하나님은 우리에게 절대적인 사랑을 기대하신다. 하나님은 자신을 다 주셨기에 우리에게서 절대적인 사랑을 요구하실 수 있다. 그러나 우리에게는 그럴 권리가 없다. 그럼에도 우리는 하나님이 나의 기도를 들어 주시지 않는다고 불평하고, 내 문제를 해결해 주시지 않는다고 원망하며, 나를 사랑하지 않는다고 슬퍼한다.

"하나님이 나를 사랑하신다면 어찌 이런 일이 일어날 수 있단 말인가?"

"하나님이 나를 정말 사랑하신다면 왜 나의 이 답답한 문제를 해결해 주시지 않습니까?"

이 같은 우리들의 불평과 원망에 대해서 하나님은 얼마든지 이렇게 반문하실 수 있을 것이다.

"너는 나를 사랑한다면서 어찌 이런 일을 내게 할 수 있느냐?"

과연 우리들을 향해서 이렇게 물을 것들이 얼마나 많으시겠는가? 내가 하나님의 뜻을 어기고, 말씀대로 살지 않고, 성령을 근심케 한 죄들이 얼마나 많은가? 그러나 하나님은 나를 원망하시지 않았다. 나를 버리시지도 않았다. 오히려 나를 언제나 돕기를 원하셨다.

하나님은 우리들의 원망을 오래 참아 주신다

우리들이 하나님의 뜻을 무시하고, 십자가의 사랑을 신뢰하지 않고, 그리스도의 모습을 닮지 않는 죄를 저질러도 하나님은 우리를 오래 참고 기다리신다. 용서를 손에 쥐시고 우리들의 회복을 기다리신다. 하나님은 언제나 나를 위해 애쓰신다. 나의 풀리지 않는 문제 속에서, 나의 끓어 오르는 분노 속에서 역사하신다. 나의 상처와 울분과 슬픔 속에서 쉬지 않고 역사하신다. 아들의 형상이 빚어지고 "그리스도의 복음의 광채"(고후 4:4)가 비쳐 나올 때까지 역사하신다. 주님은 나의 고난과 고독과 실패와 모욕과 죽음 속에서 역사하신다. 하나님의 능력이 심히 크고 하나님의 사랑이 무한한 것임을 우리들의 입으로 찬양할 때까지 우리들의 역경 속에서 인내와 자비와 능력으로 역사하신다.

그렇다면 왜 이 사실을 우리들이 깨닫지 못할까? 왜 우리 입에서 걸핏하면 하나님께 대한 원망이 튀어나오는 것일까? 바울은 믿음이 아닌 율법의 행위로 돌아가는 갈라디아 교인들에게 말하였다.

"어리석도다 갈라디아 사람들아 예수 그리스도께서 십자가에 못 박히신 것이 너희 눈 앞에 밝히 보이거늘 누가 너희를 꾀더냐?" 갈 3:1

그는 이어서 물었다.

"너희가 이 같이 어리석으냐 성령으로 시작하였다가 이제는 육체로 마치겠느냐?" 갈 3:3

하나님을 우리가 사랑한다고 말할 때 그 사랑이 어디서 온 것인가? 우리들에게서 자발적으로 나온 것인가? 그래서 우리가 먼저 하나님을 사랑하였는가? 요한이 대답하지 않았는가?

"사랑은 여기 있으니 우리가 하나님을 사랑한 것이 아니요 하나님이 우

리를 사랑하사 우리 죄를 속하기 위하여 화목 제물로 그 아들을 보내셨음이라" 요일 4:10

그런데 우리들이 어떻게 하여 십자가를 믿게 되었는가? "성령으로 아니하고는 누구든지 예수를 주시라 할 수 없느니라"(고전 12:3)고 하였다. 우리들은 하나님의 은혜로 십자가를 믿게 된 자들이다. 우리들 속에 무슨 대단한 헌신과 애정이 있어서 하나님을 사랑하게 된 것이 아니었다. 그렇다면 내가 하나님께 투자한 것으로 인해서 하나님의 사랑이 내게 미흡하다고 섭섭해 하겠는가? 슬퍼할 것도 억울해 할 것도 없지 않는가? 하나님을 어찌 원망할 수 있는가? 십자가의 사랑이 우리 눈 앞에 밝히 보이지 않는다면 나는 무엇에 꾀인 것이다. 그래서 바울은 이렇게 물었다. "누가 너희를 꾀더냐?"(갈 3:1).

욥이 종기가 온 몸에 퍼져서 질그릇 조각으로 몸을 긁고 있을 때에 그의 아내가 말하였다. "하나님을 욕하고 죽으라!"(욥 2:9). 욥의 아내는 누구인가? 내가 하나님을 원망할 때마다 나는 사탄의 꾀임에 넘어간 것이다. 내가 하나님을 무심한 분으로 볼 때마다 나는 육신의 눈으로 하나님을 정죄한다. 하나님이 나를 사랑하지 않는다고 말할 때마다 나는 십자가에 매달린 그리스도의 얼굴에 침을 뱉는다. 내가 하나님의 돌보심과 자비를 의심할 때마다 나는 하나님을 악한 분으로 내몬다.

나의 죄를 볼 수 있겠는가? 내가 하나님을 원망하고 나에 대한 그분의 사랑을 부정할 때에 과연 어떤 일을 하고 있는지 아는가? 하나님을 판단하고 정죄하는 죄를 짓고 있는 것이다. 당장 심판을 받지 않는 것이 얼마나 감사한가? 내가 아직 호흡을 하고 산다는 것이 "하나님은 사랑이심이라"(요일 4:8)는 말씀을 입증하지 않는가?

하나님은 십자가의 사랑과 능력을 믿으신다

우리들이 아무리 바닥으로 내려가서 하나님을 원망하여도 하나님은 결코 우리를 버리시거나 포기하지 않으신다. 하나님은 내가 하나님의 사랑을 의심할 때마다 십자가를 보시기 때문이다. 하나님은 내 입으로부터 하나님이 공평치 못하고 내 문제에 관심이 없으시다는 비난을 받을 때마다 자기 아들을 매달았던 십자가를 바라보신다. 하나님은 내가 크리스천으로서 억울하다고 생각하고 분노를 참지 못할 때마다 갈보리로 가신다. 내가 하나님은 능력이 없고 나를 곤경에서 건져 내실 수 없다고 의심할 때마다 하나님은 십자가로 가신다.

하나님은 십자가의 사랑과 능력을 믿으신다. 그래서 하나님은 내게 대하여 절망치 않으시고 참고 또 참으신다. 그리고 말할 수 없는 사랑으로 나를 부르고 또 부르신다. 하나님은 내 일이 다 틀어져서 살고 싶지 않을 때, 깊은 우울과 슬픔에 젖어 있을 때에 갈보리에서 만나자고 타이르신다. 그 곳에서 하나님은 내 눈으로 형극의 십자가에 매달려 "어찌하여 나를 버리셨나이까?"(마 27:46)라는 주님의 절망적인 신음 소리를 듣게 하신다.

나는 십자가를 보고 있는가? 우리들도 하나님처럼 비난과 원망을 받을 때에 십자가를 바라 보아야 한다. 내 일이 힘들어지고 나의 삶의 숙제들이 풀리지 않을 때에 십자가를 바라보아야 한다. 나의 이웃이 나를 외면하고 하나님마저 나를 사랑하지 않는다고 느낄 때에 십자가를 바라보아야 한다.

내게 하나님의 사랑과 돌보심에 대한 회의가 생길 때마다 욥의 아내들이 제시하는 유혹을 물리치고 하나님을 원망하지 말아야 한다. 우리 모두에게 욥의 아내가 다가온다. 그녀는 내가 힘들 때에 하나님을 원망하라고 유혹한다. 욥의 아내가 나의 분노와 우울을 자극한다. 그 때 우리는 십자가로 가야 한다. 내게 의심이 생기고 절망의 안개가 나를 덮쳐 올 때에 속히 십자가를 바라보아야 한다.

하나님은 모든 것을 십자가에서 시작하신다. 우리도 십자가에서 출발해야 한다. 그런데 당신은 언제 십자가를 묵상하였는가? 묵상이 없는 십자가는 내게 능력이 되지 않는다. 십자가를 배우지 않고서 막연히 십자가를 바라보는 것은 십자가를 하나의 장식이나 미신으로 목에 달고 다니는 것과 같다. 십자가를 바라보는 것은 십자가의 의미를 의지하는 것이다. 당신이 바라보는 십자가는 어떤 의미를 주는가? 당신은 십자가를 생각하며 가슴이 뜨거워진 적이 있는가? 그 때가 언제였는가? 당신은 십자가를 생각하며 눈물을 뿌린 적이 있는가? 그 때가 언제였는가?

당신의 문제들로 고민하고 기도하는 시간에 비해서 하나님의 문제를 놓고 고민하며 기도한 시간이 얼마나 되는가? 하나님의 문제가 무엇이겠는가? 그것은 당신이 십자가를 묵상하지 않는 것이다. 당신이 십자가를 생각하고 하나님의 지고한 사랑과 희생을 감사하며 찬양하지 않는 것이 하나님의 문제이다. 하나님의 문제는 당신의 여러 문제들보다 더욱 심각하다. 당신이 십자가의 의미를 묵상하며 하나님의 사랑을 날마다 확인하고 전능하신 사랑의 주를 신뢰하지 않는 것이 하나님의 문제이다. 십자가를 믿음과 경배와 감격으로 바라보지 않는 당신의 영적 문제가 곧 하나님의 문제이다. 이 같은 하나님의 문제와 고민을 풀어 드리려고 당신은 얼마나 시간을 쓰고 있는가?

당신이 십자가 앞으로 나아가서 "나의 하나님, 나의 하나님, 어찌하여 나를 버리셨나이까!" 라는 예수님의 절망적인 부르짖음을 묵상해 본 적이 언제였는가? 하나님은 당신이 십자가를 바라보기를 원하신다. 하나님은 당신이 언제나 십자가 앞으로 나아가기를 원하신다. 하나님의 사랑이 있는 곳으로 나아가라. 하나님의 측량할 수 없는 자비와 용서가 강물처럼 흐르는 십자가로 나아가라. 하나님은 당신이 그의 십자가 사랑을 확신하기를 원하신다. 사랑은 모든 것을 이기고 초월한다(롬 8:37; 고전 13:7). 십자가 사랑이 당신의 문제와 고민을 이기는 능력이다. 십자가를 묵상하면 생명의 길이 보인다. 십자가를 바라보면 성령께서 당신의 마음을 위로와 용기의 빛으로 채우신다.

십자가를 바라보며 하나님이 완성하신 사랑의 교향곡을 들어 보라. 주님은 당신을 사랑하신다. 주님이 당신을 무한히 사랑하셔서 자녀로 삼아 주시고 그리스도의 의를 입혀 영원한 구원을 하셨다면 십자가를 찬송할 수 있지 않는가? 십자가를 묵상하며 찬송해 보라. 적어도 당신의 피곤한 영혼이 쉼을 얻게 될 것이다. 십자가를 바라보며 깊고 짙은 하나님의 신비한 사랑을 깨닫는 한, 불행할 사람은 아무도 없다. 하나님의 사랑에서 시작해서 하나님의 사랑으로 끝나는 것이 크리스천의 삶이다. 하나님의 사랑을 이길 수 있는 것은 아무것도 없다. 십자가 이상으로 하나님의 사랑을 밝히 드러낸 곳은 없다. 십자가에 달리신 주 예수님을 바라보고 주님을 생각하라(히 12:2-3).

그런데 질문이 있다. 당신은 십자가를 얼마나 알고 있는가? 십자가라고 하면 그저 단순히 예수께서 내 죄를 위하여 매달리신 것이라는 정도로 믿고 있는가? 물론 이것은 대속의 교리이다. 그러나 교리는 살아 있어야 한다. 대속의 십자가를 믿으면 십자가가 내게 무한히 감격스러워야 한다. 십자가 교리를 이해했으면 십자가를 더욱 묵상하게 되어야 한다. 십자가에서 비취는 "그리스도의 사랑이 우리를 강권"

(고후 5:14)하기 때문이다.

당신은 얼마나 자주 십자가를 알기 위해서 주께로 나아가는가? 십자가에 대한 말씀을 숙고하면서 성경을 읽고 있는가? 십자가의 절절한 사랑을 깨닫기 위해서 메시지를 듣고 강해서를 읽고 간절한 마음으로 공부하는가? 바울은 "내 주 그리스도 예수를 아는 지식이 가장 고상하기 때문"(빌 3:8)에 모든 것을 배설물로 여긴다고 하였다.

그럼 그리스도 예수를 아는 지식은 어디서 나오는가? 십자가를 이해하지 않고서 예수 그리스도에 대한 지식이 생길 수 있겠는가? 십자가에 대한 지식이 없이 십자가를 바라보면 무슨 유익이 있겠는가? 십자가에 대한 성경의 지식을 알지 못하고 십자가를 바라보는 것은 내게 아무 힘이 되지 않는다. 하나님은 우리들이 십자가를 알기를 원하신다. 단순히 십자가를 믿는 것과 십자가를 보고 하나님의 기이한 사랑을 거듭 확인하며 나의 모든 문제들을 제쳐 놓고 하나님을 깊이 경배하며 찬송하는 것은 다른 차원에 속한다. 내가 십자가를 믿는다고 하면서 주님께 나아가지만 십자가를 깊이 깨닫는 말씀 공부와 묵상이 없이 내 문제만 잔뜩 내려놓고 해결해 달라고 조른다면 언제 나는 하나님을 마음껏 찬양할 것인가?

하나님이 우리들을 그리스도의 피로써 속량하신 목적은 "그의 은혜의 영광을 찬송하게 하려는 것"(엡 1:6)이었다. 그런데 나에게 문제만 생기면 하나님을 더 찬송하기 보다는 내 문제에 붙잡혀서 십자가 아래에서 주여, 주여, 한탄하며 소리친다면 하나님은 언제 영광을 받으시겠는가? 내 문제가 해결된 후에 감사 기도하고 하나님께 영광을 돌리겠다고 생각한다면 십자가 앞으로 나아가는 일을 다시 생각해 보아야 한다.

십자가 앞으로 가면 십자가가 보여야 한다. 십자가를 믿고 주님께로 나아간다면 주님의 십자가 영광이 보여야 한다. 주의 영광이 보인다면 당연히 주를 경배하고 찬양해야 한다. 내 문제가 해결될 때까지 경배와 찬양을 미루어야 하는가? 아니다. 먼저 주님을 찬양하는 것을 배워야 한다. 찬양은 단순히 복음 성가를 부르는 것이 아니다. 찬양은 하나님의 영광에 대한 깨달음이 있어야 하고 십자가에 대한 지식이 있어야 한다.

우리는 내 문제가 우선인 경우가 너무도 많다. 주님께 기도하러 나갈 때에 주의 영광을 먼저 보아야 한다. 주님의 십자가 사랑이 나의 영혼을 채우고, 주님의 기막힌 희생이 나의 머리를 숙이게 하며, 주님의 형언할 수 없는 자비가 내 가슴을 울먹이게 해야 한다. 그래서 주님의 영광을 찬양하기에 나의 모든 문제들이 잊혀질 정도가 되어야 한다.

우리는 과연 무엇을 위해서 울어야 할까? 과연 무엇을 위해서 한탄해야 할까? 주님의 문제를 위해서 울어야 하고 가슴을 쳐야 할 것이다. 주님의 문제가 무엇인가? 그것은 내가 주님의 십자가를 너무도 모른다는 사실이다. 잘 알지도 못하는 십자가 앞으로 달려가기만 하면 주님의 영광을 볼 수 없어 내 문제만 털어놓고 하소연을 하다가 일어서게 된다.

그러나 십자가를 묵상하며 가슴이 뜨거워져서 주님의 영광을 찬송하면 내 무릎에 힘이 오르고 내 손에 용기가 담길 것이다. 주님께 내 문제를 말씀드리기 전에 주님의 십자가 영광을 먼저 보고 주님을 찬양하는 일부터 시작해 보라. 당신의 문제들이 훨씬 쉬워지는 것을 발견할 것이다. 그리고 당신의 기도 생활에 커다란 변화가 올 것이다.

하나님은 그런 변화를 축복하신다.

성경은 "하나님이 내 문제를 해결해 주시기 때문에, 나를 사랑하신 다는 것을 안다"고 말하지 않는다. 그 대신 "우리가 십자가를 바라보았기 때문에, 하나님이 우리들을 사랑하시는 줄을 알고 우리도 하나님을 사랑한다"고 고백한다.

"우리가 아직 죄인 되었을 때에 그리스도께서 우리를 위하여 죽으심으로 하나님께서 우리에 대한 자기의 사랑을 확증하셨느니라" 롬 5:8

신약 성도들은 십자가에서 출발하였다. 십자가의 사랑을 믿으면 하나님의 사랑을 믿을 수 있다.

"자기 아들을 아끼지 아니하시고 우리 모든 사람을 위하여 내주신 이가 어찌 그 아들과 함께 모든 것을 우리에게 주시지 아니하겠느냐?" 롬 8:32

"보라 아버지께서 어떠한 사랑을 우리에게 베푸사 하나님의 자녀라 일컬음을 받게 하셨는가!" 요일 3:1

나는 무엇보다도 십자가에서 시작해야 한다. 그리고 내 문제에 걸릴 적마다 십자가로 다시 돌아가야 한다. 십자가에서 거듭 하나님의 사랑을 확인하고 내 문제에 대한 하나님의 깊은 관심과 사랑을 믿을 수 있어야 한다.

하나님의 사랑은 십자가의 잣대로 재어야 한다

내 문제에서 출발하여 하나님의 사랑의 유무나 깊이를 판단하지 말라. 하나님의 사랑은 십자가 위에서 판단되어야 한다. 십자가에서 바라보는 하나님의 사랑이 나의 뇌리와 심령에 새겨지지 않으면 나는 어려움을 겪을 때마다 번번히 하나님의 사랑을 의심하기 쉽다. 십자가를 바라보라. 나의 모든 인생 문제의 고통은 십자가에 비추어 보아야 한다. 그래야만 하나님의 절절한 사랑을 조금도 의심치 않고 용기를 내고 힘을 얻어 다시 믿음 가운데서 설 수 있다.

십자가가 하나님의 사랑의 깊이와 높이를 재는 잣대가 되면 내 일이 풀리지 않아도 나는 하나님의 사랑에 의지할 수 있다. 그러나 내 문제가 해결되는 것을 보고 하나님의 사랑의 유무를 판단한다면 나는 하나님의 사랑을 영원 불변한 것으로 믿지 못한다. 십자가의 사랑이 나의 문제 해결 여하에 따라 커지기도 하고 작아지기도 하고 때로는 아예 없어지기도 하기 때문이다.

광야 백성들의 불평 불만을 생각해 보라. 그들은 자신들의 문제 해결을 놓고 하나님의 사랑과 보호와 능력을 판단하였다. 만약 내 문제의 형통이나 개인적인 축복이 하나님의 사랑의 잣대라면 나는 피상적이고 매우 소극적인 하나님의 사랑을 체험할 뿐이다.

물론 하나님은 우리들의 문제 해결을 통해서 우리를 격려하시고 하나님을 더욱 신실히 따르도록 용기를 주기도 하신다. 그러나 물질과 건강과 영예와 성공은 하나님의 절대적인 사랑을 재는 온전한 잣대가 될 수 없다. 그것들을 보는 우리들의 눈이 편견과 무지와 불공평과 착각으로 물들어 있기 때문이다. 우리들의 눈은 고난이 주는 축복을 잘 보지 못하고 성공이 주는 유혹을 잘 식별하지 못한다.

광야 백성들은 하늘에서 내려오는 만나보다는 땅에서 자란 메추라기들이 더 낫다고 판단하였다. 그들은 가나안의 양식보다는 애굽의 마늘과 부추를 더 먹고 싶어하였다. 그들은 젖과 꿀이 흐르는 가나안을 향해 전진하기 보다는 애굽으로 되돌아가려고 하였다. 그들은 출애굽의 해방을 가능케 했던 문설주의 양의 피를 잊고 있었다. 그들이 애굽으로 돌아가려던 것은 애굽이 제공한 물질을 얻기 위함이었지 여호와 하나님이 제공한 대속의 피를 확인하기 위함이 아니었다.

내 문제가 풀리면 하나님이 나를 사랑하시고, 내 문제가 안 풀리면 하나님이 나를 사랑하지 않으시는 것일까? 당신은 하나님의 사랑을 무엇으로 믿는가? 십자가의 절대적인 사랑을 전적으로 믿지 못하면 당신은 세상살이를 하면서 하나님의 사랑을 의심하고 하나님을 원망하게 될 일을 겪게 될 것이다. 그러나 그런 일들은 나중에 십자가에서 확증된 "하나님의 사랑이 우리 마음에 부은 바"(롬 5:5)될 때에 나를 무한히 부끄럽게 하고 나의 악한 죄를 기억나게 할 것이다.

"그들 가운데 어떤 사람들이 원망하다가 멸망시키는 자에게 멸망하였나니 너희는 그들과 같이 원망하지 말라" 고전 10:10

당신은 지금 하나님을 원망하고 있는가? 하나님께 분노하는가? 당신은 너무도 억울하고 너무도 어려운 곤경에 빠져 있을지 모른다. 당신은 눈물을 쏟으면서 하나님께 매달리고 애원했을 것이다. 당신은 밤낮으로 하나님께 한 번만 도와 달라고 호소했을 것이다.

당신은 중병에 걸려 신음하는가? 당신은 빚 독촉에 못 이겨 괴로워하는가? 당신의 남편이나 아내가 당신을 배신하였는가? 당신은 폭행을 당했을지도 모른다. 당신은 자식의 일 때문에 누구와도 상담할 수 없는 고민을 안고 있을지 모른다.

우리들이 겪는 문제들이 어찌 여기서 그치겠는가? 그런데 나의 문제들이 풀리지 않을 때 하나님을 원망하거나 섭섭히 여기지 말고 십자가로 나아가야 한다.

십자가 위에서 부르짖는 예수님의 절규를 들어보라.

"어찌하여 나를 버리셨나이까!"

- 하나님은 십자가에 달린 예수님을 버리셨다. 나를 버리지 않기 위해서였다.
- 하나님은 어둠 속으로 아들을 내던지셨다. 나를 빛으로 데리고 나오기 위해서였다.
- 하나님은 십자가의 예수님을 저주하셨다. 나에게 복을 내리기 위해서였다.
- 하나님은 아들로부터 얼굴을 돌리셨다. 하나님이 나에게 얼굴을 향하기 위해서였다.
- 하나님은 아들에게 죄에 대한 모든 진노를 부으셨다. 나에게 사랑을 붓기 위해서였다.
- 하나님은 자신의 아들이 "나의 하나님, 나의 하나님"(마 27:46)이라고 부르짖으면서 올리는 기도를 끝내 듣지 않으셨다. 죄인인 나에게 그리스도의 의를 입혀 나의 기도를 들어주기 위해서였다.

그래도 하나님이 나를 사랑하지 않으신다고 말할 수 있겠는가? 십자가가 하나님의 절대적인 사랑을 확증하는 것이라면(롬 5:8) 어떤 상황에서도 우리는 하나님을 원망하거나 하나님을 섭섭하게 여길 수 없다. 그럼에도 우리들은 십자가의 대속이 하나님의 사랑에서 나온 것이라는 사실을 쉽게 간과한다. 대속의 십자가는 믿는데 나를 향한 하나님의 사랑은 나의 일상 생활 속에서 전혀 적용되지 않는다면 얼마나 모순된 일일까? 어린 아이들도 하나님이 세상을 이처럼 사랑하사 자기의 독생자를 주셨다고 말하면 십자가 희생이 하나님의 사랑에서 연유된 것임을 알아듣는다.

그런데 우리들은 어른이면서도 이 사실을 생활 속에서 잘 연결시키지 못한다. 대속의 십자가와 하나님의 사랑은 별도로 있는 것처럼 생각한다. 대속은 대속이고 사랑은 사랑일까? 대속은 믿는데 하나님의 사랑은 안 믿어지는가? 그렇지 않다면 왜 하나님의 사랑을 의심하는가? 왜 하나님을 원망하는가?

결국은 내 문제를 보고 하나님의 사랑을 판단하기 때문이다. 내 문제가 하나님의 사랑을 재는 절대적인 잣대가 될 수 없다. 하나님의 사랑을 재는 절대적인 잣대는 십자가다. 그래서 바울도 하나님의 사랑에 대해서 우리와 동일한 질문들을 가졌던 로마 교인들에게 이렇게 말하였다.

> "자기 아들을 아끼지 아니하시고 우리 모든 사람을 위하여 내주신 이가 어찌 그 아들과 함께 모든 것을 우리에게 주시지 아니하겠느냐?"
> 롬 8:32

우리는 그럼 하나님이 "모든 것을 우리에게 주시지 아니하겠느냐"고 하시면서 왜 나의 문제를 안 풀어주시느냐고 다시 반문할지 모른다. 당신이 만약 이렇게 물었다면 지금까지 한 말을 전혀 이해하지 못한 것이다. 바울은 로마 교인들에게 십자가가 모든 문제 해결의 출발점이라고 강조한 것이었다. 로마 교인들은 당시에 숱한 박해를 받고 있었다. 그들의 문제가 결코 풀린 것이 아니었다. 그런데 바울이 이제 그들의 문제가 풀릴 것이라고 말한 것이 아니다.

바울은 전혀 다른 각도에서 이렇게 말하였다. 즉, 로마 교인들이 지금 환난과 곤고와 박해와 기근과 적신과 위험과 칼을 받고 있더라도 그리스도의 사랑이 결코 그들을 떠나지 않는다는 것이었다.(롬 8:35). 그리고 "이 모든 일에 우리를 사랑하시는 이로 말미암아 우리가 넉넉히 이기느니라"(롬 8:37)고 하였다. 바울은 우리들의 문제가 어떻게 풀린다고 말한 것이 아니다. 혹은 박해와 기근을 당하지 않고 칼을 내가 맞지 않을 것이라고 보장한 말도 아니다. 우리는 절대로 칼을 맞아서는 안 된다고 생각한다. 하나님이 칼을 막아 주셔야만 나를 사랑하는 증거라고 꽉 믿고 있다. 하지만 야고보는 실제로 칼에 맞아 죽었다.

그런데 초대 교회의 제자들이 칼을 맞았다고 하나님의 사랑을 의심하고 원망했는가? 아니다. 그들은 일시적으로 그런 생각을 가졌을지라도 복음을 다시 듣고 십자가의 용서만이 아니고 하나님의 사랑도 믿었다. 십자가의 사랑은 "환난이나 곤고나 박해나 기근이나 적신이나 위험이나 칼"(롬 8:35)을 넘어서 오는 절대적인 사랑임을 믿었다. 바울은 단지 우리들의 문제에 대해서 우리가 어떻게 이길 수 있는지를 지적하였다. 그리고 그 승리의 비결은 "우리 주 그리스도 예수 안에 있는 하나님의 사랑"(롬 8:39)이라고 하였다. 즉, 십자가에서 하나님의 절대적인 불절의 사랑을 깨달으면 모든 문제들을 감당할 수 있다는 말이었다. 바울은 갈라디아 교인들에게도 비슷한 고백을 하였다.

"나를 사랑하사 나를 위하여 자기 자신을 버리신 하나님의 아들을 믿는 믿음 안에서 사는 것이라." 갈 2:20

나 같은 죄인을 위해서 하나님은 자기 아들을 저주하셨다(갈 3:13). 이 같은 하나님의 사랑은 나를 떠나지 않는다. 내가 베드로가 되고 빌라도와 헤롯과 안나스와 가야바가 되어도 하나님의 사랑은 여전하다. 예수님을 매달았던 갈보리의 십자가는 사라졌어도 십자가 위에서 확증하신 하나님의 사랑은 사라지지 않았다.

갈보리의 십자가는 우리들을 향해 어떤 일이 있어도 하나님의 사랑을 의심하지 말라고 외친다. 당신은 예수 그리스도의 십자가를 바라보는가? 당신은 십자가 위에서 빛나는 하나님의 영원한 사랑을 믿는가? 그처럼 넓고 깊은 아버지 하나님의 절대적인 사랑에 당신의 인생을 걸라. 그처럼 변치 않는 강렬한 하나님의 사랑에 온몸을 던지라. 언제 어떤 일을 당하여도 하나님의 사랑을 의심치 말고 그 사랑에 호소하고 그 사랑으로 달려가며 그 사랑 안에 거하라. 하나님의 사랑을 측정하는 잣대는 내 문제의 해결 여부가 아니고 우리 주 예수 그리스도가 매달린 갈보리의 십자가이다.

하나님은 우리들의 의심과 원망을 이해하신다

십자가를 믿는 우리들이 하나님을 조금이라도 원망한다는 것은 말이 되지 않는다. 이것은 하나님의 사랑에 대한 반역이다. 그리스도의 의로 옷 입혀진 성도들이 그리스도의 사랑을 의심한다는 것은 망언이다. 하나님의 아들을 선물로 받은 크리스천이 "하나님은 나를 사랑하지 않는다"라고 말하는 것은 올바른 정신으로 하는 말이 아니다. 그것은 하나님의 십자가 사랑을 모욕하는 짓이다.

그런데 하나님은 우리들을 정말 사랑하신다. 그래서 우리들이 그런 모순된 존재이며 아직도 많은 세월의 가르침을 받아야 할 어리석은 자식들임을 동정하신다. 또한 육신을 가지고 살면서 겪게 되는 어려움 속에서 우리들이 연약하여 실족하며 정신 없는 소리를 한다는 것을 이해하신다.

예수님 자신이 십자가에서 하나님의 버림을 체험하셨다. 이것은 우리들이 그 심연을 들여다 볼 수 없는 신비에 속한다. 그러나 비록 우리들이 이러한 주님의 체험을 온전히 이해할 수 없어도 한 가지 확신할 수 있는 것이 있다. 그것은 예수님 자신이 하나님으로부터 완전히 버림을 당했기 때문에 우리들이 때때로 느끼는 하나님으로부터의 고립감이나, 하나님의 임재의 부재감이나 혹은 하나님이 나를 버리셨다는 생각이나 또는 곧 죽을 것 같은 소망 없는 우리들의 절박한 상황을 넉넉히 이해하신다는 사실이다.

우리들은 심각한 문제로 시달리면 마음의 안정을 잃고 무엇이 옳고 그른지를 분간하지 못한다. 그래서 하나님이 나를 버리셨다는 생각에 잠기게 되면 깊은 침체와 고통이 따른다. 그러나 주님은 우리들을 이해하신다. 우리들이 혼미한 정신으로 하나님을 원망하고 그의 사랑을 의심하는 모순된 행위를 너그럽게 이해하신다. 하나님은 우리들을 너무도 사랑하셔서 죄가 없는 자신의 독생자임에도 하나님의 버림을 받는 무서운 체험을 당하게 하셨다.

그런데 이 사건은 우리들의 죄를 용서하기 위한 것만이 아니었다. 예수님 자신이 철저한 버림을 체험하신 것은 우리들이 각자의 환경에서 나름대로 느끼는 버림의 체험 속에 가까이 오셔서 동정과 자비의 손길을 뻗을 수 있게 하신 것이었다. 이것은 얼마나 놀라운 사랑인가?

하나님은 십자가의 피로써 구속한 자녀들로부터 늘 원망의 말을 듣고 사신다. 그럼에도 그 모든 우리들의 원망과 불평을 다 들으시며 인내하신다. 하나님은 자기 아들에게 우리가 받았어야 할 모든 진노를 다 부으셨기 때문이다.

하나님은 원성과 실망과 침체에 빠진 자들에게 십자가를 바라보라고 청하신다. 십자가 아래에서 "어찌하여 나를 버리셨나이까"라고 절규하는 주님의 외침을 듣고 측량할 수 없는 하나님의 사랑을 생각해 보라고 하신다.

하나님은 십자가에 참혹히 매달려 부르짖는 예수님을 놓고서 나를 향한 하나님의 절대적인 사랑을 확증하셨다. 그러므로 나의 문제를 놓고 하나님의 사랑의 유무를 운운하지 말고 십자가를 놓고 하나님의 사랑을 신뢰해야 한다. 하나님으로부터 절대적인 사랑을 기대하는가? 하나님이 이미 십자가에서 보여주셨다.

14편

나를 찾으시는 하나님
요한복음 5:1-15

"그 후에 유대인의 명절이 되어 예수께서 예루살렘에 올라가시니라 예루살렘에 있는 양문 곁에 히브리 말로 베데스다라 하는 못이 있는데 거기 행각 다섯이 있고 그 안에 많은 병자, 맹인, 다리 저는 사람, 혈기 마른 사람들이 누워 물의 움직임을 기다리니… 거기 서른여덟 해 된 병자가 있더라 예수께서 그 누운 것을 보시고 병이 벌써 오래된 줄 아시고 이르시되 네가 낫고자 하느냐 병자가 대답하되 주여 물이 움직일 때에 나를 못에 넣어 주는 사람이 없어 내가 가는 동안에 다른 사람이 먼저 내려가나이다 예수께서 이르시되 일어나 네 자리를 들고 걸어가라 하시니 그 사람이 곧 나아서 자리를 들고 걸어가니라 이 날은 안식일이니 유대인들이 병 나은 사람에게 이르되 안식일인데 네가 자리를 들고 가는 것이 옳지 아니하니라… 그 후에 예수께서 성전에서 그 사람을 만나 이르시되 보라 네가 나았으니 더 심한 것이 생기지 않게 다시는 죄를 범하지 말라 하시니 그 사람이 유대인들에게 가서 자기를 고친 이는 예수라 하니라"

어느 날 예수님이 베데스다 연못에 나타나셨다. 베데스다 연못은 각종 환자들이 모여드는 곳이었다. 연못의 물이 움직일 때에 환자가 들어가면 어떤 신비한 치유력에 의해 병이 낫는다고 사람들은 믿었다. 예수님은 이 곳에 오셔서 오랜 질병을 앓는 한 환자에게 "네가 낫고자 하느냐?"(5:6)고 물으셨다. 환자는 "나를 못에 넣어 주는 사람이 없나이다"라고 대답했다. 예수님과 이 환자 사이의 짧은 대화는 우리들에게 여러 가지로 시사하는 교훈들이 많다.

예수님은 병자들로 가득 찬 이 세상에 어느 날 나타나셨다

죄의 질병을 안고 신음하는 우리들의 세상에 예수님이 하나님의 아들로서 나타나셨다.

베데스다의 연못처럼 이 세상은 각종 질병에 걸려 치유의 날을 기다리는 온갖 형태의 죄인들로 가득 차 있다. 베데스다의 못은 신비한 치유력을 가졌다고 하여도 환자들의 수효는 조금도 줄어들지 않는다. 이 세상은 여러 가지 인생 문제의 해결책을 선전하지만 여전히 인간들은 예나 지금이나 죄 중에서 죽어 간다. 이런 세상에 예수님이 유일한 치유자로 나타나셨다.

그런데 베데스다에서는 38년이나 된 중환자에게 누구도 도움의 손길을 내밀지 않았다. 모두들 자기 자신들을 돌보느라고 그에게 신경을 쓰지 않았다. 38년 된 이 중환자는 언제나 치열한 경쟁에서 지고 있었다. 그는 스스로 연못으로 뛰어들 기력이 없었고 다른 사람의 힘을 빌릴 수도 없었다. 그래도 그는 혹시나 하여 베데스다 연못에 누워 치유의 날을 소망하고 있었다.

우리들의 세상도 마찬가지이다. 각자의 인생마다 아픈 곳이 있다. 인간에게는 누구나 채워지지 않은 영혼의 갈망이 있다. 보다 궁극적이고 보다 가치 있는 영원한 삶을 위한 영혼의 소원이 있다. 그러나 누구도 내 영혼의 깊은 소원을 풀어 주지 못한다. 내 힘으로도 안 되고 다른 사람의 힘으로도 되지 않는다.

베데스다 연못은 하나의 신기루다. 거기 신유의 기적이 있다고 하지만 나를 고치지 못한다. 거기 나의 미래가 있다고 하지만 치유의 내일은 돌아오지 않는다. 그래도 나는 38년 된 환자처럼 그냥 누워 있다. 베데스다라는 세상에서 속절없이 세월만 흘러간다. 내 몸의 병력(病歷)만 날이 갈수록 점점 깊어진다.

예수님은 치유자로서 베데스다 연못에 나타나셨다.

예수님은 환자에게 병 낫기를 원하느냐고 물으셨다. 왜 이런 질문을 하셨을까? 너무도 뻔한 일이 아닌가? 병 낫기를 원치 않는 자들이 베데스다에 누워 있을 필요가 무엇인가? 그러나 38년 된 불치의 병을 안고 하염없이 시간만 보내는 환자는 너무도 고독한 인생이다. 그런 사람에게 비록 불필요한 질문이라도 누가 말을 걸어 준다는 사실이 당사자에게는 무한히 반가운 일이었을 것이다.

예수님은 치유의 가망이 전혀 없는 가장 오래 된 환자를 찾아 가셨다. 예수님의 질문은 쓸데없는 질문이 아니었다. 적어도 38년 된 환자에게는 한 가닥 희망이 샘솟는 때였다. 처음으로 그에게 치유를 위한 긍정적인 질문을 하는 자가 있었다. 적어도 그 환자는 예수님이 못의 물이 움직일 때에 자기를 도와서 물 속으로 넣어 주려고 질문하는 것으로 알았다. 그래서 그는 예수님께 자신의 딱한 사정을 이야기하며 "나를 못에 넣어 주는 사람이 없다"고 하소연 하였다. 예수님의 질문은 38년 된 중환자로 하여금 치유에 대한 강렬한 소망을 불러일으켰다. 자기를 못 속에 넣어 줄 수 있는, 한 친절한 손길이 눈 앞에 다가왔다고 여겼기 때문이다. 자비와 동정으로 다가오셔서 해 주시는 예수님의 말씀은 그 자체가 치유의 시작이었다.

주님의 치유는 거저 받는 선물이다

38년 된 환자는 "일어나 네 자리를 들고 걸어가라"(요 5:9)는 예수님의 말씀에 사지의 힘이 올랐다. 그는 즉시 나아서 일어났다. 얼마나 놀라운 기적의 체험인가! 이 환자는 베데스다라는 기만의 연못에 소망을 걸고 누워 있었다. 그러나 그가 얻은 것은 무엇이었는가? 하루해가 저물면 38년이라는 기나긴 병고의 달력 위에 또 한 번의 실망과 새로운 고통의 날이 쌓여질 뿐이었다. 베데스다 연못은 치유를 약속하여도 언제나 "다른 사람이 먼저"(요 5:7) 내려가는 곳이었다.

그런데 이제부터는 그의 인생에는 더 이상 고통과 좌절의 날이 새겨질 필요가 없었다. 그는 예수님의 한 마디 말씀으로 병마에서 완전히 풀려났다. 예수님은 그에게 아무것도 요구하지 않으셨다. 전적인 동정과 자비로 그가 앓던 불치의 병을 낫게 해 주셨다.

우리들의 구원도 이와 같다. 하나님은 자기 아들을 우리에게 선물로 주신다. 우리가 구원을 받기 위해서 하나님이 우리에게 요구하시는 것이 없다. 다만 하나님의 아들을 믿음으로 맞이하라는 사랑의 권면 뿐이다.

주님의 구원은 병든 자에게만 주어진다. 주님은 38년 동안 지병으로 고통을 받던 어떤 중환자를 찾아 오셨다. 갑자기 어느 날 어떤 분이 그에게 나타났다. 아무도 찾아 주지 않는 곳인데도 자기를 만나러 오셨다. 아무도 자기에게 소망의 말을 거는 자가 없는 때에 말을 걸어 주셨다. 아무도 자기를 도울 수 없는 처지에 자기를 도와 주려고 오셨다. 허상이 아니고 신기루가 아닌 참 능력을 가지신 어떤 분이 그에게 나타났다. 그리고 일어나 자리를 들고 걸어가라고 명하셨다.

우리들이 어떤 상태에서 구원을 받는가? 언제 의사가 필요한가? 건강할 때인가? 예수님은 자신이 죄인들과 식사를 하신다고 비난하는 바리새인들에게 이렇게 대답하셨다.

"건강한 자에게는 의사가 쓸 데 없고 병든 자에게라야 쓸 데 있느니라"
마 9:12

우리들의 영혼이 병든 때에 주님이 우리에게 다가오셔서 "네가 낫고자 하느냐"고 물으셨다. 우리는 모두 한 때 영적 중환자들이었다. 불치의 병을 앓는 죄인들이었다. 자신을 죄인으로 인정하고 아무도 자기를 위해 도울 자가 없다고 고백하는 자들에게 주님의 신령한 치유의 말씀이 생명의 씨앗으로 병든 영혼 위에 떨어진다.

"그 후에 예수께서 성전에서 그 사람을 만나 이르시되 보라 네가 나았으니 더 심한 것이 생기지 않게 다시는 죄를 범하지 말라 하시니" 요 5:14

고침을 받은 자는 자기를 고친 분이 누구인지 몰랐다. 예수님이 베데스다 연못을 피하셨기 때문이었다. 예수님은 치유의 기적으로 불필요한 시선과 관원들의 방해를 사전에 방지하기 위해 자리를 떠나셨다 (5:13).

그럼 예수님은 그 환자를 고쳐만 주시고 그냥 잊어버리셨을까?

예수님은 절반의 치유로 끝내시는 분이 아니다. 예수님은 환자의 신체적인 질병에만 관심이 있는 분이 아니다. 예수님은 우리들의 몸과 마음을 모두 고치기 위해서 세상에 오셨다.

38년 된 환자의 몸은 나았지만 그의 마음의 소원은 아직 이루어지지 않았다. 그것은 자기를 고친 분을 알고 싶어하는 영혼의 갈망이었다. 예수님은 이 환자의 마음에 담긴 소원을 위해 두 번째 그를 만나셨다(요 5:14). 예수님이 과연 누구이신지를 알 때까지는 우리들은 온전한 치유를 받은 자들이 아니다.

예수님은 어디서 이 환자를 찾으셨는가?

많은 사람들이 몰리는 성전이었다. 여기서 약속 없이 사람을 찾는 일은 불가능하다고 보아야 한다. 그런데 예수님은 베데스다 연못에서 고침을 받았던 자를 찾아 내셨다. 이 재회는 우연이 아닌 의도적인 만남이었다. 예수님이 잃은 양을 찾는 목자처럼 이 환자를 찾아 다니셨다고 생각해 보라.

선한 목자는 잃은 양을 찾아 온 산을 헤맨다. 강을 건너고 계곡을 지난다. 험한 돌밭을 지나며 어두운 숲 속과 진창을 지난다. 밤이 늦고 새벽이 되도록 양을 찾아 다닌다. 그리고 기어이 만나서 어깨에 메고 귀가한다.

예수님은 선한 목자로서 우리에게 오신다. 성전처럼 많은 사람들이 붐비는 이 세상에서 나를 찾아 내신다. 당신에게 주님을 만나고 싶은 간절한 소원이 있는가? 주께서는 그러한 마음의 소원을 풀어주기를 기뻐하신다.

"여호와를 기뻐하라 그가 네 마음의 소원을 네게 이루어 주시리로다."
시 37:4

주님은 병 나음을 받은 자를 다시 만나셨다. 무엇 때문일까? 그에게 개인적으로 꼭 해 주어야 할 말씀이 있었기 때문이다. 그 말씀은 환자의 병과 관련된 비밀이었다. 그의 병이 그의 죄와 관계된 것은 어쩌면 환자 자신도 연결 지을 수 없었던 깨달음이었을지 모른다. 예수님은 그 사람에게 더 심한 병에 걸리지 않도록 다시 죄짓지 말라고 각별히 경고하셨다.

이 경고의 말씀을 위해서 주님은 그 많은 사람들 속에서 한 사람을 찾아 내셨다. 이것이 이사야 선지자가 강조했던 "여호와의 열심"(사 37:32)이다. 주님은 성전에서 하실 일이 많으셨지만 이 한 사람의 영혼을 위해 시간을 내셨다. 그리고 그에게 꼭 필요한 말씀을 주셨다.

주님은 한 죄인에게 자신을 나타내기 위해서 지금도 우리를 찾고 계신다. 이른 아침부터 나를 만날 계획을 하시고 나오신다. 주님은 오직 나 한 사람을 만나기 위해서 수많은 군중 속을 헤쳐 나가신다. 오직 내 얼굴을 보기 위해서 다리를 건너고 계곡을 지나며 골목을 거치고 신작로를 지나오신다. 도중에 딴 일도 미루시고 나를 찾기 위해 나오신다. 주님은 오늘도 내게 동일한 관심으로 말씀하신다. 내게 필요한 말씀을 주시려고 나를 찾으신다. 아무리 사람이 많아도 나를 발견하신다. 선한 목자는 자기 양을 찾아 나선다. 그리고 항상 찾아 내신다. 내가 군중 속에 있어도 주님의 시선은 오직 나 한 사람에게 집중되어 있다. "여호와의 열심"은 지금도 전혀 식지 않았다.

주님은 내 귀에 '한 말씀'을 들려 주신다. 그런데 그 말씀은 내게 족하고 은혜로운 말씀이다. 내 문제가 풀리는 말씀이다. 내 영혼이 살아나는 말씀이다. 내 소원이 성취되는 말씀이다.

주님은 '그 말씀'을 남이 모르게 하신다. 같은 설교 말씀을 들어도 내 귀에만 들리는 특별한 개인적인 말씀이 있다. 같은 성경 말씀을 읽어도 내게 개인적으로 주시는 말씀이 있다. 반드시 나의 죄와 관련된 말씀이 아닐 수 있다. 그러나 내게 꼭 필요한 말씀이다. 주님은 격려, 용기, 확인, 깨달음, 평안, 회개, 안심이 되는 말씀 등으로 내 영혼에 다가오신다. 내 환경과 처지에 너무도 딱 맞는 적절한 말씀들이다. 주님은 목마른 사슴이 마시는 샘물처럼, 타는 영혼에 생수가 되는 감동의 말씀으로 내 영혼에 임하신다.

언제 주님이 내게 가까이 오시는가?

그런 때를 돌이켜 보라. 거의 대부분 내가 절급했던 때였을 것이다. 내가 정말 주님을 찾던 때였을 것이다. 내가 주님을 심히 사모할 때였을 것이다. 내 영혼이 심히 피곤했을 때였을 것이다.

38년 된 중풍병자는 자기를 그 몹쓸 병에서 완치시킨 자가 누구인지를 무척 알고 싶었을 것이다. 누군들 자기 병을 낫게 해 준 은인을 만나고 싶지 않겠는가? 그는 성전으로 갔다. 그 때 주님은 그를 성전에서 찾아 내셨다. 주님은 내가 주님을 찾을 때에 나를 가까이 하신다. 내가 환난 중에 부르짖을 때에 주께서 가까이 오신다.

"하나님을 가까이하라 그리하면 너희를 가까이하시리라" 약 4:8

"하나님께 나아가는 자는 반드시 그가 계신 것과 또한 그가 자기를 찾는 자들에게 상 주시는 이심을 믿어야 할지니라" 히 11:6

시편 저자들이 그토록 깊은 영적 체험을 한 까닭이 무엇인가? 주님을 한없이 사모하고 찾았기 때문이다.

지금 당신은 갈급한가? 주께 구하라. 지금 당신은 고통 중에 신음하는가? 주께 부르짖으라. 주님도 당신을 찾고 계신다. 주님은 자기를 찾는 자에게 자신을 나타내신다. 실로암 못에서 눈을 씻고 광명을 찾은 맹인의 경우도 마찬가지이다. 예루살렘의 종교 지도자들은 그를 내쫓았다. 그러나 내쫓긴 그를 예수님은 만나 주셨다(요 9:35). 그리고 자신을 메시아로 나타내셨다. 맹인은 자기를 낫게 하신 분의 이름이 예수라는 것은 알았지만(요 9:11) 눈을 뜬 후에 직접 예수님을 만난 적이 없었다. 그는 예수님이 누구인지 보고 싶었다. 주님은 그를 만나 주셨다. 주님은 그를 베데스다의 환자처럼 의식적으로 찾아가서 만나 주셨다(요 9:35-37).

지금 당신은 예수님을 찾고 있는가? 주님의 도움이 필요해서 주를 간절히 찾고 있는가? 주님의 용서가 필요해서 그분의 이름을 부르는가? 주님의 어떤 격려가 필요해서 간절히 바라고 있는가? 주님도 우리를 만나기를 원하신다. 이른 아침부터 목자가 양들을 보러 나가듯이 주님도 우리들을 만나기를 원하신다. 당신도 주님을 만나고 싶어 갈망하는가? 주님의 얼굴을 보려는 기대감에 가슴이 뿌듯해 오는가? 주님은 우리가 주님의 은혜로운 임재를 사모하며 주님을 간절히 기다리기를 원하신다. 이런 의미에서 주님은 우리들의 기다림을 기다리시고 우리들의 소원을 소원하신다.

예수님은 죄인의 수치를 동정하신다

예수님은 성전에서 베데스다의 환자를 만나셨다.

성전에는 많은 사람들이 왕래하였다. 그래도 예수님은 사적으로 본인을 찾아 "다시는 죄를 범하지 말라"고 하셨다. 이것은 공적 선포가 아닌 개인적인 분부였다. 예수님은 요한복음 5장에 나오는 간음한 여인에게도 동일한 말씀으로 "다시는 죄를 범하지 말라"고 하셨다. 그런데 예수님은 왜 구태여 이런 죄인들을 사적으로 대하셨을까?

당신의 생각은 어떠한가? 여러 사람 앞에서 그들의 실체를 드러내어 교훈을 삼아야 하지 않겠는가? 엄격하게 공적으로 폭로하면 죄인들이 정신을 차리지 않겠는가? 망신을 톡톡히 시켜야 재범을 하지 않고 나쁜 버릇을 고치지 않겠는가? 그래야만 우리들의 교회가 잘 되고 우리 사회가 깨끗해진다고 생각하지 않는가?

그러나 이것은 예수님의 방법이 아니었다.

구약 시대에는 하나님이 구원의 역사가 진행되게 하기 위해서 이스라엘 백성을 율법으로 보호하실 필요가 있었다. 그래서 이스라엘이 하나님의 율법을 어길 때에는 때때로 국가적인 차원에서 타국의 침입을 받거나 포로가 되게 하신 적이 있었다. 이것을 마치 여인이 발가벗기운 채 공적으로 만인이 보는 앞에서 수치를 당하는 것에 비유하였다(겔 16:37).

그러나 새 언약 백성들은 국가적인 차원의 율법 제도 아래에서 살지 않는다. 새 언약의 주인으로 오신 예수님은 자기 백성들에게 십자가의 사랑으로 호소하신다. 예수님은 죄인들에게 자비하셨다. 특히 개인들을 대하실 때 한없이 부드럽고 인자하셨다.

예수님은 간음한 여인에게 "다시는 죄를 범하지 말라"(요 8:11)고 하셨다. 주님은 주위에 아무도 없는 것을 확인하시고 나서 개인적으로 간음한 여인에게 경고하셨다. 하지만 이 경고는 용서와 동정에 젖은 은혜의 말씀이었다.

우리는 이 점에서 예수님의 모습을 얼마나 닮고 있을까? 우리들은 다른 사람의 죄를 들추어 내고 퍼뜨리기를 좋아하는 경향이 있다. 어려움을 당하는 죄인의 당혹스러운 입장을 생각해 주는 아량과 동정이 없다. 그런데 우리는 자문해 보아야 한다. 내가 남을 정죄할 때 내가 선 곳은 어디인가? 나는 스스로를 의인의 자리에 올려놓고 있다. 하지만 그 의인은 누구인가? 자기 죄를 보지 못하고 남을 정죄하는 죄인이다. 그러니까 '죄인'이 다른 죄인에게 가장 잔인하고 가장 무정하다. 진정한 의미에서의 의인이 다른 죄인에게 무자비한 것이 아니다. 오직 죄인이 다른 죄인에게 잔혹할 뿐이다. 그래서 주님은 내가 남을 비판하는 나의 잣대로 나를 심판하실 것이라고 하셨다(마 7:1-2).

주님은 간음한 여인을 둘러싼 의인 아닌 의인들에게 "죄 없는 자가 먼저 돌로 치라"(요 8:7)고 하셨다. 그런데 한 가지 놀라운 것은 그때 실제로 모세법에 따라 그 여인을 돌로 친 자가 없었다는 사실이다(요 8:9). 간음한 여인을 예수께로 붙잡아 온 자들은 매우 악한 사람들이었다. 그래도 그들은 죄 없는 자가 먼저 돌로 치라는 주님의 도전을 받고 양심에 가책을 느끼고 모두 흩어져 버렸다(요 8:9).

그러나 우리는 이러한 주님의 말씀을 듣고서도 돌로 치는 자들인지 모른다. 우리들이 "죄 없는 자가 먼저 돌로 치라"는 말씀을 몰라서 다른 죄인들을 물어뜯고 할퀴는 것일까? 우리들이 예수님의 이 말씀을 듣지 못해서 남의 허물을 항상 꼬집어 내고 수근거리며 험담을 하는 것일까? 왜 다른 죄인들을 그토록 미워하고 멸시해야 할까?

그런 행위는 나 자신도 누구 못지 않은 죄인이라는 사실을 힘있게 증명한다. 다른 죄인을 불쌍히 여기지 않는 자들은 '자기의(自己義)'에 빠진 자들이다. 예수님은 바리새인과 세리의 비유를 어떤 사람들에게 주셨는가? "자기를 의롭다고 믿고 다른 사람을 멸시하는 자들에게"(눅 18:9) 주셨다. 내가 남을 치기 위해 내 손에 돌을 들면 나는 어떤 심판을 받겠는가? 내 손에 들었던 그 돌이 나를 치게 될 것이다.

"긍휼을 행하지 아니하는 자에게는 긍휼 없는 심판이 있으리라…"
약 2:13

예수님은 간음한 여자에게 "나도 너를 정죄하지 아니한다"(요 8:11)고 하셨다. 예수님 자신이 죄가 있어서 삼가는 것이 아니었다. 죄가 없으시므로 율법에 따라 얼마든지 그 여인을 칠 자격이 있었지만 차라리 용서하셨다. 그리고 그 여인을 진정으로 돕는 사랑의 메시지를 주셨다. 그것은 다시는 죄를 범하지 말라는 말씀이었다. 이것이 주께서 죄인을 대하신 자세였다. 결코 죄를 인정하는 것이 아니다. 주님은 죄를 지적하셨다. 그러나 구태여 많은 사람들 앞에서 그 여자가 얼마나 부도덕하고 더러운 짓을 한 죄인이었는지를 공적으로 확인해 줄 필요가 없었다.

인간은 남의 죄를 광고한다. 인간은 다른 사람들의 죄를 욕하고 비난하기를 좋아한다. 그러나 하나님은 절대로 그런 일을 좋아하시지 않는다. 하나님은 사람들의 죄를 놓고 수군거리시지도 않고 소문을 내시지도 않는다. 하나님은 가십(gossip)을 싫어하신다(딤전 5:13). 하나님은 당사자에게 직접 말씀하신다. 그러나 언제나 죄인의 수치를 깊이 동정하시고 죄인의 회복을 위해 조용히 개인적으로 자비를 머금고 부드러운 사랑의 권고를 하신다.

주님은 베데스다의 병자를 만났을 때 성전에 모인 사람들을 불러 놓고서 그의 죄들을 열거하시지 않았다. 예수님은 그를 찾아가서 개인적으로 그의 죄가 38년이라는 무수한 세월을 병들게 했음을 주지시켰다. 주님은 죄인의 형벌보다 죄인의 회복에 마음을 쏟으신다. 주님은 죄로 고통 받는 죄인들의 수치와 당황을 깊이 동정하신다.

우리들은 어떠한가? 우리 자신들이 다른 사람들의 죄를 놓고 말할 때에 무슨 생각이 지배적인가? 흥분하며 욕하고 한탄만 하는가? 아니면 "선 줄로 생각하는 자는 넘어질까 조심하라"(고전 10:12)는 말씀을 기억하며 하나님 앞에서 겸손해지는가? 그리고 무엇보다도 죄로 넘어진 자들의 회복을 위해 사랑으로 격려하며 주 앞에 전심으로 기도해 주는가? 죄인을 안타까워하며 진심으로 그들의 회복을 원하는 마음이 없으면 남의 죄를 놓고 이렇쿵 저렇쿵 말할 자격이 없다. 그런 판단들은 험담에 지나지 않는다. 하나님은 험담꾼이 아니시다. 하나님은 형제를 그런 식으로 대하는 사람들을 매우 언짢아하신다. 하나님은 세리를 빗대어 자기의를 내세우는 바리새인을 의롭다고 하시지 않았다. 다른 사람의 죄를 끄집어 낼 때마다 나는 매우 넘어지기 쉬운 시험을 받는다는 사실을 기억해야 한다.

주님이 베데스다 연못으로 가신 이유가 무엇인가? 왜 38년 된 환자에게로 가셨는가? 그는 자기 죄의 직접적인 결과로 무서운 질병에 걸린 자였다. 그렇다면 자기 죄와 상관 없이 병든 불행한 다른 환자들을 고쳐 주시는 것이 합당한 일이 아니겠는가? 왜 당연히 받아야 할 죄값을 받은 환자를 고쳐 주셨을까?

베데스다 연못의 사건은 예수님을 필요로 하는 자가 누구인지를 말해 준다. 건강한 자에게는 예수님이 필요치 않다. 38년 된 환자는 가장 오래 된 질병을 앓는 속수무책의 죄인이었다. 예수님은 38년 된 환자가 바로 자기 죄 때문에 고통을 받고 있었기에 그를 의도적으로 찾아 가셨다. 이것이 복음이다. 예수님은 자신이 전하는 복음이 어떤 사람들을 위한 것인지를 예시하기 위해 38년 된 치유 불능의 죄인에게로 가셨다. 이것은 계획적이고 의도적인 일이었다.

인간은 자기 죄로 고통을 당하는 자들을 보고서 일종의 쾌감을 느낀다. 그러나 예수님은 그런 죄인들을 긍휼히 여기시고 일부러 찾아 가셨다. 베데스다로 가신 주님이시기에 우리들에게 소망이 있다. 베데스다의 연못에서 가장 오래 된 환자에게로 주님이 가셨기에 우리에게 격려가 된다. 자기 죄의 결과로 병이 든 사람을 주님이 찾아 가셨기에 우리 모두에게 소망이 있다.

우리는 38년 된 환자와 얼마든지 자신을 일치시킬 수 있는 죄인들이다. 만약 당신이 베데스다의 38년 된 환자와 상관이 없다고 생각한다면 당신은 영적으로 매우 위험한 위치에 있다. 예수님의 치유가 필요하지 않은 자로 자신을 보기 때문이다. 물론 당신이 건강하다고 생각하면 의사가 필요하지 않다. 그런데 문제는 당신 자신이 자기 건강 상태를 판정하는 것이 아니다. 의사가 당신을 검진하고 건강하다고 진단해야 한다. 스스로 자기를 진단하고 의사가 필요하지 않다고 말하는 자들은 중병에 걸렸을지 모른다. 그러나 기꺼이 의사의 진단을 받는 자들은 작은 병도 미리 알 수 있고 악화되기 전에 손을 쓸 수 있어 건강하게 된다. 어느 쪽이 더 낫겠는가? 주님의 치유를 받는 일을 두려워할 필요가 없다. 주님은 우리들의 죄에 대해서 상상할 수 없을 정도로 관대하시다.

주님은 율법의 처벌을 주장하는 자들이 모두 떠난 곳에서 수치로 몸둘 바를 모르는 가련한 여인에게 조용히 개인적으로 경고하셨다. 주님은 그녀에게 돌질을 하시지 않았다. 악감과 분노와 자기의에 빠진 정죄를 하시지 않았다. 그 보다는 깊은 이해와 부드러운 동정의 자세로 죄인을 대하셨다.

하나님은 죄인을 절대적인 공의로 대하기를 원하신다. 그러나 인간들 자신을 홀로 십자가로 가게 하신 것이 아니고 예수 그리스도 안에서 대속적인 형벌을 받게 하셨다. 우리들이 피 한 방울 흘릴 필요가 없는 형벌이었다. 그것은 전적으로 하나님의 사랑에 찬 희생이었다.

하나님은 죄인을 절대적인 사랑으로 대하기를 원하신다. 그 사랑은 죄인이 받는 상처의 뿌리에까지 내려간다. 그 사랑은 죄인의 고통을 본다. 그 사랑은 죄인의 현재와 앞날을 밝히기를 원한다.

- 인간은 죄인을 짓밟는다. 하나님은 짓밟힌 죄인을 일으켜 세우신다.
- 인간은 죄인을 내쫓는다. 하나님은 내쫓긴 죄인을 맞이해 주신다.
- 인간은 죄인을 파묻는다. 그러나 하나님은 파묻힌 죄인을 부활시키신다.

당신은 이것을 믿는가? 당신은 자기 죄로 인해서 38년간 고통받던 죄인이 바로 당신 자신이라고 고백할 수 있는가? 그렇다면 짓밟히고, 내쫓기고, 파묻힌 죄인들을 주님이 일으켜 세우시고, 맞이하시며, 부활시키시는 것을 실제로 당신의 삶에서 체험하게 될 것이다.

베데스다 연못은 기만의 장소이다

베데스다의 연못은 내가 아무리 오래 누워 있어도 소용이 없다.

터키에 히에라폴리스(Hierapolis) 라는 곳이 있다. 초대 교회가 있었던 라오디게아에서 북쪽으로 약 6마일 떨어진 곳이다. 이 도시는 많은 온천들이 있다. 고대로부터 치유 온천으로 유명하였다. 에베소의 감독이었던 폴리크라테스(polycrates, 190 AD)가 인용한 한 전통에 의하면 전도자 빌립이 여기서 사역하다가 묻혔다고 한다. 히에라폴리스는 로마 제국의 각 곳에서 몰려온 환자들로 항상 장사진을 쳤다. 이 곳은 최후의 소망으로 찾아가는 곳이었다. 그러나 히에라폴리스의 온천은 결국 자신들을 파묻는 공동묘지의 입구가 되었다. 지금도 이 곳에는 옛적부터 묻어온 무덤들이 주변에 즐비하게 널려 있다. 히에라폴리스의 온천은 죽음에 이르는 인간들의 질병을 고칠 수 없었다. 많은 사람들이 희망을 걸고 모여든 베데스다 연못은 히에라폴리스의 온천처럼 벗어날 수 없는 불치의 병자들로 가득 차 있다. 베데스다 연못이야말로 우리들이 살고 있는 이 세상이다.

이 세상이 우리들에게 제시하는 인생 문제의 해결책은 모두 거짓이다. 하나님을 온전한 몸으로 섬기게 하는 것은 예수님의 복음뿐이다. 38년 된 환자를 기만의 베데스다 연못에서 일어나게 하여 참 능력의 하나님을 섬길 수 있는 성전으로 가게 한 것은 예수님이었다. 그리스도와 그의 복음은 지금도 동일한 능력으로 모든 죄인들에게 임한다. 주님을 바라보라. 주의 구원이 바로 눈 앞에 다가와 있다. 주님은 우리들에게도 "네가 낫고자 하느냐?"고 물으신다. 주님의 말씀대로 일어서면 내 발은 성전을 향해 새로운 인생을 시작하게 된다.

15편

천사의 얼굴을 가진 성도

사도행전 6:8-7:60

"스데반이 은혜와 권능이 충만하여 큰 기사와 표적을 민간에 행하니… 어떤 자들이 일어나 스데반과 더불어 논쟁할새 스데반이 지혜와 성령으로 말함을 그들이 능히 당하지 못하여… 사람들을 매수하여… 거짓 증인들을 세우니… 그의 말에 이 나사렛 예수가 이 곳을 헐고 또 모세가 우리에게 전하여 준 규례를 고치겠다 함을 우리가 들었노라 하거늘 공회 중에 앉은 사람들이 다 스데반을 주목하여 보니 그 얼굴이 천사의 얼굴과 같더라… 그들이 돌로 스데반을 치니 스데반이 부르짖어 이르되 주 예수여 내 영혼을 받으시옵소서 하고 무릎을 꿇고 크게 불러 이르되 주여 이 죄를 그들에게 돌리지 마옵소서 이 말을 하고 자니라"

스데반은 일곱 집사 중의 한 사람이었다. 그는 초대 교회의 첫 페이지에 잠시 나타났다가 곧 사라진 성도였다. 그는 짧게 산 자였다. 그러나 그의 삶은 2천 년의 교회사를 타고 아직도 긴 메아리를 남기고 있다. "인생은 짧고 예술은 길다"고 한다. 그러나 스데반의 경우에서 보면 "인생은 짧고 믿음은 길다"고 할 수 있다. 그는 짧은 인생을 믿음으로 길게 산 자였다.

스데반은 충만한 자였다

스데반에 대한 성경의 서술은 어느 사도들에 대한 서술보다 더 월등하게 들린다. 그는 신령한 것으로 가득 채워진 자였다. 그는 은혜와 권능이 충만하였고(6:8), 기사와 표적이 충만했으며(6:8), 지혜와 성령이 충만하였다(6:10). 그리고 무엇보다도 그는 믿음이 충만하였다(6:5). 그에게는 신령한 것으로 채워지지 않은 곳이 없었다. 그는 하나님의 은혜로 가득하였고 하나님의 영광으로 가득하였다. 그는 또한 하나님의 말씀으로 가득 채워진 자였다(행 7장). 그러므로 누구도 그의 신령한 말씀을 반박할 수 없었다(6:10). 스데반을 보고 그의 "얼굴이 천사와 같더라"(15)고 한 것은 조금도 과장된 말이 아니다.

그런데 누구에게 이런 충만이 주어졌는가?

첫째, 보통 사람에게였다.
스데반은 사도의 부름을 받은 자가 아니었다. 그럼에도 그는 사도들 못지 않은, 어떤 면에서 사도들보다 더 큰 충만을 받은 자였다.

하나님은 보통 사람들을 부르신다. 나의 신분이나 배경이나 학식이 하나님의 충만을 받는 조건이 되지 않는다. 하나님은 자기 영광을 드러내기 위해서 자기 교회에 필요한 자들을 부르신다. 누구든지 자신이 받은 사명과 역할을 위해 하나님이 주시는 충만한 은혜로 채워질 수 있다. 스데반은 초대 교회의 특별한 시기에 하나님의 영광을 반영하고 예루살렘에서 주 예수의 복음을 위해 순교할 사람이었다. 그의 중대한 사명에 비추어 그는 하나님의 별다른 충만을 받았다고 볼 수 있다.

우리들은 스데반과 동일한 소명을 받지 못할지라도 우리 각자가 처한 시대와 여건 속에서 우리들이 맡아야 할 사명이 있다. 이를 위해 우리들에게도 하나님의 넘치는 은혜가 주어질 수 있다. 하나님은 지금도 보통 사람들을 부르신다. 스데반은 평범한 사람이었다. 그러나 평범한 사람이 하나님의 충만한 은혜를 입었을 때 비범한 사람이 되었다. 스데반은 초대교회의 출발을 하나님의 영광의 빛으로 장식한 자였다. 그의 삶은 짧았어도 하나님의 신령한 은혜로 가득 채워진 빛나는 일생이었다.

둘째, 자기 것을 비우는 자들을 채우신다.

하나님은 충만한 자를 쓰신다. 채워지지 않은 자는 하나님이 사용할 수 없다. 하나님은 자기 종들을 쓰시되 채워 놓고 쓰신다. 이것이 스데반에게서 우리가 깨달을 수 있는 교훈이다.

하나님은 우리들을 자기의 것으로 채우신다. 그런데 하나님은 인색한 분이 아니시다. 그래서 자기 자녀들을 후하고 넘치게 채우신다. 그러나 하나님이 나를 넘치게 채우시려면 내 것을 다 비워야 한다. 내 것이 많이 비워질수록 하나님의 것이 더 많이 들어올 수 있다. 하나님은 내가 가진 세상 것들을 다 비우게 하시고 하늘의 신령한 것으로 채우기를 원하신다.

그렇다면 하나님께 채워 달라고 간구하는 것은 내가 자신을 비웠다는 것을 전제한 것이어야 한다. 가령 내가 성령으로 나를 채워 달라고 주께 기도한다면 내게는 성령이 계실 수 있는 자리가 비어 있어야 한다. 내 속에 신령한 것이 들어설 자리가 없다면 어떻게 하나님이 나를 자신의 것으로 채우시겠는가? 우리는 채워 달라고 하나님께 청하기 전에 자신이 받을 자리를 비워 놓았는지를 먼저 점검해야 한다.

인간은 원래 무엇으로든지 채워져 있다. 이 세상에 속한 자면 세상 것들로 채워져 있고, 하늘에 속한 자면 하늘의 것들로 채워져 있다.

그런데 신자들의 경우에도 언제나 완전하게 충만한 상태가 유지되진 않는다. 우리들은 아직도 하나님을 아는 신령한 지식에서 더 자라가야 하고, 그리스도를 더욱 닮아가야 하며, 성화의 길로 더 나아가야 하기 때문이다(엡 4:15; 벧후 3:18). 이것은 우리들에게 아직도 많은 분량의 세속적 사상이 남아 있고 그릇된 자세와 죄의 오염들이 잔존한다는 시사이다. 그래서 하나님은 우리들 속에 남아 있는 어둠에 속한 것들을 하나씩 제거시키고 하나님의 것으로 차곡차곡 채우기를 원하신다.

하나님은 어떻게 나를 채우시는가?

첫째, 성령의 역사로 말씀을 깨닫게 하신다.

예수님과 그의 복음이 성령의 조명에 의해서 내 영혼을 밝히고 성경 말씀이 가슴에 와닿는 체험을 하게 된다. 성경의 교훈들이 나 자신의 삶에 그대로 힘있게 적용되고 말씀을 듣거나 볼 때에 능력이 되고 기쁨이 된다. 구원의 말씀이 귀하고 복된 것임을 더욱 확신하게 되고 다른 사람과 나누고 싶은 열망이 일어난다. 그 결과 복음을 증거할 때에 변화의 능력을 보게 되고 전도의 열매를 얻게 된다. 성령은 성도의 마음을 복음에 대한 이해와 복음에 대한 열정으로 채우시고 하나님을 위해 봉사하려는 열심을 넣어 주신다.

둘째, 고난을 통해 가르치신다.

개인의 신상에 관한 문제들을 통해서 하나님의 음성을 듣고 자신을 바라보게 된다. 흔히 경제적, 심적 고통이나 혹은 육신의 질병 등을 겪으면서 하나님의 징계나 격려를 받고 하나님을 더욱 신뢰하고 하나님을 위해서 살려는 마음을 굳히게 된다.

정상적인 성도들이라면 어려움을 겪으면 거의 본능적으로 하나님의 이름을 부른다. 고통 가운데서 하나님께 가까이 나아가고 간절히 하나님을 찾는 경지에 이르게 된다. 고통을 참아야 하는 것도 배우고 고난 속에서 자신의 믿음이 얼마나 약한 것인지를 깨닫고 부끄러워한다.

하나님은 성도의 고난을 허락하시고 단련을 통해 겸손해지게 하시고 하나님을 간절하게 부르는 신뢰의 삶을 가르치신다. 자신에 대한 겸손과 하나님에 대한 신뢰로 채워질 때에 하나님은 그 사람을 귀히 쓰신다.

셋째, 섭리적이고 환경적인 인도를 통해 충만을 체험케 하신다.

생각지도 못한 일이 일어나서 자신과 하나님과의 관계를 반성하며 진지한 자세로 하나님을 섬기게 된다. 혹은 알지도 못하던 사람을 만나서 하나님을 새롭게 배우게 되거나, 하나님의 임재를 강하게 의식하는 어떤 사건을 겪거나 또는 하나님의 도우심이라고 확신할 수 있는 구체적인 아이디어를 받고 하나님을 더욱 신뢰하게 된다.

성도들의 삶에는 하나님의 섭리가 아니라면 도저히 설명할 수 없는 사건들이 일어난다. 하나님은 전혀 우리들이 예상치 못한 일들이 일어나게 하시고 우리들의 마음을 살피게 하시며 어떤 재난이나 불행한 사건을 통해서 예전에 느끼지 못했던 은혜를 받게 하신다.

이처럼 다양한 방법으로 하나님은 자기 자녀들의 마음을 돌이키게 하시고 자신들의 부족을 보게 하신다. 하나님은 필요에 따라 자녀들을 격려하시기도 하고 혹은 징계하시기도 하면서 신령한 하늘의 선물들로 채우시며 새 능력을 넣어 주신다. 그래서 주님의 자녀들은 하나님의 충만을 더욱 열망하며 하나님의 사람으로 바뀌어 간다.

모세도 한 때는 가득 찬 자였다. 그러나 그는 자기 것으로 충만했었다.

> "모세가 애굽 사람의 모든 지혜를 배워 그의 말과 하는 일들이 능하더라" 행 7:22

그는 애굽의 것으로 가득 채워진 자였다. 그의 충만은 세상에서 온 것이었다. 그는 애굽에서는 능한 자였다. 그는 바로의 일을 하는 데에는 능숙하였고 능력이 있었다. 그러나 그가 하나님의 사람 행세를 하려고 했을 때 완전히 실패하였다. 그는 애굽의 충만으로 하나님의 백성들을 구원하려고 시도했기 때문이었다(행 7:23-25). 그는 자기를 지지하며 기뻐할 것으로 당연히 기대했었던 이스라엘 백성들이 그를 배척하자 놀라고 당황하였다(7:27). 그의 실패의 근본 원인은 애굽의 것으로 하나님의 일을 하려고 한 것이었다. 하나님이 채워 주시지 않은 것으로 하나님을 섬기려고 하면 언제나 실패한다. 모세가 애굽의 충만으로 여호와의 백성들을 해방시키려고 했을 때 성취한 것은 아무것도 없었다.

모세는 결국 자신의 목숨을 건지기 위해 미디안 땅으로 도주하여 살았다(7:29). 그의 나그네 생활이 40년이 흘렀다. 세상 것으로 하나님의 일을 하려고 시도하다가 실패하면 긴 세월이 흘러간다. 그 긴 세월은 나의 것을 비우는 시간이다. 애굽에서 내가 모은 것들은 나의 구석구석에 쌓여 있다. 그래서 애굽의 것들을 버리는 데 많은 세월이 지나야 한다. 애굽의 지혜와 능력과 방법을 모두 비우는 데 나의 인생이 토끼 걸음처럼 껑충껑충 달아난다. 내가 바로의 것으로 채운 것이 많을수록 비우는 기간도 길어질 수 밖에 없다. 모세의 경우에는 40년이 필요했다.

그러나 "사십 년이 차매"(7:30) 하나님이 모세를 부르셨다. 이것이 하나님의 계획이었다. 하나님은 먼저 모세에게서 애굽의 것으로 채운 것들이 모두 사라질 때를 기다리셨다. 40년이면 얼마나 긴 세월인가! 모세는 한창 일할 나이에 애굽을 떠나야 했다. 그는 하루 아침에 자신이 쌓아온 모든 유리한 배경과 바로 왕궁의 특권들을 뒤로 두고 일개 평민이 되었다. 그나마 도피한 나그네로서 타향살이를 하였다. 얼마나 힘든 세월이었겠는가! 그는 애굽의 사건을 생각하면 할수록 원망과 좌절에 부딪쳤을 것이다. 모세에게는 너무도 길고 고통스런 세월이었다.

그러나 하나님 편에서 생각해 보라. 하나님도 모세를 비우기 위해서 40년을 기다리셨다. 얼마나 인내하시면서 오래 기다리셨는가! 모세의 그릇된 세속의 생각들과 애굽의 모든 지혜들을 내려놓게 하기 위해서 하나님은 더 안타깝게 모세의 회개를 기다리셨다. 이런 때의 40년은 하나님에게도 긴 세월이다.

하나님은 우리들의 그릇된 충만이 하루속히 제거되어 주님의 신령한 충만으로 우리를 채우시기를 심히 원하시기에 답답해 하신다. 예수님은 십자가의 구속을 이루기 위해 예루살렘으로 가시면서 안타까워하시고 답답해 하셨다.

"내가 불을 땅에 던지러 왔노니 이 불이 이미 붙었으면 내가 무엇을 원하리요. 나는 받을 세례가 있으니 그것이 이루어지기까지 나의 답답함이 어떠하겠느냐" 눅 12:49-50

'불'은 더러운 것을 태워 없애고 정화시킨다. 예수님은 죄의 다스림에 종지부를 찍기 위해서 오셨다. 그런데 이 일을 위해서 십자가라는 '수난의 세례'를 받으셔야 했다. 예수님은 십자가를 통해서 죄인들의 죄가 청산되고 하나님의 은혜로 죄인들의 삶이 채워질 날이 속히 이르도록 간절히 기다리셨다.

주님은 우리들의 내면에 깊이 깔린 애굽의 충만한 것들이 속히 비워지기를 무척 기다리신다. 이 기간 동안 주님은 답답하시다. 주님도 우리들의 40년을 힘들게 기다리신다.

물론 40년이라는 세월은 상징적이다. 어떤 사람에게는 문자적으로 40년이 될 수도 있고, 또 어떤 경우에는 1, 2년이 될 수도 있다. 그러나 크리스천들은 누구도 예외 없이 애굽의 것들을 비우는 기간을 거쳐야 한다. 비워져야만 채워진다. 채워지지 않으면 하나님이 부르시지 않는다. 애굽의 것들을 모두 태워 버릴 때가 속히 와야 한다. 내가 스스로 버리지 않고 비우지 않으면 마지막 심판 때에 모두 불타게 될 것이다. 그 때 하나님이 심지 않으신 것들은 우리들의 삶에서 모조리 뽑혀지고 태워질 것이다(마 15:13). 하지만 그 때는 너무 늦다. 애굽에 속한 모든 공적들이 마지막 심판 때에 불타면 손실을 입는다. 바울은 이것을 "자신은 구원을 받되 불 가운데서 받은 것 같으리라"(고전 3:15)고 하였다.

당신은 지금 주님이 던지신 불로 불타고 있는가? 당신의 삶에서 주님이 태우기를 원하시는 것들이 무엇인가? 아직도 당신이 애굽의 것들로 충만하다면 답답해 하시는 주님의 마음을 생각해 보라.

"이 불이 이미 붙었으면 내가 무엇을 원하리요…그것이 이루어지기까지 나의 답답함이 어떠하겠느냐" 눅 12:49-50

모세는 40년의 긴 세월 속에서 자신의 애굽을 모두 불태웠다. 하나님은 마침내 그를 부르시고 신령한 능력으로 그의 삶을 채워 주셨다. 그리고 애굽에 갇혀 있던 이스라엘 백성들을 구출해 내는 신령한 구원 사역의 지도자가 되게 하셨다.

채워진 사람의 모습은 어떤 것인가?

하나님의 것으로 채움을 받은 자는 천사의 얼굴을 가지고 있다. 그는 하나님의 영광을 반영하는 자이다. 모세가 애굽에서 살 때에는 애굽의 것들로 가득히 채워졌기에 바로의 영광을 반영하였다. 그러나 그 영광은 모세를 넘어지게 하였다. 그는 바로의 영광으로 하나님의 일을 하려다가 무참히 무너졌다.

한편, 스데반은 하나님의 신령한 것들로 채워진 자였다. 그래서 그는 "영광의 하나님" (행 7:2)에 대해서 말할 수 있었다. 그의 메시지는 하나님의 영광스런 구원 사역에 대한 역사적인 진술이었다. 그는 이스라엘 역사에서 드러난 하나님의 영광된 구원과 그리스도의 복음이 발산하는 눈부신 진리의 광채를 반사하였다. 그는 하나님이 주신 충만한 복음 메시지로 이스라엘의 공회를 향해 회개를 촉구하였다.

그는 돌에 맞아 죽으면서도 영광의 그리스도가 하나님 우편에 서 계신 것을 보았다(7:55-56). 그는 예수님의 십자가의 기도를 방불케 하는 기도를 하며 영광스런 죽음을 맞이하였다.

"주 예수여 내 영혼을 받으시옵소서… 이 죄를 그들에게 돌리지 마옵소서" 행 7:59-60

그의 이 마지막 기도는 그가 만약 애굽의 것들로 채워진 사람이었다면 도저히 할 수 없는 것이었다. 그러나 그는 하늘의 것으로 채워졌기에 예수님처럼 십자가의 기도를 드릴 수 있었다(눅 23:34). 스데반은 짧은 생애를 살았다. 그러나 그는 요절했어도 하나님의 것으로 충만하게 채워진 삶이었다.

나는 무엇으로 채워져 있는가? 내게 더 채워져야 할 것들은 무엇인가? 더 채워지려면 더 비워져야 한다. 비우는 것은 버리는 것을 의미한다. 버릴 것들은 애굽에 속한 것들이다.

인생은 과연 짧지 않은가! 40년은 우리에게 너무 긴 세월이다. 그런데 40년의 기간은 내가 줄일 수 있다. 무엇보다도 주님이 나를 비우고 새롭고 신령한 것들로 채워 주기를 열망하신다는 사실을 기억하라. 채우기 위해서 버리는 아픔이 있다. 그러나 버리면 하나님의 충만한 영광과 능력이 내게서 드러난다.

하나님의 채우심을 위해 회개하며 기도하라. 주께 간절히 구하라. 하나님은 "사십 년이 차매"(행 7:30) 모세를 부르셨다. 나도 나의 미디안 광야에서 애굽의 보화와 지식과 능력을 불태우면 주님이 나를 부르시는 음성을 듣게 될 것이다.

그런 자들만이 짧은 인생을 길게 산다. 그들은 애굽의 물품들과 사상들로 오염된 이 세상에서 천사의 얼굴을 가진 자들이다. 내 얼굴은 하나님의 영광을 반영하고 있는가? 애굽의 것들로 채우면 내 얼굴은 바로의 영광을 반영한다. 바로의 영광은 헛되고 거짓된 것이다. 하나님을 섬기는 일에 바로의 영광은 아무 쓸모가 없다. 그래서 주님의 것들로 충만하지 않은 신자의 가슴은 언제나 공허할 뿐이다. 오직 그리스도가 채워 주시는 충만이 나로 하여금 하나님의 영광의 광채를 반사하는 천사의 얼굴이 되게 한다.

버리는 자에게는 고난이 있다

스데반은 예루살렘의 유태인 공회에서 이스라엘의 구원 역사를 상기시켰다.

공회원들은 처음에는 모두 스데반의 설교를 경청하며 아무런 이의를 느끼지 않았다. 스데반이 열거하는 구속사는 유태인들의 귀에 너무도 익숙하고 자랑스런 일이었다. 그러나 선지자들이 예고한 예수 그리스도를 그들이 죽였다고 스데반이 지적하자 그를 향하여 이를 갈며 달라들었다(행 7:54, 57).

하지만 공회원들이 살의가 등등하여 스데반을 향해 이를 갈 때에 스데반은 성령에 충만해 있었다(7:54-55). 스데반의 생명은 악독한 공회원들에 의해 곧 끊어질 것이었다. 그럼에도 스데반은 "하늘이 열리고 인자가 하나님 우편에 서신 것을 보노라"(7:56)고 외쳤다.

예수님이 하나님 우편에 서 계신 이유는 무엇일까?

제사장들은 성전에서 서서 봉사하였다. 주님은 우리들의 대제사장이시다. 주님은 하늘 성전에서 우리들을 위해 서 계신 분으로 나타나셨다. 그런데 예수님은 교회의 머리가 되신다. 그러므로 자기 자녀들이 복음의 영광과 그리스도의 성품을 드러내기 위해서 고난을 받을 때에 머리되신 그리스도께서 지체의 아픔을 느끼신다.

"우리에게 있는 대제사장은 우리의 연약함을 동정하지 못하실 이가 아니요" 히 4:15

주님은 스데반의 설교를 듣고 그냥 앉아 있을 수가 없었다. 마치 경기장에서 자기 편 선수를 응원할 때처럼 주님은 스데반이 복음과 그리스도를 증언할 때에 하늘 보좌에서 일어나셨다.

주님은 우리의 증언을 적극 지원하신다. 그리고 우리의 고난에 참여하신다(출 2:23-25;3:7-8). 주님은 나의 복음 증언에 박수갈채를 아끼지 않으신다. 주님은 하나님 나라를 위한 나의 봉사에 언제라도 일어설 태세로 나를 지켜보신다.

주님은 우리들이 "그리스도를 위하여 받는 수모를 애굽의 모든 보화보다 더 큰 재물로 여기면"(히 11:26) 나의 승리를 위해 응원을 하시고 나의 고통에 동참하신다. 그리고 나의 얼굴이 천사의 얼굴처럼 빛나게 하시고 하늘 문을 열고 나를 위해서 일어서 계신 그리스도의 영광을 보게 하신다.

애굽을 버리는 자들에게는 고통과 고난이 따른다. 그러나 하나님은 그런 자녀들에게 하늘의 신령한 환상을 보게 하시고 어려움 속에서 그리스도의 영광을 바라보며 살게 하신다. 스데반은 그렇게 사는 일이 가장 영광스럽고 복된 삶이라는 것을 우리들에게 알리는 빛나는 모범이다.

예수님은 언제라도 우리들을 도우실 준비가 되어 있다. 애굽의 속된 것들로 채워진 내 삶의 구석들이 하나님이 주시는 능력과 은사들로 채워지게 하라. 주님은 우리들의 삶을 온통 자신의 것으로 채워 주기를 열망하신다. 주님은 스데반에게 채워 주셨던 충만한 은혜를 우리들에게도 내리실 수 있다.

"내가 너희에게 이르노니 구하라 그러면 너희에게 주실 것이요 찾으라 그러면 찾아낼 것이요 문을 두드리라 그러면 너희에게 열릴 것이니라"
눅 11:9

16편

한 영혼을 위하여

사도행전 8:26-40

"주의 사자가 빌립에게 말하여 이르되 일어나서 남쪽으로 향하여 예루살렘에서 가사로 가는 길까지 가라 하니 그 길은 광야라 일어나 가서 보니 에디오피아 사람 곧 에디오피아 여왕 간다게의 모든 국고를 맡은 관리인 내시가 예배하러 예루살렘에 왔다가 돌아가는데 수레를 타고 선지자 이사야의 글을 읽더라 성령이 빌립더러 이르시되 이 수레로 가까이 나아가라 하시거늘 빌립이 달려가서 선지자 이사야의 글 읽는 것을 듣고 말하되 읽은 것을 깨닫느냐 대답하되 지도해 주는 사람이 없으니 어찌 깨달을 수 있느냐 하고 빌립을 청하여 수레에 올라 같이 앉으라 하니라… 빌립이 입을 열어 이 글에서 시작하여 예수를 가르쳐 복음을 전하니… 둘이 물에서 올라올새 주의 영이 빌립을 이끌어간지라 내시는 기쁘게 길을 가므로 그를 다시 보지 못하니라 빌립은 아소도에 나타나 여러 성을 지나 다니며 복음을 전하고 가이사랴에 이르니라"

사도행전 2장에서 예수 그리스도의 복음은 오순절 메지지를 필두로 한 대중 전도였다. 이제 사도행전 8장에 와서 개인이 복음을 믿게 된 사례가 구체적으로 처음 소개되고 이어서 사울의 회개와(9장) 가족들을 포함한 백부장의 회심 기사가 나온다(10장). 모두 개인 영혼을 위한 하나님의 직접적이고 각별하신 배려의 실례들이다.

하나님의 전도 사역 방법

주의 천사가 빌립에게 전도 지역을 지시하였다(26절). 천사는 빌립에게 "가사"로 내려가라고 지시하였다. 그런데 그 길은 광야 길이라고 하였다. 사람들이 많이 모이는 어떤 인기 있는 지역으로 가라는 말이 아니었다. 그래도 빌립은 덥고 안전하지 않은 광야로 가라는 말에 순종하였다.

성령께서는 때때로 우리들이 평소에 바라보는 곳과 전혀 다른 곳에 시선을 주신다(사 55:8). 광야 길로 가라는 성령의 지시는 빌립에게는 너무도 뜻밖이었을 것이다. 지금도 하나님은 우리들에게 성령을 통해 전혀 예상치 못한 일을 지시하시고 순종하기를 원하신다.

빌립은 순종의 길에서 에디오피아 내시를 만났다(27절). 하나님은 처음부터 다 말씀하시지 않았다. 즉, 전도 대상이 누구이며, 어떤 인종이며, 어떤 문화권의 사람이며, 성별 등에 대한 구체적인 정보를 주시지 않았다. 그러나 빌립은 '가사'로 가라는 말씀을 듣고 순종하여 가는 길에서 전도 대상을 만났다. 뜻밖의 만남이지만 하나님의 완벽한 타이밍에 맞추어진 섭리의 만남이었다. 인간 편에서는 우연이었지만 하나님 편에서는 작정된 섭리였다.

"하나님은 모든 것이 제때에 알맞게 일어나도록 만드셨다." 전도서 3:11
(표준 새번역)

하나님의 지시를 즉시 따르면 신기한 체험을 할 때가 많다. 하나님은 처음부터 많은 것을 우리들에게 보여 주시지 않지만 일단 첫걸음의 순종으로 지시하는 길을 따라가면 놀랍고 기이한 체험들이 기다리고 있음을 발견하게 된다. 우리들의 크리스천 삶 속에는 이런 놀라운 체험들이 있을 때에 즐겁고 감사하며 다음 단계의 지시를 훨씬 더 긍정적인 자세로 기다릴 수 있다. 주님의 지시를 듣고 행하는 것은 보다 나은 크리스천 삶을 위한 동기 부여가 된다.

빌립이 첫걸음의 순종을 했을 때 하나님은 두 번째 지시를 내리셨다. 성령이 빌립에게 마차로 바짝 다가가라고 지시하셨다(29절). 성령은 빌립이 광야 길에서 본 에디오피아 내시가 전도 대상임을 확증시켜 주셨다. 이번에도 빌립은 성령의 지시에 따랐다. 그랬더니 마차에 탄 에디오피아 내시가 이사야서를 읽는 것을 듣게 되었다. 이것이 성령께서 빌립으로 하여금 마차를 바짝 다가가게 하신 까닭이었다. 즉, 하나님은 내시에게 빌립이 무슨 말씀으로 도와야 할 것인지를 알게 하셨다.

빌립은 현장에서 피전도자가 읽던 성경 말씀을 듣고서 자기가 전달할 성경 본문까지 받은 셈이었다. 그리고 하나님이 강해 본문까지 타이밍을 맞추어 주셨다. 빌립이 내시의 마차에 다가갔을 때 내시는 마침 이사야 53:7-8절을 읽고 있었기 때문이다. 빌립이 조금만 걸음을 멈추었어도 혹은 늦추거나 혹은 더 빨랐어도 또는 내시의 마차가 조금 더 빨리 갔거나 늦게 갔어도 이 본문을 맞추지 못하였을 것이다. 몇 걸음의 차이에도 내시가 읽어 가던 본문이 달라졌을 것이기 때문이다.

하나님의 정확성은 아무도 흉내낼 수 없다. 하나님의 지시는 항상 구체적인 사역을 위한 것이다. 하나님의 음성을 따르면 처음에는 어리둥절할지 몰라도 점차 분명해진다. 하나님은 정밀한 시계를 가지고 계신다. 하나님이 역사하실 때에는 조금의 오차도 없이 일이 일어난다. 에디오피아의 내시가 성경을 읽은 본문과 빌립이 그의 마차로 다가선 시간은 하나님이 내시로 하여금 이사야 53장을 깨닫게 하기 위해서 시간과 환경을 섭리하신 정확한 시점이었다.

성령은 빌립의 전도가 끝나자 곧장 그를 데리고 아소도로 가셨다(40절). 빌립은 주의 성령에 의해 초연히 사라졌다. 빌립은 내시의 감사 헌금 시간을 기다린 것도 아니고 그에게 국가적인 차원에서 선교 후원을 좀 해 달라고 부탁을 한 것도 아니었다. 내시는 에디오피아 여왕 간다게의 모든 국고를 맡은 고관이었다(27절). 빌립은 물질적 유익이나 기타 목적을 위해서 내시를 유리하게 이용할 수도 있었을 것이다. 이를테면 후원자 명단과 기도 편지 리스트에 제 1번으로 올려놓을 수 있었을 것이다.

그러나 성령께서 그런 것들을 다 생략하시고 다른 곳으로 빌립을 급히 옮기셨다. 빌립이 내시에게 침례를 주고 올라오자마자 주의 영이 그를 곧 옮기셨기 때문에 빌립은 내시에게 인사할 틈도 없었다(39절). 성령께서 예의를 지키지 않으신 것일까? 성령의 생각이 그러하시다면 빌립도 그런 것에 매여 시간을 지체할 수 없었다.

성령에 의해서 움직이는 자들은 인생을 초연하게 산다. 자신을 세상에 묶어 두지 않고 하나님의 뜻에 담아 두기 때문이다. 지금도 성령은 그런 자들을 신기한 방법으로 사용하신다.

한 사람의 구원을 위해서 역사하신 하나님

하나님은 한 영혼을 지켜보시고 그를 위해 빌립을 따로 불러 내셨다. 개인 영혼에 대한 하나님의 뜨겁고 치밀한 배려가 나의 관심과 배려여야 한다. 빌립은 바쁜 전도자였다. 그는 인기 있는 사역자였다. 그는 지금까지 많은 대중을 상대로 전도했었다. 그러나 하나님의 지시에 따라 광야로 갔었고 1명의 신자를 얻는 일에서 최선의 메시지를 강해하였다.

그런데 빌립은 많은 사람들을 상대로 한 대중 전도에 못지 않은 놀라운 체험을 하였다. 그는 무엇보다도 하나님이 자기가 스스로 생각지 못한 곳에서 한 이방인에게 복음을 전하게 하실 만큼 개인의 영혼에 깊은 관심을 가지셨다는 사실을 깨달았다. 그는 또한 하나님이 원하는 자들에게 초자연적인 방법을 사용해서라도 구원을 받게 하실 수 있다는 사실도 깨달았다. 그리고 이 같은 신령하고 기이한 사역에 하나님이 자신을 사용하셨다는 사실에 감격했을 것이다.

빌립은 분주한 전도자였다. 그는 많은 사람들을 상대로 사역하였기에 매우 바빴다. 그러나 하나님은 단 한 사람의 전도를 위해 빌립을 그의 바쁜 대중 집회에서 빼내셨다. 그렇지만 하나님은 빌립이 광야 길을 가느라고 소요한 시간을 기적으로 메워 주셨다. 그는 에디오피아 내시에게 침례를 베푼 후에 금방 아소도에 나타났기 때문이다(40절).

하나님은 우리들의 시간을 빼앗지 않으신다. 우리들이 주님을 위해 시간을 쓰면 오히려 잃어버린 시간들이 메워진다. 그 시간들은 돌아보면 언제나 아름다운 추억으로 떠오른다. 내 앞에 놓였던 나의 광야 길을 지나가 본 적이 있는가? 그 길은 주님이 지시하신 길이었다.

갈 때에는 답답하고 불안했을지 모른다. 그러나 에디오피아의 화려한 마차가 불현듯 광야에 나타났을 때 얼마나 놀라운 체험이었던가! 하나님이 나를 광야로 보내신 목적이 뚜렷해질 때에 무덥던 여행의 고달픔과 아픈 발의 고통이 일시에 사라졌을 것이다.

하나님은 언제나 선한 목적을 가지고 우리들을 부르신다. 광야는 내가 내시의 마차를 만나 복음으로 섬길 때까지는 내 마음에 아무런 위로가 되지 않을지 모른다. 그러나 광야 길은 하나님의 사랑의 복음이 한 이방인의 인생을 기쁨과 소망으로 바꾸어 주는 은혜의 장소였다(39절).

하나님은 때때로 우리에게 아름다운 추억을 위해 광야로 가라고 하신다. 우리들은 또 다른 형태의 광야 길을 지나면서 힘들어 할 때가 자주 있다. 그 때에 뒤를 돌이켜 보고 하나님의 능력과 사랑을 회상하며 위로를 받게 하기 위해서 하나님은 우리를 종종 광야 길로 인도하신다. 그러나 하나님은 우리가 가는 광야 길에 소요된 시간과 수고를 갚아 주신다. 그리하여 우리들이 지나온 광야의 아픔들이 일순에 사라지게 하신다.

빌립을 하나님이 어떻게 옮기셨는가? 안아서 옮기셨다! 빌립이 돌아가야 할 광야 길에 그의 발이 닿지 않게 하시고서 순식간에 아소도에 나타나게 하셨다(비교. 왕상 18:12; 겔 3:14; 고후 12:2; 살전 4:17). 빌립은 새 힘을 얻고 "여러 성을 지나 다니며 복음을 전하고 가이사랴에 이르렀다"(40절).

빌립에게는 광야에서 돌아가는 길이 모든 고통이 잊혀지게 되는 시간이었다. 주의 영이 안으시는 안식의 품이 있었기 때문이다(참조. 왕하 2:16). 당신은 성령의 품에 안겨 본 적이 있는가? 당신의 아픈 발이 땅에 닿지 않도록 안아 주시는 보호를 체험해 본 적이 있는가? 광야 길로 가라는 성령의 지시를 따라 보라. 그리하면 성령의 안으심을 체험하게 될 것이다. 그런 체험이 있어야만 빌립처럼 새 힘을 얻고 "여러 성을 지나 다니며 복음을 전하고 가라사랴에"(40절) 이를 수 있다.

빌립은 광야 길에서 에디오피아 내시와 헤어진 후 20년이 지난 후에도 여전히 '전도자'라고 불렸다. 사도행전의 기록에 의하면 바울과 그의 일행은 예루살렘으로 가는 중에 가이사랴에 있는 "전도자 빌립"의 집에 들어가서 머물렀다고 하였다(행 21:8). 빌립은 20년 전에 광야 길에서 있었던 아름다운 추억을 늘 회상하며 용기를 얻었기에 많은 세월이 지난 후에도 담대히 복음을 전할 수 있었을 것이다. 주님이 주시는 광야에서의 기이한 체험들은 세월과 함께 퇴색되지 않는다. 오히려 우리들의 영혼 속에서 마치 어제의 일처럼 언제나 생생히 기억된다

하나님이 어떤 사람을 구원하셨는가?

내시는 예루살렘으로 예배를 드리러 간 자였다(27절). 내시는 한 나라의 국고를 맡은 고관이었다. 그는 매우 바쁜 사람이었다. 그럼에도 많은 시간을 내어 광야를 지나서 예루살렘까지 이스라엘의 하나님을 경배하러 갔다.

내시는 예배가 끝났다고 성경 책을 덮지 않았다(28절). 내시는 돌아가는 길의 마차 속에서 성경을 펴서 읽었다.

내시는 성경 말씀의 뜻을 알고 싶어하며 읽었다(31,34절). 그는 빌

립에게 도움을 청하였다. 빌립을 마차에 오르게 하고 질문을 해 가면서 읽었다(34절). 그는 성경 말씀을 깨닫도록 도와 줄 수 있는 사람을 적극적으로 맞이했다. 내시는 말씀을 깨닫고 나서 즉시 행동으로 옮겼다(36절). 그리고 그는 길에서 물을 보자 자청해서 즉시 침례를 받았다.

하나님은 내시와 같이 진리를 구하는 자를 가까이 하시고 구원해 주신다. 나는 교회 예배에 정기적으로 참석할지 모른다. 그렇지만 에디오피아의 내시처럼 하나님의 진리의 말씀에 대한 계속적이고 적극적인 관심이 있는가? 그런 관심을 보이는 자에게 하나님은 멀고 험한 광야 길을 "기쁨에 차서"(39절) 진행케 하신다.

말씀을 깨달으면, 화려한 성전 예배 후에 오는 공허감이나 허탈감이 없다.

말씀을 깨달으면, 나의 빌립이 사라져도 기쁨 속에서 나의 길을 계속 갈 수 있다.

말씀을 깨달으면, 비록 그 길이 메마른 광야라도, 광야가 변하여 아름다운 숲이 되고 샘물이 흐르는 구원을 체험할 수 있다.

"…광야가 아름다운 밭이 되며 아름다운 밭을 숲으로 여기게 되리라"
사 32:15

"내가 광야에 물을, 사막에 강들을 내어 내 백성, 내가 택한 자에게 마시게 할 것임이라" 사 43:20

에디오피아의 내시는 자기 나라로 돌아갔을 때 그리스도를 열심히 전파했을 것이다. 그는 복음을 듣고 예수님을 그리스도로 믿었다. 그는 예수님이 구약의 이사야 선지자가 말한 하나님의 어린 양임을 깨닫고 "기쁨에 차서 가던 길"을 계속하였다. 이런 구원의 기쁨은 내 영혼 속에 묻어 둘 수 없다(39절). 그런데 만약 그가 빌립과 헤어진 후 계속해서 이사야서를 읽었다면 어떻게 되었을까? 원래 그가 읽었던 이사야서의 본문은 53장이었다(행 8:32-33). 그런데 불과 두 장 후인 56장에 다음과 같은 구절이 나온다. 그는 이 말씀을 읽고 놀라지 않을 수 없었을 것이다.

> "이방 사람이라도 주님께로 온 사람은 '주님께서 나를 당신의 백성과는 차별하신다' 하고 말하지 못하게 하여라. 고자라도 '나는 마른 장작에 지나지 않는다' 하고 말하지 못하게 하여라…. 비록 고자라 하더라도… 그들의 이름이 나의 성전과 나의 성벽 안에서 영원히 기억되도록 하겠다" 사 56:3-5

내시는 이 말씀이 자신에게서 그대로 성취된 것을 알고 너무도 감격했을 것이다. 기독교 초기 교회의 저술가였던 이레네우스(Irenaeus, AD. 130-200년 경)에 의하면 에디오피아 내시는 자기 나라에 처음으로 그리스도의 복음을 전한 선교사가 되었다고 한다.

우리는 누구나 자신의 인생 마차를 타고 이 세상이라는 광야 길을 지난다. 어떤 이는 에디오피아 내시처럼 화려한 마차를 타고 지나고, 어떤 이는 초라한 마차를 타고 지난다. 그러나 어떤 종류의 마차를 타고 가든지 그 영혼은 메마를 수 있다. 성경의 진리에 눈이 뜨이지 않아 광야의 신기루를 쫓으며 갈 수 있다. 마차는 편안할지라도 마음이 편치 못한 자들이 있다.

그 모든 자들에게 하나님의 구원의 복음이 필요하다. 내 눈을 열어 줄 빌립이 필요하다. 나의 광야 길에서 내 영혼이 쉼을 얻으려면 에디오피아 내시처럼 예수 그리스도가 나를 위해 속죄하신 사실을 깨닫고 믿어야 한다.

나는 빌립과 같은 전도자의 소명을 받지 않았을지 모른다. 그러나 빌립을 돕는 자가 될 수 있다. 하나님의 복음 사역을 위해 수고하는 자들은 지금도 광야 길을 달려간다. 지금도 에디오피아의 내시처럼, 메마른 인생의 광야를 지나면서 생명의 말씀을 듣고 싶어하는 자들이 있기 때문이다. 이들에게 가까이 나아가야 한다. 내가 직접 갈 수 없으면 다른 빌립들의 손발을 통해서도 나아가야 한다. 나의 빌립은 누구인가? 나의 에디오피아 내시는 누구일까?

우리는 성령의 지시를 듣고 실행하여야 한다. 주께서는 우리들을 한 걸음씩 인도하신다. 그러나 그 한 걸음의 순종은 다음 걸음으로 연결되어야 한다. 그러면 주께서 더 알려 주신다. 나의 에디오피아 내시가 타고 가는 마차가 보이게 하시고 또 가까이 가라는 음성을 듣게 하신다.

그런데 빌립이 가진 것을 나도 가지고 있어야 한다. 빌립이 가진 것이 무엇이었는가? 하나님의 말씀이었다. 그 말씀은 신학을 하고 성경을 많이 연구해야 알게 되는 어려운 내용이 아니다. 빌립은 단지 이사야서 53장에 나온 속죄 양이 예수님을 가리킨 것이며 그분이 갈보리 십자가에서 우리들의 죄를 위해 대신 돌아가셨다고 증언하였다. 이것은 단순한 복음이다. 빌립은 단순한 복음을 믿었다. 그리고 에디오피아 내시를 그리스도께로 인도하였다.

내가 십자가의 복음을 믿는다면 누구에게도 전도할 메시지가 있는 것이다. 당신은 십자가를 믿고 있는가? 그렇다면 빌립처럼 단순한 구원의 복음을 들고 광야를 향해 달려갈 수 있다. 성령께서 당신의 입을 통해 복음의 통로가 되게 하실 수 있다.

하나님은 우리들을 빌립처럼 문자적인 의미에서 "예루살렘에서 가사로 내려가는 길까지 가라"(행 8:26)고 지시하시지 않을지 모른다. 그러나 우리들을 통하여 그리스도의 복음을 우리가 전혀 예상치 못한 자들에게 전하실 수 있다. 빌립을 에디오피아의 내시에게로 인도하시고 또한 그를 홀연히 옮기셨던 초자연적인 성령의 능력은 지금도 우리 속에서 역사할 수 있다.

우표를
붙여 주세요

우 편 엽 서

보내는 사람

이름 |
주소 |

□□□-□□□

양문희

서울시 노원구 상계10동
마들대림0파트 5동 109호

[1][3][9]-[7][6][0]

[양들의 식탁] 신 청 서

양들의 식탁은 양문화에서 발간하는 무료 월간 잡해지입니다. 본 소책자에는 본서에 실린 것과 같은 강해 메시지들이 매달 1편씩 수록되며, 주제별 성경공부와 본문 성경공부도 포함됩니다. 참고로 본 문서 사역은 독자들의 자원 후원금으로 운영됩니다.

이름 | 성별 | 남·여   직업 |

주소 | 우편번호 |

전화 | 이메일 |